EDIÇÕES VIVA LIVROS

O poder do subconsciente

Joseph Murphy (1898-1981), escritor, professor e conferencista, se tornou conhecido no mundo inteiro por seus best-sellers de motivação. O autor foi um grande conhecedor das leis mentais e espirituais e permanece até hoje como fonte de inspiração para uma legião de seguidores. Seus cursos sobre o poder do subconsciente sempre atraíram muitas pessoas e sua obra continua conquistando milhares de leitores. *O poder cósmico da mente*, *Conversando com Deus* e *1001 maneiras de enriquecer* são alguns de seus livros publicados no Brasil.

Joseph Murphy

O PODER DO SUBCONSCIENTE

Tradução de
RUY JUNGMANN

30ª edição

viva livros

RIO DE JANEIRO – 2025

CIP-BRASIL. CATALOGAÇÃO NA FONTE
SINDICATO NACIONAL DOS EDITORES DE LIVROS, RJ

M96p
30ª ed.

Murphy, Joseph, 1898-1981.
O poder do subconsciente / Joseph Murphy; tradução de Ruy Jungmann. – 30ª ed. – Rio de Janeiro: Viva Livros, 2025.
12 × 18 cm

Tradução de: The Power of Your Subconscious Mind
ISBN 978-85-8103-013-5

1. Disciplina mental. 2. Inconsciente (Psicologia). 3. Controle da mente. I. Título.

11-8579

CDD: 158.1
CDU: 159.947

O poder do subconsciente, de autoria de Joseph Murphy.
Título número 009 da Coleção Viva Livros.
Texto revisado conforme o Acordo Ortográfico da Língua Portuguesa.

Título original norte-americano:
THE POWER OF YOUR SUBCONSCIOUS MIND

www.vivalivros.com.br

Design de capa: Marianne Lépine sobre imagem Fotolia.

Impresso no Brasil

ISBN 978-85-8103-013-5

Os milagres que este livro pode fazer em sua vida

Em todo o mundo, vi acontecer milagres a homens e mulheres em todas as situações de vida. Milagres lhe acontecerão também – quando você começar a utilizar o poder mágico de sua mente subconsciente. O objetivo deste livro é ensinar que a maneira habitual de pensar e formar imagens mentais modela, configura e cria seu destino. Assim como o homem pensa em sua mente subconsciente, assim ele é.

VOCÊ SABE AS RESPOSTAS?

Por que uma pessoa está triste e a outra feliz? Por que uma vive alegre e próspera e a outra pobre e sofredora? Por que uma está assustada e ansiosa e a outra transbordante de fé e confiança? Por que alguém tem uma casa bela, luxuosa, enquanto a outra leva uma existência humilde, num cortiço?

Por que uma é um grande sucesso na vida e a outra um vergonhoso fracasso? Por que um orador é notável e imensamente popular e o outro medíocre e ignorado? Por que uma é um gênio em seu trabalho ou profissão liberal, enquanto outra trabalha penosamente durante toda a vida, sem conseguir realizar coisa alguma que valha a pena?

Por que uma é salva de uma doença considerada incurável e outra não? Por que tantas pessoas boas, bondosas, religiosas sofrem, na mente e no corpo, as torturas dos condenados ao inferno? Por que tantas pessoas imorais e têm sucesso, prosperam e desfrutam uma saúde radiante? Por que o casamento de uma pessoa é feliz e o de outra infeliz e frustrante?

Haverá uma resposta para essas perguntas no funcionamento de suas mentes, consciente e subconsciente?

Há, sem a menor dúvida!

MINHA RAZÃO PARA ESCREVER ESTE LIVRO

O que me levou a escrever este livro foi o profundo desejo de passar a outras pessoas as respostas que encontrei para essas e outras perguntas semelhantes. Tento aqui explicar as grandes verdades fundamentais de sua mente, usando a mais simples linguagem possível. Acredito que é perfeitamente possível, usando linguagem comum, explicar as leis básicas e fundamentais da vida e de sua mente. Você descobrirá que a linguagem usada neste livro é a mesma que encontra nos jornais diários e nas revistas semanais, em seu escritório, em casa e no trabalho.

Insisto em que estude este livro e aplique as técnicas aqui descritas. Fazendo isso, tenho absoluta certeza de que dominará o poder milagroso que o livrará de situações de confusão, sofrimento, tristeza, fracasso. O livro o guiará ao lugar que lhe pertence de direito, solucionará suas dificuldades, cortará os laços que o prendem emocional e fisicamente e o colocará na estrada real para a liberdade, felicidade e paz de espírito.

Esse poder milagroso de sua mente subconsciente pode curá-lo da doença e torná-lo, mais uma vez, enérgico e forte. Aprendendo a usar seus poderes interiores, você abrirá a porta da prisão do medo e entrará na vida descrita por Paulo como a gloriosa liberdade dos filhos de Deus.

LIBERANDO O PODER MILAGROSO

A cura pessoal será sempre a prova mais convincente dos poderes de nosso subconsciente. Há muitos anos, consegui me curar de um tumor maligno – um sarcoma, na terminologia médica – usando o poder curador de minha mente subconsciente, que me criou e ainda mantém e dirige todas as minhas funções vitais.

A técnica que apliquei nessa ocasião é explicada em detalhes neste livro. Tenho certeza de que ela inspirará outras pessoas a confiar na mesma Presença Curadora Infinita que reside nas profundezas subconscientes de todos nós. Graças aos bondosos conselhos de um velho médico, compreendi, de repente, que é natural supor que a Inteligência Criadora que formou todos os meus órgãos, modelou-me o corpo e fez meu coração bater pode consertar o trabalho de suas próprias mãos. Ou, como diz o velho provérbio: "O médico pensa a ferida e Deus a cura."

ACONTECEM MARAVILHAS QUANDO VOCÊ REZA EFICAZMENTE

A prece científica é a interação harmoniosa, cientificamente dirigida para um fim específico, dos níveis consciente e subconsciente da mente. Este livro vai lhe ensinar a maneira científica de obter acesso ao reino de poder infinito existente em você, permitindo-lhe conseguir o que realmente quer na vida. Você deseja uma vida mais feliz, mais plena, mais rica. Comece a usar o poder milagroso de sua mente e remova do caminho os obstáculos nos assuntos diários, na solução de problemas de negócios e traga harmonia para seus relacionamentos familiares.

Recomendo que leia várias vezes este livro. Seus muitos capítulos lhe mostrarão como funciona esse poder maravilhoso e como você poderá trazer para o primeiro plano a inspiração e a sabedoria que há em você. Aprenda as técnicas simples de impressionar a mente subconsciente. Siga a nova maneira científica de estabelecer ligação com o tesouro infinito. Leia este livro com todo cuidado, com seriedade, com carinho. Prove a si mesmo a maneira espantosa como ele pode ajudá-lo. Este livro pode ser – e acredito que será – o momento decisivo em sua vida.

TODOS ORAM

Você sabe como orar eficazmente? Quanto tempo se passou desde que a oração era parte de suas atividades diárias? Em emergências, em ocasiões de perigo, de problemas, doenças, ou quando a morte espreita, orações jorram de nós.

Leia o que dizem os jornais. Vai encontrar notícias de que, em todo o mundo, pessoas estão rezando por uma criança atacada por uma doença tida como incurável, por paz entre as nações, por um grupo de mineiros presos no fundo de uma mina inundada. Mais tarde, quando sair a notícia de que foram salvos, os mineiros dirão que oraram enquanto esperavam por socorro.

Não há a menor dúvida de que a prece é uma ajuda sempre presente em momentos difíceis. Mas por que você tem que esperar que surjam problemas para tornar a prece parte integral e construtiva de sua vida? As respostas espetaculares à oração dão manchetes e são objeto de depoimentos sobre a eficácia da prece. Mas o que me diz das inúmeras preces humildes de crianças, daquela oração simples de graças à mesa todos os dias, de devoções sinceras quando o indivíduo busca apenas comunhão com Deus?

O trabalho com pessoas levou-me a estudar as várias maneiras de focalizar a questão da oração. Experimentei-lhe o poder em minha própria vida e conversei e trabalhei com inúmeras pessoas que se beneficiaram muito com a ajuda de orações. O mais difícil, em geral, consiste em ensinar às pessoas como orar. Problemas dominam suas mentes e bloqueiam sua capacidade de escutar e compreender. Elas precisam de fórmulas fáceis de seguir e, obviamente, de modelos práticos simples e específicos.

O ASPECTO INCOMUM DESTE LIVRO

O aspecto incomum deste livro é o seu caráter prático. Aqui você encontrará técnicas e fórmulas simples, que pode utilizar, aplicar na vida diária. Ensinei esses processos a homens e mulheres por todo o mundo.

Os aspectos especiais do livro também lhe agradarão, porque explicam o motivo pelo qual, com tanta frequência, você obtém o oposto daquilo por que orou. Milhares de pessoas, em todas as partes do mundo, perguntaram-me: "Por que foi que orei, orei e não obtive nenhuma resposta?" Neste livro você vai descobrir as razões dessa queixa tão comum. As explicações sobre as muitas maneiras de influenciar a mente subconsciente e obter respostas certas tornam este livro extraordinariamente valioso e ajuda sempre presente nos momentos de dificuldades.

NO QUE É QUE VOCÊ ACREDITA?

Ao contrário do que muitas pessoas pensam, não é aquilo em que você acredita que traz resposta à prece. Orações são respondidas quando a mente subconsciente responde à imagem, ou pensamento, que se forma na mente da pessoa. Essa lei da crença é o princípio operacional secreto de todas as religiões do mundo. E a razão oculta de sua verdade psicológica.

Budistas, cristãos, muçulmanos e judeus podem, sem exceçao, obter respostas às suas orações, a despeito de diferenças enormes nas crenças que professam. Como assim? A resposta é que não importam credos, religiões, afiliações, rituais, cerimônias, fórmulas, liturgia, encantamentos, sacrifícios ou oferendas particulares, mas, apenas e exclusivamente, a crença, ou aceitação, e a receptividade mental àquilo pelo qual oram.

A lei da vida é a lei da crença. Em poucas palavras, a crença pode ser resumida como um pensamento. Assim como a pessoa pensa, sente e acredita, assim é o estado de sua mente, corpo e circunstâncias. Uma técnica, uma metodologia baseada na compreensão daquilo que você faz, e por que faz, vai ajudá-lo a produzir a corporificação subconsciente de todas as boas coisas da vida. Basicamente, a resposta à prece é a realização do desejo de seu coração.

DESEJO É ORAÇÃO

Todos desejam saúde, felicidade, segurança, paz de espírito e autoexpressão autêntica. Mas de que maneira muitos de nós atingem esses objetivos? Um professor universitário confessou-me recentemente: "Eu sei que se mudar meu padrão mental e redirecionar minha vida emocional o estado de meu coração vai melhorar. Eu *sei* disso. O problema é: não tenho uma técnica, processo ou *modus operandi*. Minha mente vagueia de um lado para o outro quando penso em meus muitos problemas, e me sinto frustrado, infeliz e derrotado."

Esse professor sentia o *desejo* de ter saúde perfeita. O que precisava era conhecer a maneira como sua mente funcionava. E seria isso que lhe permitiria transformar o desejo em realidade. Praticando os métodos de cura descritos neste livro, ele se tornou íntegro e perfeito.

HÁ UMA MENTE COMUM A TODOS OS INDIVÍDUOS

Os poderes milagrosos de sua mente subconsciente existiam antes de você e eu nascermos, antes de existir qualquer Igreja ou mesmo o mundo. As grandes verdades eternas e os princípios da vida são anteriores a todas as religiões. E é com esses pensamentos em mente que exorto você nos capítulos seguintes a dominar esse poder maravilhoso, mágico, transformador. Ele curará feridas mentais e físicas, proclamará a liberdade a mentes dominadas pelo medo, e o libertará inteiramente das limitações da pobreza, fracasso, sofrimento, carência e frustração.

Tudo que você precisa fazer é unir-se mental e emocionalmente com o bem que deseja corporificar. Os poderes criativos de sua mente subconsciente responderão nessa conformidade. Comece agora, hoje. Deixe que maravilhas aconteçam em sua vida! Continue a insistir até que o dia amanheça e expulse as trevas.

1
O tesouro que há em você

Ao seu alcance, você tem riquezas infinitas. Para obtê-las, tudo que precisa fazer é abrir seus olhos mentais e contemplar o tesouro do infinito que há em você. E encontrará uma mina de ouro da qual poderá extrair tudo de que necessitar para viver gloriosa, alegre e ricamente.

Numerosas pessoas vivem fechadas para seu potencial, porque desconhecem esse tesouro de inteligência infinita e amor sem limites que nelas existe. O que quer que deseje, você pode sacar do seu tesouro.

Uma peça de ferro imantada levanta 12 vezes seu próprio peso. Se desmagnetizá-la, porém, ela não erguerá nem uma pena.

Da mesma maneira, há dois tipos de pessoas. As imantadas vivem cheias de confiança e fé. Sabem que nasceram para ter sucesso e para vencer.

Muitas outras, infelizmente, vivem desmagnetizadas. Estão cheias de medo e de dúvidas. Quando surge uma oportunidade, dizem: "E se eu fracassar? Posso perder dinheiro. Vão rir de mim." Gente desse tipo não vai longe na vida. O medo de dar um passo à frente faz com que fiquem onde estão.

Você pode se tornar uma pessoa magnetizada quando descobrir e pôr em prática o maior segredo de todos os tempos.

O MAIOR SEGREDO DE TODOS OS TEMPOS

Suponhamos que alguém lhe perguntasse qual o maior segredo de todos os tempos. O que você responderia? A energia atômica? As viagens interplanetárias? Os buracos negros? Não, não é nenhum deles. Nesse caso, qual é? Onde encontrá-lo? De que modo ele pode ser compreendido e posto em prática?

A resposta é extraordinariamente simples. Esse segredo é o poder maravilhoso e milagroso que existe em sua mente subconsciente. Ela é, também, o último local onde o poder seria procurado, e por esse motivo só poucos o descobrem.

O PODER MARAVILHOSO DE SEU SUBCONSCIENTE

Logo que aprender a entrar em contato com o poder oculto do subconsciente, e liberá-lo, você poderá trazer para sua vida mais poder, mais riqueza, mais saúde, mais felicidade e mais alegria.

Não será necessário adquiri-lo: você o possui. Mas vai ter que aprender a usá-lo. Terá que compreendê-lo, antes de poder aplicá-lo em todas as esferas da vida.

Se seguir as técnicas e os processos simples explicados neste livro, poderá obter o conhecimento e a compreensão necessários. Inspirado por uma nova luz, terá como gerar a força que lhe permitirá materializar tudo aquilo por que anseia e transformar seus sonhos em realidade. Resolva, agora, tornar sua vida mais fecunda, mais diversificada, mais rica e mais nobre do que em qualquer outro momento.

No subconsciente, você encontrará imensa sabedoria, poder infinito, um suprimento incalculável de tudo de que necessita. E tudo isso está à espera do momento em que o descubra, desenvolva e lhe dê expressão. Se começar, agora, a reconhecer as potencialidades de sua mente mais profunda, elas se materializarão no mundo exterior.

Se abrir sua mente e tornar-se receptivo, a inteligência infinita que reside na mente subconsciente poderá lhe revelar tudo que precisa saber em qualquer momento do tempo e ponto no espaço. Poderá receber novos pensamentos e ideias, trazer à luz novas invenções, fazer novas descobertas, criar novas obras de arte. A inteligência infinita existente no subconsciente poderá lhe dar acesso a novas e maravilhosas formas de conhecimento. Deixe que ela se revele a você e ela abrirá caminho para a manifestação perfeita e lugar autêntico em sua vida.

Graças à sabedoria da mente subconsciente você poderá atrair o companheiro ideal, bem como o sócio ou colega certos nos negócios. Ela poderá lhe mostrar como conseguir todo o dinheiro de que necessita e lhe dar meios financeiros para ser, fazer e ir e vir como seu coração deseja.

Você tem o direito de descobrir esse mundo interior de pensamento, sentimentos, poder, luz, amor e beleza. Embora invisíveis, são poderosas as forças que nele residem. Na mente subconsciente você encontrará solução para cada problema e a causa de todos os efeitos. Aprendendo a trazer para o exterior esses poderes ocultos, poderá entrar na posse concreta do poder e sabedoria necessários para obter riqueza, segurança, alegria e domínio de sua vida.

Eu já vi o poder do subconsciente erguer inválidos de cadeiras de rodas, torná-los pessoas sadias, enérgicas e fortes novamente. A mente libertou-os para entrar no mundo e nele desfrutar felicidade, saúde e a expressão alegre de sua personalidade. Em nosso subconsciente há uma força curadora milagrosa, que pode devolver a saúde à mente perturbada e ao coração partido. Pode abrir a porta da prisão da mente e libertá-lo. E fazer a mesma coisa com todos os tipos de escravidão material e física.

Se quer fazer progresso em qualquer campo de atividade, há um primeiro passo essencial que terá que dar. Terá que descobrir uma base operacional de aplicação universal. Antes de tornar-se hábil na operação da mente subconsciente, você tem que compreender seus princípios. Uma vez realizado isso, poderá usar seus poderes, sabendo que resultados certamente obterá. Poderá aplicá-los para atingir finalidades específicas e as metas que quiser alcançar.

Durante muitos anos fui químico. Uma das primeiras coisas que aprendi na escola foi que, se combinarmos dois átomos de hidrogênio com um de oxigênio, o produto resultante será água – não ocasionalmente ou na maioria das vezes, mas *sempre*. Se tomarmos um átomo de oxigênio e um de carbono, e os combinarmos, produziremos monóxido de carbono, um gás venenoso. Mas se acrescentarmos outro átomo de oxigênio, conseguiremos dióxido de carbono, um gás inócuo para animais, mas vital para plantas. Esses fatos são universais e imutáveis. São o que chamamos de *princípios*.

Os princípios da química, física e matemática em nada diferem em sua operação dos que regem a mente subconsciente. Se quiser usar forças químicas ou físicas, terá que aprender os princípios aplicáveis a esses campos. Se pretende usar as do subconsciente, não poderá fugir do aprendizado de seus princípios.

Vejamos um princípio geralmente aceito: *a água procura seu próprio nível*. Trata-se de um princípio universal. Aplica-se à água em todos os lugares, em todas as ocasiões, a todos os líquidos que se comportam da mesma maneira.

Os egípcios antigos conheciam esse princípio. Usaram-no para tornar perfeitamente planas as fundações das grandes pirâmides. Hoje em dia, engenheiros usam-no quando planejam as coisas mais variadas, de sistemas de irrigação a usinas hidrelétricas.

Veja este outro princípio: *a matéria expande-se quando aquecida*. Isso é verdade em qualquer lugar, em qualquer ocasião, em todas as circunstâncias. Se aquecermos um pedaço de aço, ele se expandirá, seja o aço fabricado na China, Inglaterra, Índia ou em uma estação orbital.

A matéria expande-se quando aquecida... Isso é uma verdade universal. Da mesma forma, também é uma verdade universal que tudo que você grava na mente subconsciente é manifestado na tela do espaço como condição, experiência ou fato.

Sua prece é atendida porque sua mente subconsciente é princípio. Defino como princípio a maneira como uma coisa funciona. Um princípio importante de eletricidade, por exemplo, é que ela funciona do potencial mais alto para o mais baixo. Ninguém muda o princípio da eletricidade quando acende uma lâmpada ou liga um fogão elétrico. Não, você *usa* o princípio. Ao cooperar com a natureza, você utiliza invenções e descobertas maravilhosas que de incontáveis maneiras beneficiam a humanidade.

A mente subconsciente é princípio. Ela funciona de acordo com a lei da crença. E você precisa saber o que é crença, por que e como ela funciona. A Bíblia diz isso de maneira simples, clara e bela:

> Porque em verdade vos afirmo que se alguém disser a este monte: ergue-te e lança-te ao mar, e não duvidar no seu coração, mas crer que se fará o que diz, assim será com ele. (Marcos 11:23)

A lei da mente é a lei da crença. Isso significa acreditar na maneira como a mente funciona, acreditar na própria crença. A crença da mente é o pensamento da mente, apenas isso, nada mais.

Todas as suas experiências, acontecimentos, condições e atos são produzidos pela mente subconsciente como reação ao que você pensa. Lembre-se, não é aquilo em que você acredita, mas a crença que está na própria mente, que traz o resultado. Deixe de aceitar as falsas crenças, as opiniões, as superstições e os medos que assolam a humanidade. Comece a acreditar nas certezas e verdades eternas da vida, que jamais mudam. Nesse ponto, você se moverá para a frente, para cima, para Deus.

Todos os que lerem este livro e aplicarem conscienciosamente os princípios da mente subconsciente aqui explicados obterão a capacidade de orar científica e eficazmente por si mesmos e pelos demais. A prece é atendida de acordo com a lei universal da *ação e reação*. O pensamento é a ação incipiente. A reação é a resposta da mente subconsciente que corresponde à natureza do pensamento. Preencha a mente com conceitos de harmonia, saúde, paz, boa vontade e maravilhas acontecerão em sua vida.

A DUALIDADE DA MENTE

Embora tenhamos uma única mente, ela possui duas partes funcionais distintas e características. A fronteira que as separa é bem conhecida dos que estudam o assunto. As duas funções são basicamente diferentes. Cada uma delas possui atributos e poderes próprios, separados e diferentes.

Numerosos nomes foram usados para distingui-las. Incluindo os de mentes objetiva e subjetiva, consciente e inconsciente, desperta e adormecida, eu superficial e profundo, voluntária e involuntária, masculina e feminina e um sem-número de outros. Todos os nomes, quaisquer que sejam suas implicações, constituem reconhecimento dessa dualidade básica.

Em todo este livro usarei os termos “consciente” e “subconsciente” para representar a natureza dupla da mente. Se outro conjunto de termos lhe ocorre com maior facilidade, use-o à vontade. O importante ponto de partida consiste em reconhecer e aceitar a natureza dupla da mente.

AS MENTES CONSCIENTE E SUBCONSCIENTE

Uma maneira maravilhosa de conhecer as duas funções da mente é pensar nela como se fosse um jardim. Você é o jardineiro. Durante o dia inteiro planta sementes de pensamento na mente subconsciente. Durante grande parte do tempo nem se dá conta de que faz isso, porquanto as sementes têm por origem sua maneira habitual de pensar. Aquilo que você semeia na mente subconsciente é o que vai colher no corpo e no ambiente externo.

Imagine a mente subconsciente como uma camada de solo fértil no qual brotam e florescem todos os tipos de sementes, sejam elas boas ou más. Se você semeia espinhos, vai obter uvas? Se semeia cardos, vai colher figos? Todo pensamento é uma causa e cada situação, um efeito. Esse é o motivo por que é tão essencial que assuma o controle de seus pensamentos. Dessa maneira você poderá gerar apenas situações desejáveis.

Comece, agora, com pensamentos de paz, felicidade, ação correta, boa vontade e prosperidade. Pense tranquilamente e com convicção nessas qualidades. Aceite-as sem reservas na mente consciente, racional. Continue a plantar essas maravilhosas sementes de pensamento na horta da mente e vai colher uma safra abundante.

Quando a mente pensa corretamente, quando você compreende a verdade, quando os pensamentos depositados na mente subconsciente são construtivos, harmoniosos e pacíficos, o poder funcional mágico do subconsciente responderá. Produzirá condições harmoniosas, um ambiente agradável e, o melhor de tudo: uma vez que você comece a controlar o processo mental, poderá aplicar os poderes do subconsciente a qualquer problema ou dificuldade. Você, na verdade, está cooperando conscientemente com o poder infinito e com a lei onipotente que governa todas as coisas.

Dê uma olhada em volta. Onde quer que você viva, em que camada da sociedade se integre, vai notar que a vasta maioria das pessoas vive no mundo externo. As mais esclarecidas, contudo, estão fortemente interessadas no mundo interno. Elas compreendem – como você compreenderá também – que o mundo interno *cria* o mundo externo. Seus pensamentos, emoções e imagens visualizadas são os princípios organizadores de sua experiência. O mundo interno é o único e exclusivo poder criador existente. Tudo que você encontra no mundo da manifestação foi criado no mundo interno da mente, conscientemente ou inconscientemente.

Quando você conhecer a verdade sobre a interação entre as mentes consciente e inconsciente, poderá transformar toda a sua vida. Se quiser mudar condições externas, terá que mudar a causa delas. Muitas pessoas tentam mudar as condições e as circunstâncias, concentrando-se nelas. Que imenso desperdício de tempo e esforço! Elas não conseguem perceber que as condições fluem de uma causa. Se quer acabar com discórdia, confusão, carência e limitações em sua vida, terá que lhes eliminar a causa. Essa causa é a maneira como você usa a mente consciente, os pensamentos e imagens que nela cultiva. Mude a causa e você muda o efeito. A coisa é simples assim.

Vivemos em um mar insondável de riquezas infinitas. A mente subconsciente é extremamente sensível aos pensamentos conscientes. Esses pensamentos formam a matriz por meio da qual atuam a inteligência infinita, a sabedoria, as forças vitais e as energias do subconsciente. Dê à matriz uma direção mais positiva e você redirecionará para seu maior benefício essas energias infinitas.

Cada capítulo deste livro dá um exemplo concreto, específico, de como aplicar as leis da mente. Aprendendo a usar essas técnicas, você terá riqueza em vez de pobreza, sabedoria em vez de superstição e ignorância, paz em vez de conflito, sucesso e não fracasso, alegria no lugar de tristeza, luz afugentando trevas, harmonia e jamais discórdia, fé e confiança substituindo o medo. Poderia haver um conjunto mais maravilhoso de bênçãos do que esse?

A maioria dos grandes cientistas, pintores, poetas, cantores, escritores e inventores compreendeu perfeitamente o funcionamento das mentes consciente e subconsciente, o que lhes deu poder para atingir suas metas.

Certa vez, Enrico Caruso, grande tenor de ópera, teve um ataque de nervosismo, por medo de entrar em cena. Espasmos causados pela ansiedade intensa contraíram-lhe os músculos da garganta. Sentiu as cordas vocais paralisadas, inúteis. Nos bastidores, já vestido para entrar em cena, suava intensamente. Ele estava preocupado, pois logo devia entrar no palco e cantar para uma ansiosa plateia de milhares de pessoas.

Tremendo, disse:

– Não posso cantar. Todos vão rir de mim. Minha carreira acabou.

Virou-se, então, para voltar ao camarim. De repente, porém, parou e gritou:

– O Pequeno Eu está tentando estrangular o Grande Eu interior!

Virou-se para o palco e bradou:

– Vá embora daqui – dirigindo-se ao Pequeno Eu. – O Grande Eu quer cantar por meu intermédio.

Por Grande Eu, Caruso entendia o poder e a sabedoria ilimitados da mente subconsciente. Começou a gritar:

– Vá embora, vá embora, o Grande Eu vai cantar!

A mente subconsciente respondeu liberando as forças vitais nele existentes. Ao ouvir o sinal do ponto, entrou no palco e cantou de forma gloriosa e majestosa. A plateia ficou extasiada.

Pelo que já aprendeu, você pode perceber que Caruso compreendia os dois níveis da mente – a consciente, ou racional, e o nível subconsciente, ou irracional. A mente subconsciente é reativa. Reage à natureza de seus pensamentos. Quando a mente consciente (o Pequeno Eu de Caruso) está cheia de medo, preocupação, ansiedade, são liberadas as emoções negativas que elas criam na mente subconsciente (o Grande Eu). Elas inundam a mente consciente com crises de pânico, maus pressentimentos e desespero. Se isso lhe acontecer, siga o exemplo do grande Caruso. Você pode falar em termos afirmativos e com profundo senso de autoridade às emoções irracionais geradas na mente mais profunda. Pode dizer: "Fique parada. Fique quieta. Eu estou no controle. Você tem que me obedecer. Você está sujeita a meu comando e não pode intrometer-se onde não é seu lugar."

Você ficará fascinado ao ver o que acontece quando fala com autoridade e convicção à manifestação irracional de seu eu mais profundo. A mente se encherá de harmonia e paz. O subconsciente está *sujeito* à mente consciente. Esse é o motivo por que é chamado de *sub*consciente ou *subjetivo*.

DIFERENÇAS NOTÁVEIS E MODOS DE OPERAÇÃO

A mente consciente é como o navegador ou o capitão na ponte de comando de um navio. Ele dirige o navio. Envia ordens aos homens na casa de máquinas. Eles, por sua vez, controlam as caldeiras, instrumentos, medidores e assim por diante. Os que trabalham na casa de máquinas não sabem para onde estão indo. Seguem ordens. Iriam de encontro a rochedos se o homem na ponte de comando desse instruções incompletas ou erradas, baseadas em leituras da bússola, sextante e outros instrumentos. O pessoal das caldeiras obedece porque ele está no comando. Uma vez que pensa que ele sabe o que está fazendo, a tripulação não questiona o comandante: simplesmente cumpre suas ordens.

O comandante é o senhor do navio, e suas decisões são executadas. Da mesma maneira, a mente consciente é o comandante e senhor do navio – do seu corpo, do ambiente em que vive, de todos os assuntos que lhe interessam. A mente subconsciente cumpre as ordens recebidas, baseadas no que a mente consciente acredita ser a verdade e aceita como verdade. Não questiona as ordens nem a base em que elas se apoiam.

Se repetidamente dizemos a nós mesmos: "Não tenho condições para fazer isso", a mente consciente pega-nos na palavra. Providencia para que você não chegue à posição de poder adquirir o que quer. Enquanto continuar a dizer: "Não tenho dinheiro para comprar aquele carro, tirar aquelas férias, morar naquela casa", pode ter certeza de que a mente subconsciente vai seguir suas ordens. Você deixará de obter de todas essas coisas e acreditará que isso é produto das circunstâncias. Não lhe ocorrerá que você mesmo criou as circunstâncias com pensamentos negativos, de privação.

No Natal passado, uma moça chamada Nina W., estudante da University of Southern California, foi a uma área de compras exclusiva, grã-fina, de Beverly Hills. Na mente, só expectativas agradáveis. Ia passar as férias em Buffalo, Nova York, em companhia da família.

Passando por uma vitrine, uma bela bolsa a tiracolo de couro espanhol lhe despertou a atenção. Examinou-a, cheia de desejo. Em seguida, notou a etiqueta de preço e engoliu em seco.

Estava prestes a dizer a si mesma: "Eu não posso comprar uma bolsa tão cara."

Nesse momento, porém, lembrou-se de uma coisa que me ouvira dizer em uma de minhas palestras: "Jamais termine uma declaração negativa. Inverta-a imediatamente e maravilhas acontecerão em sua vida."

Olhando pelo vidro, disse a si mesma: "Essa bolsa é minha. Está à venda. Eu a aceito mentalmente, e meu subconsciente vai dar um jeito para que ela seja minha."

Mais tarde, naquele dia, Nina encontrou o noivo em um jantar de despedida. Ele chegou trazendo sob o braço um pacote elegantemente embrulhado. Prendendo a respiração, ela o abriu. Ali estava a mesma bolsa de couro a tiracolo que ela vira e identificara como sua naquela manhã. Ela preenchera a mente com o pensamento de expectativa realizada. Em seguida, passou a questão à mente mais profunda, que tem o poder de realizar.

Mais tarde, contou-me ela: "Eu não tinha dinheiro para comprar aquela bolsa. E agora ela é minha. Aprendi onde arranjar dinheiro e todas as coisas que desejo, e é no tesouro da eternidade que existe em mim."

COMO O SUBCONSCIENTE DELA RESPONDEU

Há alguns meses recebi carta de uma mulher chamada Ruth A., que havia assistido a uma de minhas palestras. Escreveu ela:

> Tenho 75 anos, sou viúva, com uma família grande. Eu vivia sozinha com uma pequena pensão da Previdência Social. Minha vida parecia estéril, sem esperanças. Lembrei-me, então, de sua palestra sobre os poderes da mente subconsciente. O senhor disse que ideias podiam ser gravadas na mente subconsciente por repetição, fé e expectativa. Isso poderia ser verdade? Resolvi experimentar. Nada tinha a perder.
>
> Comecei a repetir com frequência, com toda a emoção que podia reunir: "Eu sou querida. Sou amada. Sou bem casada com um homem bondoso, carinhoso e espiritualizado. Sinto-me segura e realizada."
>
> Continuei a fazer isso muitas vezes por dia, durante umas duas semanas. Certo dia, em uma drogaria, fui apresentada a um farmacêutico aposentado. Descobri que ele era bondoso, compreensivo e muito religioso.

> Era a resposta perfeita à minha prece. Uma semana depois ele me pediu em casamento. Atualmente estamos em lua de mel na Europa. Sei que a inteligência existente em minha mente subconsciente nos reuniu na ordem divina.

Ruth descobriu que o tesouro estava dentro dela. No coração, a prece lhe parecia legítima e, por osmose, as afirmações penetraram na mente subconsciente, que é o meio criativo. No momento em que ela conseguiu corporificar subjetivamente o que queria, a mente subconsciente trouxe a resposta pela lei da atração. A mente mais profunda, repleta de sabedoria e inteligência, uniu-a ao novo marido, na ordem divina.

Pense, mesmo, no seguinte:

> Tudo o que é verdadeiro, tudo o que é respeitável, tudo o que é justo, tudo o que é puro, tudo o que é amável, tudo o que é de boa fama, se alguma virtude há e se algum louvor existe, seja isso o que ocupe vosso pensamento. (Epístola aos Filipenses 4:8)

IDEIAS QUE VALE A PENA RELEMBRAR

1. O tesouro está dentro de você. Olhe dentro de si à procura da resposta ao desejo de seu coração.
2. O grande segredo compartilhado pelos grandes homens de todas as épocas foi a capacidade que possuíam de entrar em contato com os poderes da mente subconsciente e liberá-los. Você pode fazer o mesmo.
3. A mente subconsciente tem solução para todos os problemas. Se você, antes de dormir, lhe sugere: "Quero acordar às 6 horas", ela o acordará na hora exata.
4. A mente subconsciente é a construtora de seu corpo, e pode curá-lo. Vá dormir todas as noites com a ideia de saúde perfeita e o subconsciente, como servidor fiel, obedecerá.

5. Todo pensamento é uma causa, e toda situação, um efeito.
6. Se quer escrever um livro, uma peça de teatro maravilhosa, fazer uma palestra melhor para a plateia, grave carinhosamente e com emoção essa ideia na mente subconsciente e ela responderá nessa conformidade.
7. Você é como o comandante na ponte do navio. Tem que dar as ordens certas, ou o navio pode naufragar. Da mesma maneira, você tem que dar as ordens certas (pensamentos e imagens) ao subconsciente, que o controla e governa todas as experiências.
8. Jamais use expressões como "Não tenho recursos para comprar isso" ou "Não posso fazer isso". A mente subconsciente pega-o na palavra. Providencia para que você não tenha o dinheiro ou a capacidade de fazer o que quer. Afirme: "Posso fazer qualquer coisa graças ao poder de minha mente subconsciente."
9. A lei da vida é a lei da crença. A crença é um pensamento em sua mente. Não acredite em coisas que o prejudicarão e machucarão. Acredite no poder do subconsciente de curá-lo, inspirá-lo, fortalecê-lo e dar-lhe riqueza. Segundo for a sua crença, assim será para você.
10. Mude os pensamentos e você muda seu destino.

2
Como a mente funciona

A mente é o que você possui de mais precioso. Embora esteja sempre com você, o acesso a seus poderes mais notáveis só será possível quando aprender a usá-los. Conforme vimos, ela se divide em dois níveis – o consciente, ou racional, e o subconsciente, ou irracional. Você raciocina com o primeiro, e tudo aquilo em que pensa habitualmente vai para a mente consciente, que, em seguida, cria algo de acordo com a natureza de seus pensamentos. O subconsciente é a sede das emoções. É a mente criativa. Se pensar no bem, o bem se seguirá; se pensar no mal, o resultado será o mal. É dessa maneira que a mente funciona.

O ponto mais importante a lembrar é o seguinte: logo que aceita uma ideia, a mente subconsciente começa a colocá-la em prática. A surpreendente verdade é que a lei da mente subconsciente funciona tanto para as boas como para as más ideias. Essa lei, se aplicada de modo negativo, causa fracasso, frustração e infelicidade. Se, contudo, os seus pensamentos habituais são harmoniosos e construtivos, você goza de saúde perfeita, sucesso e prosperidade.

Paz de espírito e corpo saudável são consequências inevitáveis, logo que você começa a pensar e a sentir da maneira correta. Tudo aquilo que você afirma mental e emocionalmente como verdade o subconsciente aceita e materializa em sua experiência. Basta que o subconsciente aceite a ideia. Logo que isso acontece, a lei que o rege gerará a saúde, a paz e a prosperidade que você deseja. Dado o comando, ou a decisão, o subconsciente reproduz fielmente a ideia que foi gravada nele.

A lei da mente é a seguinte: a reação, ou resposta, que obtemos da mente subconsciente é determinada pela natureza do pensamento ou ideia que mantemos na mente consciente.

Psicólogos e psiquiatras observaram que, quando pensamentos são transmitidos ao subconsciente, são feitas gravações nas células cerebrais. No momento em que aceita uma ideia, o subconsciente atua para colocá-la imediatamente em prática. Trabalhando por meio de associação de ideias, utiliza todas as migalhas de conhecimento que você reuniu durante toda a vida para concretizar seu objetivo. E recorre ao poder, à energia e à sabedoria infinita que existem em você. Convoca todas as leis da natureza para realizar aquilo que você quer. Às vezes, parece que traz uma solução imediata para os problemas. Em outras ocasiões, porém, ele talvez precise de dias, semanas ou mais tempo ainda. *Não temos como saber que recursos ele mobilizará.*

AS DIFERENÇAS ENTRE O CONSCIENTE E O SUBCONSCIENTE

Você precisa lembrar que consciente e subconsciente não são duas mentes, mas apenas duas esferas de atividade de uma única. A mente consciente é a raciocinadora, o aspecto da mente que discrimina. Você, por exemplo, escolhe seus livros, casa, companheira na vida. Toma todas as decisões. Por outro lado, sem qualquer decisão consciente, seu coração continua a funcionar automaticamente, e a mente subconsciente dirige as funções vitais da digestão, circulação e respiração, utilizando processos independentes do controle consciente.

O subconsciente aceita o que nele é gravado ou aquilo em que você conscientemente acredita. Não submete as coisas ao crivo do raciocínio, como a mente consciente, nem discute com você. É como uma camada de solo que aceita todos os tipos de sementes, sejam elas boas ou más. Os pensamentos são ativos, são as sementes. Pensamentos negativos e destrutivos continuam a agir deste modo na mente subconsciente. Mais cedo ou mais tarde, eles emergirão e tomarão forma como experiência externa correspondente a seu conteúdo.

Lembre-se, a mente subconsciente não se empenha em provar se seus pensamentos são bons ou maus, verdadeiros ou falsos. Ela reage segundo a natureza de seus pensamentos ou sugestões. Se você, conscientemente, aceita que alguma coisa é verdadeira, por exemplo, mesmo que possa ser falsa, o subconsciente a aceitará como verdadeira e agirá para produzir resultados que terão necessariamente que se seguir, *porque* a mente consciente aceitou-a como verdade.

EXPERIMENTOS FEITOS POR PSICÓLOGOS

Psicólogos e outros profissionais realizaram inúmeras experiências com indivíduos em transe hipnótico. A pesquisa demonstrou claramente que a mente subconsciente não faz as seleções e comparações necessárias ao processo de raciocínio. Ela aceita quaisquer sugestões, por mais falsas que sejam. Tendo aceito, reage de acordo com a natureza da sugestão recebida.

Dando um exemplo de como ela é sugestionável, se um hipnotizador experiente sugerir ao sujeito que ele é Napoleão Bonaparte, ou mesmo um gato ou um cão, ele representará esse papel com incrível precisão. Por um breve espaço de tempo, sua personalidade é mudada. Ele acredita ser o que o hipnotizador disser que ele é.

Um hipnotizador hábil pode sugerir a um de seus voluntários que esteja em estado hipnótico que suas costas estão coçando, que o nariz está sangrando; a outro, que ele é uma estátua de mármore; e ainda a outro, que ele está congelando em temperatura abaixo de zero. Todos eles seguirão a linha da sugestão específica que lhe foi dada, ignorando por completo todos os demais aspectos do ambiente que não digam respeito à sugestão hipnótica.

Esses exemplos simples mostram a diferença entre a mente consciente, raciocinadora, e a subconsciente, impessoal, não seletiva, e que aceita como verdade tudo aquilo que a primeira aceita como tal. Daí a importância de ter pensamentos, ideias e premissas que abençoam, curam, inspiram e lhe enchem a alma de alegria.

O QUE É MENTE *OBJETIVA* E MENTE *SUBJETIVA*

Às vezes, a mente consciente é chamada de *mente objetiva*, porque trata de objetos externos. Ela percebe o mundo objetivo. Como meios de observação, utiliza os cinco sentidos físicos. É a orientadora e diretora de seus contatos com o ambiente. Obtemos conhecimentos por meio dos cinco sentidos. Ela aprende pela observação, experimentação e educação. Conforme já assinalado, sua maior função é a do raciocínio.

Suponhamos que você é um das centenas de milhares de turistas que visitam todos os anos o Grand Canyon. Você chegaria à conclusão de que se trata de uma das mais notáveis maravilhas do mundo. A conclusão se basearia na observação da profundidade do local, na forma complexa das formações rochosas, no belo jogo de cores criado pelos diferentes estratos geológicos. Temos, nesse caso, o funcionamento da mente objetiva.

A mente subconsciente é, frequentemente, denominada de *mente subjetiva*. Ela está ciente do ambiente externo, mas não por meio dos sentidos físicos. Percebe pela intuição. É a sede das emoções e o repositório da memória. E cumpre suas funções mais altas quando os sentidos físicos estão inativos. Em outras palavras, é a inteligência que se dá a conhecer quando a mente objetiva suspende suas atividades ou se encontra em um estado sonolento, modorrento.

A mente subjetiva vê sem usar os órgãos naturais da visão. Possui a capacidade de clarividência e clariaudiência: pode ver e ouvir fatos que estão ocorrendo em outros locais. E pode deixar o corpo, viajar para terras distantes e trazer informações que são, não raro, as mais exatas e de caráter o mais verdadeiro. Graças a ela, você pode ler os pensamentos dos outros, saber o conteúdo de envelopes fechados ou intuir as informações gravadas em um disco de computador, sem usar o drive.

Quando compreendemos a interação entre as mentes objetiva e subjetiva, estamos em melhor situação para aprender a verdadeira arte da oração.

O SUBCONSCIENTE NÃO PODE RACIOCINAR COMO A MENTE CONSCIENTE

A mente subconsciente não tem capacidade para questionar ou contestar o que lhe dizem. Se lhe fornecem a informação errada, ela a aceitará como verdadeira. E trabalhará para tornar correta a informação. E também fará suas sugestões, *mesmo as falsas*, se materializarem como situações, experiências e eventos.

Tudo que lhe aconteceu foi resultado de pensamentos gravados na mente subconsciente por meio de crenças. Se você lhe forneceu conceitos errôneos ou distorcidos, é de importância urgentíssima que os corrija. A maneira segura de fazer isso consiste em fornecer-lhe pensamentos construtivos, harmoniosos. Repetidos frequentemente, ela os aceita. Dessa maneira, você pode formar hábitos de pensamento e vida novos e mais sadios, uma vez que a mente subconsciente é a matriz do hábito.

O pensamento habitual da mente consciente abre sulcos profundos na mente subconsciente. Se os pensamentos costumeiros são harmoniosos, pacíficos e construtivos, a mente subconsciente responde criando harmonia, paz e situações construtivas.

Você já foi dominado pelo medo, pela preocupação e outras formas destrutivas de pensamento? O remédio consiste em reconhecer o poder do subconsciente e resolver que vai ter liberdade, felicidade e saúde perfeita. A mente subconsciente, criativa e una com a mente divina, passará a criar o clima de liberdade e felicidade em que você resolveu que viveria.

O IMENSO PODER DA SUGESTÃO

Pelo que você pode depreender do que foi exposto, a mente consciente é uma espécie de "vigia do portão". Uma de suas funções mais importantes é a de proteger o subconsciente de impressões falsas. A razão por que isso é tão importante retroage a uma das leis básicas da mente: a mente subconsciente é extremamente sensível a sugestões.

Como você sabe, ela não faz comparações nem estabelece contrastes. Não raciocina nem pensa por si mesma. Essa última função cabe ao consciente. Não, ela simplesmente reage às impressões que lhe são transmitidas pelo consciente. Nem decide nem escolhe entre diferentes cursos de ação. Aceita meramente o que lhe é dado.

A sugestão possui uma força imensamente poderosa. Imagine que você está a bordo de um navio, que balança um bocado de um lado para o outro. Você se aproxima de uma passageira de aparência tímida e diz: "Ei, você não parece bem! Seu rosto está praticamente verde! Acho que vai ficar enjoada! Quer que a ajude a ir até seu camarote?"

A passageira empalidece. A sugestão dada sobre enjoo no mar liga-se a seus próprios medos e pressentimentos. Ela o deixa acompanhá-la até o camarote. Chegando lá, sua sugestão negativa, que ela aceitou, transforma-se em vômitos.

REAÇÕES DIFERENTES À MESMA SUGESTÃO

É importante compreender que pessoas diferentes reagem de maneiras diferentes à mesma sugestão. Isso acontece porque têm diferentes condicionamentos ou crenças subconscientes.

Vamos supor que em vez de escolher uma passageira você escolhe um membro da tripulação. E diz: "Ei, cara, você não parece nada bem. Você acha que vai ficar enjoado?"

Dependendo do temperamento do marinheiro, ele ri de sua piada de mau gosto ou xinga você. A sugestão não teve nenhum poder sobre ele porque a ideia de enjoo está ligada em sua mente à imunidade contra esse estado. Em consequência, sua resposta não foi de medo ou preocupação, mas de autoconfiança.

O dicionário lhe dirá que sugestão é o ato ou caso de pôr alguma coisa na mente de alguém. É o processo mental por meio do qual o pensamento ou ideia sugeridos são recebidos, aceitos ou postos em prática. Lembre-se, porém, de que a sugestão não pode impor-se à mente subconsciente contra a vontade da mente consciente. A mente consciente tem o poder de rejeitá-la.

O marinheiro não tinha medo de enjoo. Convencera-se de sua imunidade a esse estado, o que o protegeu do poder da sugestão, de despertar medo. A passageira, porém, já estava preocupada, com medo de enjoar. Por isso, a sugestão que você lhe deu dominou-a por completo.

Todos nós temos medos, crenças e opiniões próprias. Essas suposições interiores nos dirigem e governam nossa vida. Em si e por si mesma, a sugestão não tem poder algum. O poder nasce do fato de ela ser mentalmente aceita. Só nesse ponto é que o subconsciente começa a agir de acordo com a natureza da sugestão.

COMO ELE PERDEU O BRAÇO

Durante muitos anos ministrei palestras regulares no London Truth Forum, em Caxton Hall, que eu havia fundado um bom tempo antes. A Dra. Evelyn Fleet, a diretora, contou-me a história de um homem cuja filha sofria de artrite reumatoide mutilante e de uma doença desfigurante e dolorosa da pele denominada psoríase. Tentaram toda sorte de tratamentos, mas nada que os médicos receitavam parecia funcionar. O pai entrou em desespero. Dizia repetidamente aos amigos: "Eu daria meu braço direito para ver minha filha curada."

Segundo a Dra. Fleet, certo dia a família saiu para um passeio. Houve um acidente e o carro em que estavam chocou-se de frente com outro. O braço direito do pai foi decepado na altura do ombro. Voltando para casa ao deixar o hospital, ele descobriu que a artrite e o problema de pele da filha haviam desaparecido.

Você precisa ter todo cuidado e dar ao subconsciente apenas sugestões que o curam, abençoam, elevam e inspiram de todas as maneiras. Lembre-se bem, seu subconsciente não entende um jogo de palavras. Ele interpreta ao pé da letra.

COMO A AUTOSSUGESTÃO ELIMINA O MEDO

O termo autossugestão implica sugerir algo definido e específico a si mesmo. Tal como qualquer ferramenta, se usada erroneamente, pode causar dano; corretamente, pode ser de enorme utilidade.

Janet R. era uma jovem e talentosa cantora. Foi convidada para fazer um teste de voz para um papel importante numa ópera. Queria desesperadamente fazer o teste, mas se sentia também muito apreensiva.

Três vezes antes, quando cantara para diretores, não se saíra bem. A razão: medo de fracasso. Embora possuísse uma voz maravilhosa, costumava dizer a si mesma: "Quando chegar a hora de eu cantar, vou ser horrível. Nunca vou conseguir o papel. Eles não vão gostar de mim. E vão se perguntar como tive coragem de me submeter ao teste. Sei que vai ser um fracasso."

A mente subconsciente dela aceitou essas autossugestões negativas como se fossem um pedido. E passou a dar-lhes realidade e fazer com que isso acontecesse. A causa era uma autossugestão involuntária. Seus medos haviam se transformado em pensamentos carregados de emoção, profundos, que por seu turno se tornaram realidade.

A jovem cantora, no entanto, conseguiu superar a força das autossugestões negativas. E fez isso combatendo-as com autossugestões *positivas*. O que fez foi o seguinte: três vezes ao dia trancava-se em um quarto silencioso. Sentava-se confortavelmente em uma poltrona, relaxava e fechava os olhos. Tanto quanto podia, aquietava corpo e mente. A inércia física facilita a passividade mental e torna a mente mais receptiva à sugestão.

A fim de combater a sugestão de medo, repetia para si mesma: "Eu canto maravilhosamente bem. Sou equilibrada, serena, confiante e calma." Em todas as ocasiões em que se sentava para fazer o exercício, repetia lenta, tranquilamente, com confiança, essa afirmação, de cinco a dez vezes. Fazia três sessões iguais durante o dia e uma imediatamente antes de deitar-se.

Após uma semana, sentiu-se inteiramente equilibrada e confiante. Ao chegar o dia do teste, saiu-se maravilhosamente bem e foi escolhida para integrar o elenco.

COMO ELA RECUPEROU A MEMÓRIA

Uma mulher de 75 anos sempre se orgulhara de possuir boa memória. Como todo mundo, esquecia-se de vez em quando de uma coisa ou outra, mas não se importava com isso. Enquanto, envelhecia, porém, começou a notar essas ocorrências e preocupou-se. Cada vez que esquecia alguma coisa, dizia a si mesma: "Devo estar perdendo a memória por causa da idade."

Como resultado da sugestão negativa, esquecia cada vez mais nomes e fatos. Ela chegou à beira do desespero. Mas, por sorte, deu-se conta de como estava prejudicando a si mesma. Resolveu inverter o processo.

Em todas as ocasiões em que sentia tentação de pensar "Estou perdendo a memória", parava. Mais do que isso, deliberadamente, invertia o processo.

Várias vezes por dia, praticava autossugestão positiva induzida:

> De hoje em diante, minha memória vai melhorar de todas as maneiras. Sempre me lembrarei de tudo que precisar saber em cada momento do tempo e ponto no espaço. As impressões que receber serão claras e definidas. Eu as reterei automática e facilmente. Tudo que eu quiser recordar acudirá imediatamente, na forma correta, à minha mente. Todos os dias estou melhorando rapidamente. Antes de muito tempo, minha memória será melhor do que já foi.

Três semanas depois, a memória voltou ao normal.

COMO ELE DOMINOU UM TEMPERAMENTO INSUPORTÁVEL

Fui consultado por um homem cujo casamento e carreira estavam enfrentando sérios problemas. O problema de Hugh D. era irritabilidade e mau humor constantes. Ele mesmo estava preocupado com isso, mas se alguém queria discutir o assunto Hugh explodia de raiva. Constantemente, dizia a si mesmo que o estavam provocando e que tinha de se defender.

Para contrabalançar a autossugestão negativa, sugeri que empregasse a positiva. Várias vezes por dia – pela manhã, ao meio-dia e, antes de deitar-se à noite – ele devia repetir para si mesmo:

> De agora em diante, eu me tornarei mais bem-humorado. Alegria, felicidade e boa disposição estão se tornando meus estados mentais normais. Todos os dias estou me tornando cada vez mais digno de estima e de compreensão. Serei o centro de alegria e boa vontade para todos à minha volta, contagiando-os com minha animação. Esse estado de espírito alegre, feliz, animado está se tornando, agora, meu estado de mente normal, natural. E sou grato por isso.

Um mês depois, a esposa e colegas de trabalho diziam que era muito mais fácil conviver com ele.

ALGUNS COMENTÁRIOS SOBRE HETEROSSUGESTÃO

O termo *heterossugestão* significa sugestão que parte de outra pessoa. Em todas as eras e em todas as partes do mundo, o poder da sugestão desempenhou um papel dominante na vida e no pensamento da humanidade. Credos políticos, crenças religiosas e costumes sociais floresceram e perpetuam-se graças ao poder da heterossugestão.

A sugestão pode ser usada como instrumento para autodisciplina e autocontrole, mas também para assumir o comando sobre outras pessoas, que não aprenderam nem compreendem as leis da mente. Em sua forma construtiva, a sugestão é maravilhosa, magnífica. No aspecto negativo, constitui uma das formas mais destrutivas dos padrões de resposta da mente. Seus resultados podem ser interminável sofrimento, fracasso, miséria, doença e calamidades.

VOCÊ ACEITOU QUALQUER UMA DESSAS?

Desde o dia em que nascemos somos bombardeados com sugestões negativas. Sem saber como combatê-las, as aceitamos inconscientemente e lhes damos espaço em nossa vida

Vejamos exemplos de algumas delas:

- Você não pode.
- Você jamais chegará a ser alguém.
- Você não deve.
- Você vai fracassar.
- Você não tem a menor chance.
- Você está inteiramente errado.
- Não adianta.
- Não é o que você conhece, mas quem você conhece.
- O mundo está se tornando cada vez pior.
- O que é que adianta, ninguém se importa.
- É besteira dar murro em ponta de faca.
- Você é velho demais.
- As coisas estão indo de mal a pior.
- A vida é uma canseira interminável.
- Amor é coisa para passarinhos.
- Você simplesmente não pode vencer.
- Cuidado, ou vai pegar uma doença horrível.
- Não se pode confiar em ninguém.

Aceitando heterossugestão desse tipo você colabora para torná-la realidade. Quando criança, você recebia facilmente sugestões das pessoas que lhe eram importantes. Não sabia o que fazer. A mente, tanto a consciente quanto a subconsciente, era um mistério sobre o qual você nem pensava.

Como adulto, porém, você tem capacidade de fazer opções. Pode usar autossugestão construtiva, que é uma terapia de recondicionamento, para mudar gravações feitas no passado em você. O primeiro passo consiste em reconhecer a heterossugestão que lhe é feita. Sem exame, ela pode criar padrões de comportamento que o levam a fracassar na vida pessoal e social. A autossugestão construtiva pode liberá-lo da massa de condicionamento verbal negativo que, de outra maneira, poderia deformar-lhe o padrão de vida, tornando difícil ou mesmo impossível o desenvolvimento de bons hábitos.

VOCÊ PODE COMBATER SUGESTÕES NEGATIVAS

Pegue o jornal ou ligue a TV no telejornal. Todos os dias lemos ou somos informados de dezenas de casos que poderiam plantar em nós as sementes da inutilidade, medo, preocupação, ansiedade e desastre iminente. Se os aceitamos e internalizamos, esses pensamentos de medo podem levar-nos a perder a vontade de viver. Mas se compreendermos que não *temos* que aceitá-los, opções se oferecem. Você tem em si o poder de combater todas essas ideias destrutivas, ao dar ao subconsciente autossugestões construtivas.

Examine regularmente as sugestões negativas que recebe. Você não tem que ficar indiferente às heterossugestões destrutivas. Todos nós as sofremos na infância, na adolescência e na vida adulta. Se fizer um esforço de memória, poderá facilmente lembrar-se de como seus pais, amigos, parentes, mestres e colegas contribuíram com inúmeras sugestões negativas. Estude as coisas que lhe disseram, examine-lhes atentamente o significado profundo, e vai descobrir que muitas nada mais eram do que uma forma de propaganda. Propaganda com uma finalidade oculta, que era – e é – controlá-lo, instilando-lhe medo.

O processo de heterossugestão ocorre em todos os lares, escritórios, fábricas e clubes. Você vai descobrir que muitas sugestões que lhe fazem, saibam disso ou não as pessoas, têm por objetivo levá-lo a pensar, sentir e agir como elas querem que você se comporte, de maneira proveitosa para elas, mesmo que sejam destrutivas para você.

COMO A SUGESTÃO MATOU UM HOMEM

Um distante parente meu foi consultar uma famosa vidente na Índia e pediu que ela lesse seu futuro. A vidente afirmou que ele tinha um coração fraco. E previu que ele faleceria na lua nova seguinte.

Meu parente ficou arrasado. Ligou para todos os familiares e falou da predição. Reuniu-se com o advogado para certificar-se de que seu testamento estava correto. Quando tentei dissuadi-lo do assunto, ele enfatizou que a vidente era conhecida como possuidora de notáveis poderes ocultos. E podia fazer um grande bem ou mal àqueles que a consultavam. Ele estava convencido da verdade desse fato.

Aproximando-se a lua nova, ele se tornou cada vez mais fechado em si mesmo. Um mês antes, esse homem era feliz, sadio, cheio de energia, robusto. Naquele momento, era um inválido. Na data prevista, sofreu um ataque cardíaco fatal. Morreu sem saber que fora a causa de sua própria morte.

Quantos de nós ouvimos histórias semelhantes e nos arrepiamos um pouco pensando que o mundo está cheio de forças incontroláveis e misteriosas? Isso mesmo, o mundo está cheio de forças, mas elas nem são misteriosas nem incontroláveis. Meu parente cometeu suicídio ao permitir que uma sugestão poderosa penetrasse em seu subconsciente. Ele acreditou nos poderes da vidente e aceitou totalmente suas predições.

Vejamos mais uma vez o que aconteceu, sabendo agora como a mente subconsciente funciona. No que a mente consciente, raciocinadora, do indivíduo acredite, a mente subconsciente aceitará, e agirá conforme a sugestão. Meu parente estava em um estado sugestionável quando foi consultar a vidente. Ela lhe deu uma sugestão negativa, e *ele a aceitou*. Ficou apavorado. Ruminou sem parar a convicção de que ia morrer na lua nova seguinte. Contou isso a todo mundo e preparou-se para o fim. E foi o medo e a expectativa do fim, aceitos como verdade pela mente subconsciente, que lhe causaram a morte.

A mulher que lhe previu a morte não tinha mais poder do que pedras e gravetos no campo. A sugestão, em si, que ela fez, não tinha o poder de criar ou materializar o fim que sugeriu. Se tivesse conhecido as leis da mente, meu parente teria rejeitado inteiramente a sugestão negativa e se recusado a dar a mínima atenção às palavras da mulher. A profecia da vidente teria sido como uma bola de borracha atirada contra um tanque blindado. Ele poderia ter facilmente neutralizado e dissipado a sugestão sem nenhum mal para si mesmo. Em vez disso, por falta de percepção e conhecimento, permitiu que o matasse.

Em si mesmas, sugestões não têm nenhum poder sobre você. O poder que porventura assumam surge porque você mesmo lhes concede, com seus pensamentos. Você precisa dar o consentimento mental. Tem que dar guarida ao pensamento e aceitá-lo. Nesse ponto, ele se torna seu próprio pensamento, e o subconsciente trabalha para torná-lo realidade.

Lembre-se, você tem capacidade de escolher. Escolha a vida! Escolha o amor! Escolha a saúde!

O PODER DE UMA PREMISSA MAIOR ACEITA COMO CERTA

Desde os dias da Grécia Antiga filósofos e lógicos estudaram a forma de raciocínio denominada *silogismo*. A mente raciocina por silogismos. Em termos práticos, isso significa que qualquer premissa maior que a mente consciente supõe que seja verdade determina a conclusão a que chegará a mente subconsciente, pouco importando qual a questão ou o problema. Se as premissas são verdadeiras, a conclusão *tem* que ser verdadeira.

Por exemplo:

- Todas as virtudes são louváveis;
- A bondade é uma virtude;
- Logo, a bondade é louvável.

Ou o seguinte:

- Todas as coisas construídas mudam e desaparecem;
- As pirâmides do Egito são coisas construídas;
- Logo, as pirâmides mudarão e desaparecerão.

A primeira asserção é chamada de premissa maior e a conclusão correta deve necessariamente seguir-se da premissa certa.

Um professor universitário que compareceu a algumas palestras sobre a ciência da mente, que ministrei na sede da prefeitura de Nova York, veio me procurar após uma delas e me disse: "Tudo em minha vida está de cabeça para baixo. Perdi saúde, riqueza e amigos. Tudo em que eu toco acaba errado."

Expliquei-lhe que seus problemas seguiam-se lógica e diretamente de sua premissa maior autodestrutiva. Para mudar a vida, ele teria que formular uma nova premissa maior em seu pensamento. Precisava aceitar como verdade a convicção de que a inteligência infinita de sua mente subconsciente estava orientando-o, dirigindo-o e criando-lhe condições de prosperidade nos níveis espiritual, mental e material. Logo que fizesse isso, a mente subconsciente iria dirigi-lo automaticamente em decisões sábias, curaria o corpo dele e devolveria a paz de espírito e a tranquilidade que ele perdera.

O professor formulou um quadro geral de como queria que fosse sua vida. A sua premissa maior foi a seguinte:

> A inteligência infinita me conduz e orienta em todos os meus atos.
>
> Tenho saúde perfeita e a Lei da Harmonia funciona em minha mente e em meu corpo. Beleza, amor, paz e abundância são direitos meus. Os princípios da ação correta e da ordem divina governam toda a minha vida. Sei que minha premissa maior baseia-se nas verdades eter-

nas da vida, e tenho certeza, sinto e acredito que a mente subconsciente vai responder de acordo com a natureza do pensamento da mente consciente.

Tempos depois, ele me enviou a seguinte carta:

Várias vezes por dia, devagar, tranquilo e carinhosamente repeti as asserções da premissa maior. Eu sabia que elas estavam mergulhando profundamente em minha mente subconsciente. Fui convencido pelas leis da mente de que os resultados teriam que se seguir. Sinto-me profundamente grato pela entrevista que me concedeu e gostaria de acrescentar que todos os aspectos de minha vida estão mudando para melhor. A coisa funciona!

A MENTE SUBCONSCIENTE NÃO BATE BOCA

A mente subconsciente é onisciente. Conhece as respostas a todas as perguntas. Não obstante, ela não *sabe* que sabe. Não argumenta com você, nem o refuta. E não diz: "Você não deve gravar em mim sugestões desse tipo."

Quando diz: "Não posso fazer isso", "Sou velho demais", "Não posso cumprir essa obrigação", "Nasci sem eira nem beira", "Não conheço o político certo", você está impregnando o subconsciente com esses pensamentos negativos. E o subconsciente responde de acordo com o sugerido. Você, na verdade, está bloqueando seu próprio bem. Está trazendo carências, limitações e frustrações para a vida.

Quando, na mente consciente, você cria obstáculos, impedimentos e demoras, ignora também a sabedoria e a inteligência residentes na mente subconsciente. Está, na realidade, dizendo que ela não pode resolver seus problemas. Essa atitude leva a uma congestão mental e emocional, seguida por doenças e tendências neuróticas.

Para transformar desejos em realidades e vencer a frustração, afirme convictamente, várias vezes por dia:

> A inteligência infinita que me deu esse desejo me conduz, guia e me revela o plano perfeito para a sua materialização. Sei que a sabedoria mais profunda de meu subconsciente está, neste momento, respondendo, e o que sinto e afirmo no mundo interno manifesta-se no externo. Há em mim estabilidade, equilíbrio e equanimidade.

Por outro lado, se diz: "Estou num beco sem saída. Estou perdido. Não há como escapar desse dilema", você nem obterá resposta nem reação do subconsciente. Se quer que ele trabalhe para você, terá que lhe fazer o pedido certo e aliciar-lhe a cooperação. Ele está sempre trabalhando por você. Neste exato minuto, controla-lhe a frequência cardíaca e a respiração. Quando você corta o dedo, ele põe em movimento o complexo processo da cura, pois sua tendência fundamental é para a vida, e ele nunca descansa, procurando cuidar de você e preservá-lo.

Embora tenha mente própria, o subconsciente aceita seus padrões de pensamento e imagens mentais. Quando busca a solução de um problema, ele responde, mas espera que você chegue a uma decisão e a um julgamento correto com sua mente consciente. Você tem que reconhecer que a resposta está no subconsciente. Se diz: "Acho que não há nenhuma solução. Estou todo enrolado e confuso. Por que é que não recebo uma resposta?", você neutraliza sua oração. Tal como um soldado que marca passo, você gasta energia vital sem sair do lugar.

Pare as rodas da mente. Relaxe. Solte-se. Tranquilamente, afirme:

Meu subconsciente sabe a resposta. Está me respondendo agora. Sou grato porque sei que a inteligência infinita de meu subconsciente conhece todas as coisas e está me revelando, agora, a resposta perfeita. Minha convicção autêntica está liberando, agora, a majestade e a glória de minha mente subconsciente. E eu me rejubilo porque sei que assim é.

PASSE EM REVISTA OS PONTOS IMPORTANTES DESTE CAPÍTULO

1. Pense no bem e o bem acontecerá. Pense no mal e o mal se seguirá. Durante o dia inteiro você é aquilo que pensa.
2. A mente subconsciente não discute com você. Aceita o que a mente consciente decreta. Se você diz: "Não tenho como comprar isso", o subconsciente trabalha para tornar verdade essas palavras. Escolha um pensamento melhor. Resolva: "Vou comprar isso. Aceito-o em minha mente."
3. Você tem a capacidade de escolher. Escolha saúde e felicidade. Pode escolher ser simpático ou antipático, prestativo, alegre, cordial, amigo, e todo mundo responderá na mesma medida. Essa é a melhor maneira de desenvolver uma personalidade maravilhosa.
4. A mente consciente é "o vigia ao portão". Tem como função principal proteger-lhe o subconsciente de impressões falsas. Resolva acreditar que algo bom pode lhe acontecer e que está acontecendo agora. Seu maior poder é a capacidade de escolher. Escolha felicidade e prosperidade.
5. As sugestões e declarações de outras pessoas não têm poder de machucá-lo. O único poder está na maneira como você pensa. Você pode resolver rejeitar os pensamentos e as declarações dos outros e afirmar o bem. Você tem o poder de resolver como vai reagir.

6. Cuidado com o que diz. Você terá que responder por cada palavra ociosa. Jamais diga "Vou fracassar, vou perder meu emprego, não posso pagar o aluguel". O subconsciente não entende uma brincadeira. Faz com que todas essas coisas aconteçam.
7. Sua mente não é má. Nenhuma força da natureza é má. Tudo depende do modo como você utiliza os poderes da natureza. Use a mente para abençoar, curar e inspirar todas as pessoas, em toda parte.
8. Jamais diga "Não posso". Domine o medo substituindo-o pela declaração seguinte: "Posso fazer qualquer coisa graças ao poder de minha mente subconsciente."
9. Comece a pensar a partir das verdades e princípios eternos da vida e não do ponto de vista do medo, da ignorância, da superstição. Não deixe que os outros pensem por você. Escolha seus pensamentos e tome suas próprias decisões.
10. Você é o comandante de sua alma (a mente subconsciente) e senhor de seu destino. Lembre-se, você tem a capacidade de escolher. Escolha a vida! Escolha a saúde! Escolha a felicidade!
11. Tudo aquilo que sua mente consciente supõe e acredita que é verdade, a mente subconsciente aceita e procura realizar. Acredite em boa sorte, orientação divina, ação correta e em todas as bênçãos da vida.

3
O poder milagroso de seu subconsciente

O poder de seu subconsciente é ilimitado. Ele o inspira e orienta. Evoca cenas vívidas do tesouro da memória, controla os batimentos de seu coração e a circulação do sangue, regula a digestão, a assimilação e a eliminação. Quando você come um pedaço de pão, ele o transmuta em tecido, músculo, osso e sangue. Esses processos estão além da capacidade da pessoa mais sábia que caminha neste momento sobre a Terra. Ele controla todos os processos vitais e funções do corpo. E conhece a solução de todos os problemas.

O subconsciente jamais dorme ou descansa. Está sempre em atividade. Você pode certificar-se desse poder milagroso simplesmente dizendo a ele, antes de dormir, que quer que certa coisa seja realizada. E vai ficar atônito ao descobrir que serão liberadas forças existentes em você que o levarão ao resultado que deseja. Ele é uma fonte de poder e sabedoria que o põe em contato direto com a onipotência. Este é o poder que move o mundo, guia os planetas em suas órbitas e faz com que o Sol brilhe.

A mente subconsciente é a origem dos ideais, aspirações e ânsias altruístas. Graças a ela, Shakespeare compreendeu e revelou grandes verdades ocultas ao homem comum de seus dias. Graças a ela, Fídias, o escultor grego, desenvolveu a arte e a perícia necessárias para esculpir no mármore e criar no bronze a beleza, a ordem, a simetria e a proporção. É a fonte profunda de onde os grandes artistas retiram um poder por todos reverenciado. E que permitiu ao grande artista italiano Rafael pintar suas Madonas e ao grande músico alemão Beethoven compor suas sinfonias.

Em 1955 fui convidado a dar uma palestra na Yoga Forest University, em Rishikesh, Índia. Durante minha estada, tive uma longa conversa com um cirurgião de Bombaim que lá estava em visita. Por ele, soube da história impressionante do Dr. James Esdaille.

O Dr. Esdaille, um cirurgião escocês, trabalhou em Bengala na década de 1840. Isso aconteceu antes que começassem a ser usados éter e outros métodos modernos de anestesia química. Ainda assim, entre 1843 e 1846, esse médico realizou cerca de quatrocentas grandes operações cirúrgicas de todos os tipos, incluindo amputações, remoção de tumores e metástases, operações dos olhos, ouvidos e garganta. Todas as operações foram realizadas apenas com anestesia mental. Os pacientes diziam que não sentiam dores e nenhum deles faleceu durante a cirurgia.

Igualmente espantoso foi a taxa extremamente baixa de mortalidade dos pacientes do Dr. Esdaille nos pós-operatórios. Isso aconteceu bem antes de cientistas ocidentais, como Louis Pasteur e Joseph Lister, descobrirem a origem bacteriana das infecções. Ninguém sabia que as infecções pós-operatórias eram devidas a instrumentos não esterilizados e a organismos virulentos. Não obstante, quando o Dr. Esdaille sugeria a seus pacientes, por meio da hipnose, que nenhuma infecção ou condições sépticas se desenvolveriam, o subconsciente dos pacientes respondia à sugestão e punha em ação os processos necessários para combater os perigos potencialmente letais das infecções.

Pense nisto: há mais de um século, no outro lado do mundo, esse cirurgião escocês descobriu os poderes milagrosos da mente subconsciente. Essa constatação é suficiente para nos deixar boquiabertos. Mas os poderes transcendentais que inspiraram o Dr. Esdaille e protegeram seus pacientes de perigo mortal podem ser seus também.

A mente subconsciente pode lhe conceder independência do tempo e do espaço. Pode livrá-lo de toda dor e sofrimento, dar solução para todos os problemas, quaisquer que sejam. Há em você um poder e uma inteligência que transcendem em muito o intelecto, levando-o a maravilhar-se com tudo isso. Essas experiências o farão rejubilar-se e acreditar nos poderes milagrosos da mente subconsciente.

O SUBCONSCIENTE É O LIVRO DE SUA VIDA

Quaisquer que sejam os pensamentos, crenças, opiniões, teorias ou dogmas que escreva, grave ou imprima na mente consciente, você vai experimentá-los como manifestação objetiva sob a forma de circunstâncias, situações e eventos. O que escreve internamente você experimenta externamente. Sua vida tem dois lados, objetivo e subjetivo, visível e invisível, pensamento e manifestação.

O pensamento é percebido como uma sequência de disparos neurais no córtex cerebral, que é o órgão usado pela mente raciocinadora consciente. Quando a mente consciente, ou objetiva, aceita inteiramente o pensamento, ele é transmitido para as partes mais antigas do cérebro, onde se torna carne e se manifesta no que você experimenta.

Conforme já explicado, o subconsciente não tem a capacidade de argumentar. Baseia-se, apenas, no que você escreve nele. Aceita como final o veredicto ou a conclusão da mente consciente. Esse é o motivo por que você está sempre escrevendo no livro de sua vida, uma vez que seus pensamentos se transformam em suas experiências. A esse respeito escreveu o filósofo americano Ralph Waldo Emerson: "O homem é o que ele pensa durante todo o dia."

O QUE É IMPRESSO TORNA-SE EXPRESSO

William James, o pai da psicologia americana, disse que o poder que move o mundo está na mente subconsciente. Ela é una com a inteligência infinita e a sabedoria sem limites. Alimentada por fontes ocultas, é denominada de lei da vida. O que você nela gravar, ela moverá céus e terras para realizar. Por isso mesmo, você tem que gravar ideias certas e pensamentos construtivos.

A razão de tanto caos e sofrimento no mundo reside no fato de tantas pessoas pouco saberem da interação entre as mentes consciente e subconsciente. Quando os dois princípios estão de acordo, em concórdia, em paz, sincronicamente juntos, você tem saúde, felicidade, paz e alegria. Não há doença ou discórdia quando as duas trabalham juntas, de modo harmonioso e pacífico.

No mundo antigo, Hermes Trimegisto tinha reputação de ser o maior e mais poderoso mago já conhecido. Ao ser aberta sua sepultura, séculos após sua morte, os que estavam em contato com a sabedoria dos antigos aguardaram o momento maravilhados e com grande expectativa. Dizia-se que o maior segredo de todas as eras seria encontrado na tumba. E assim foi. O segredo era:

> Assim como dentro, assim como fora;
> Assim como em cima, assim como embaixo.

Em outras palavras, tudo que você grava na mente subconsciente é expresso na tela do espaço. A mesma verdade, aliás, foi proclamada por Moisés, Isaías, Jesus, Buda, Zoroastro, Lao-tsé e por todos os videntes iluminados de todas as eras. Tudo que você aceita subjetivamente como verdade é expresso sob a forma de situações, experiências e eventos. Ação e emoção têm que se equilibrar. *Assim como no céu* (sua mente), *assim como na Terra* (seu corpo e ambiente). Esta é a grande lei da vida.

Em toda a natureza você vai encontrar a lei da ação e reação, de repouso e movimento. As duas têm que se contrabalançar, e, quando isso ocorre, há harmonia e equilíbrio. Você está aqui para deixar que o princípio da vida flua rítmica e harmoniosamente em sua pessoa. O que entra e o que sai devem ser iguais. Gravação e impressão devem ser idênticas. Toda a sua frustração tem por origem desejos insatisfeitos.

Se você pensa de forma negativa, destrutiva, perversa, esses pensamentos geram emoções destrutivas que têm que ser expressas e precisam encontrar um escoadouro. As emoções de natureza negativa manifestam-se, frequentemente, sob a forma de úlceras, problemas cardíacos, tensão, ansiedade.

O que é que, neste instante, você pensa e sente sobre si mesmo? Cada partícula de seu ser expressa essa ideia. Sua vitalidade, seu corpo, sua situação financeira, seus amigos e status social constituem reflexos perfeitos da ideia que você faz de si mesmo. Esse é o significado real do que é gravado em sua mente subconsciente e que se expressa em todos os aspectos de sua vida.

Nós nos prejudicamos com as ideias negativas que cultivamos. Com que frequência você se prejudicou ao ficar com raiva, ciúme, assustado ou vingativo? Esses estados são venenos que penetram na mente subconsciente. Você não nasceu com eles. Alimente o subconsciente com pensamentos geradores de vida e elimine todos os padrões negativos nele alojados. Continuando a fazer isso, todo o passado será apagado e desaparecerá de sua memória.

O SUBCONSCIENTE CURA CÂNCER DE PELE

A prova mais convincente que alguém possa ter do poder curador do subconsciente é uma cura pessoal. Há mais de quarenta anos tive câncer de pele. Consultei os melhores médicos, que tentaram os tratamentos mais avançados que a ciência médica podia oferecer. Nenhum deles funcionou. O tumor tornou-se cada vez mais grave.

Certo dia, um pastor, um homem que possuía um profundo tesouro de conhecimentos psicológicos, falou-me do significado profundo do Salmo 139. E me chamou a atenção para o seguinte trecho:

> No teu livro foram escritos todos os meus dias, cada um deles escrito e determinado quando nem um deles havia ainda.

Explicou-me que a palavra *livro* significava minha mente subconsciente, que havia formado e modelado todos os meus órgãos a partir de uma minúscula célula original. E ressaltou que desde que o subconsciente formara meu corpo, poderia também recriá-lo e curá-lo, de acordo com o modelo interior perfeito.

E o pastor me mostrou seu relógio. "Este relógio teve um fabricante", disse. "Mas antes de tornar-se uma realidade objetiva o relojoeiro necessitava ter uma ideia bem clara do relógio. Se, por alguma razão, o relógio deixar de funcionar como deve, a ideia que dele faz o relojoeiro lhe dá o conhecimento de que necessita para consertá-lo."

Compreendi o que ele estava, com essa analogia, tentando me dizer. A inteligência subconsciente que criou meu corpo era como o relojoeiro. Ela sabia exatamente como curar, restaurar e dirigir todas as funções e processos vitais de meu corpo. Mas para fazer isso devidamente eu teria que lhe dar a ideia perfeita de saúde. A ideia atuaria como causa, e o efeito seria a cura.

Em consequência, concebi uma prece bem simples e direta:

> Meu corpo e todos os seus órgãos foram criados pela inteligência infinita de minha mente subconsciente. Ela sabe como me curar. Sua sabedoria modelou todos os meus órgãos, tecidos, músculos e ossos. A presença

curadora infinita que existe em mim está neste momento transformando cada célula de meu ser, tornando-me inteiro e perfeito. Sou grato pela cura que sei que está acontecendo neste momento. Maravilhosas são as obras da inteligência criadora em mim existente.

Durante uns 15 minutos, duas ou três vezes por dia, repeti em voz alta essa prece simples. Cerca de três meses depois minha pele estava inteira e perfeita. O tumor maligno havia desaparecido. Meu médico ficou atônito. Eu, porém, sabia o que acontecera. Eu fornecera a meu subconsciente padrões de inteireza, beleza e perfeição, geradores de vida. Eles expulsaram as imagens e os padrões negativos de pensamento alojados na mente subconsciente e que eram a causa de todo o meu problema.

Nada ocorre em seu corpo, a não ser quando o equivalente mental surge, primeiro, na mente. Mudando a mente por meio de repetidas afirmativas, você muda o corpo.

Este é o princípio fundamental de toda cura.

> As tuas obras são admiráveis; e a minha alma [mente subconsciente] o sabe, muito bem. (Salmos 139:14)

COMO O SUBCONSCIENTE CONTROLA AS FUNÇÕES DO CORPO

Estejamos acordados ou dormindo, a mente subconsciente, de modo ininterrupto, incansável, controla nosso corpo, sem necessidade de intervenção da parte consciente. Quando dormimos, o coração continua a bater ritmicamente. O peito e os músculos do diafragma bombeiam ar para dentro e para fora dos pulmões. Nestes, o dióxido de carbono, subproduto da atividade das células do corpo, é trocado pelo oxigênio da atmosfera de que necessitamos para continuar a viver. O subconsciente controla os processos digestivos e as secreções glandulares, bem como todas as operações maravilhosamente complexas do corpo. Tudo isso acontece quer estejamos acordados ou dormindo.

Se fôssemos obrigados a controlar com a mente consciente as funções do corpo, amargaríamos, sem a menor dúvida, um fracasso. Provavelmente morreríamos, e logo. Os processos são complicados demais, entrelaçados demais. A máquina cardiopulmonar usada em cirurgias feitas no coração a peito aberto é uma das maravilhas da moderna tecnologia médica, embora o que faça seja infinitamente mais simples que aquilo que o subconsciente realiza 24 horas por dia, dia após dia, ano após ano.

Suponhamos que estamos cruzando o oceano a bordo de um jato supersônico e passamos pela cabine do piloto. Claro que não saberíamos como pilotar um avião, mas não seria difícil distrair o piloto e provocar um problema. De idêntica maneira, a mente consciente não pode operar o corpo, mas pode atrapalhar um bocado sua operação.

Preocupação, ansiedade, medo e depressão interferem no funcionamento normal do coração, pulmões, estômago e intestinos. A comunidade médica está justamente começando a compreender como são grandes as denominadas doenças "relacionadas com o estresse". A razão é que tais configurações de pensamento interferem no funcionamento harmonioso da mente subconsciente.

Quando nos sentimos física e mentalmente perturbados, a melhor coisa que podemos fazer é nos soltarmos, relaxarmos e determos as engrenagens do processo de raciocínio. Fale com a mente subconsciente. Diga-lhe que, em um clima de paz, harmonia e ordem divina, assuma o controle da situação. Você vai descobrir que todas as funções do corpo retornam à normalidade. Não se esqueça de lhe falar com autoridade e convicção. Ela reagirá cumprindo suas ordens.

COMO CONSEGUIR QUE A MENTE SUBCONSCIENTE TRABALHE PARA VOCÊ

A primeira coisa a compreender é que a mente subconsciente jamais para de trabalhar. Permanece ativa dia e noite, atue você sobre ela ou não. Embora o subconsciente seja o construtor de seu corpo, você não pode, conscientemente, perceber ou ouvir esse processo interno silencioso. Você tem que trabalhar com a mente consciente, não com a subconsciente. Mantenha simplesmente a primeira ocupada com a expectativa do melhor e certifique-se de que aquilo em que pensa habitualmente tem por objeto coisas lindas, verdadeiras, justas e harmoniosas. Comece, agora, a cuidar da mente consciente, sabendo no fundo do coração e da alma que a mente subconsciente está sempre se expressando, reproduzindo e manifestando de acordo com sua maneira habitual de pensar.

Lembre-se de que, da mesma forma que a água toma a forma do tubo por onde flui, o princípio da vida em você flui de acordo com a natureza de seus pensamentos. Afirme para si mesmo que a presença curadora do subconsciente está fluindo através de você sob a forma de harmonia, saúde, paz, alegria e prosperidade. Pense no subconsciente como uma inteligência viva, um excelente companheiro de viagem. Acredite sinceramente que está fluindo ininterruptamente em seu corpo, vivificando-o, inspirando-o e tornando o mais rico em tudo. E ele reagirá exatamente dessa maneira. E assim como pensa, assim se fará.

O PRINCÍPIO CURADOR DO SUBCONSCIENTE RESTAURA NERVOS ÓPTICOS

Um dos mais famosos santuários de cura do mundo, o de Lourdes, situa-se no sudoeste da França. Os arquivos do departamento médico do santuário transbordam de dossiês que descrevem em detalhes casos autenticados das chamadas curas milagrosas. Madame Bire, um exemplo entre muitos, com nervos ópticos atrofiados e inúteis, era cega. Após uma visita a Lourdes, recuperou a visão. Vários médicos que a examinaram disseram em laudos que os nervos ópticos continuavam inúteis. Ainda assim, ela via! Um mês depois, novo exame demonstrou que o mecanismo visual voltara por completo à normalidade.

Estou absolutamente convencido de que Madame Bire não foi curada pelas águas do santuário. O que a curou foi o subconsciente, que reagiu à fé por ela sentida. O princípio curador no subconsciente respondeu de acordo com a natureza de seus pensamentos. A crença é um pensamento gravado no subconsciente. O pensamento aceito materializa-se automaticamente.

Sem a menor dúvida, Madame Bire foi ao santuário cheia de esperança e de fé sincera. No fundo do coração, sabia que podia receber a cura. A mente subconsciente respondeu nessa conformidade, liberando as forças curadoras, sempre presentes no homem. A mente subconsciente que criou os olhos certamente poderia trazer de volta à vida um nervo doente. Aquilo que criou, o princípio criador pode recriar. *Que aquilo que esperas seja feito conforme a tua fé.*

COMO TRANSMITIR À MENTE SUBCONSCIENTE A IDEIA DE SAÚDE PERFEITA

Um pastor que conheci em Joanesburgo, África do Sul, contou-me como superou um caso de câncer pulmonar avançado. Utilizou o método de transmitir a ideia de saúde perfeita à mente subconsciente. A meu pedido, enviou-me uma descrição detalhada do processo, que passo agora ao leitor:

> Várias vezes por dia, condicionava-me para me sentir inteiramente relaxado, mental e fisicamente. Relaxava o corpo falando-lhe da seguinte maneira:

– Meus pés estão relaxados, meus tornozelos estão relaxados, minhas pernas estão relaxadas, meus músculos abdominais estão relaxados, meu coração e meus pulmões estão relaxados, minha cabeça está relaxada, todo o meu ser está inteiramente relaxado.

Uns cinco minutos depois, eu entrava em um estado sonolento, letárgico. Nessa ocasião, afirmava a seguinte verdade:

– A perfeição de Deus está sendo, neste momento, manifestada através de minha pessoa. A ideia de saúde perfeita está saturando, neste momento, minha mente subconsciente. A imagem que Deus tem de mim é uma imagem perfeita, e minha mente subconsciente recria meu corpo em concordância completa com a imagem perfeita que está na mente de Deus.

Esse pastor obteve uma notável cura. A técnica que usou é uma maneira simples e direta de transmitir à mente subconsciente a ideia de saúde perfeita.

Outra maneira maravilhosa de fazer o mesmo consiste em usar imaginação disciplinada e científica. Eu disse a um homem que sofria de paralisia funcional que formasse de si mesmo uma imagem vívida, andando pelo escritório, chegando à mesa de trabalho, atendendo ao telefone e fazendo tudo que habitualmente faria se estivesse curado. Expliquei-lhe que essa visualização mental de saúde perfeita seria aceita pela mente subconsciente.

Ele resolveu viver o papel. Na verdade, sentiu-se como se estivesse de volta ao escritório. Sabia que estava dando à mente subconsciente algo concreto e definido com que trabalhar. O subconsciente era o filme sobre o qual estava sendo gravada a visualização.

Durante várias semanas ele repetiu com a maior realidade possível a visualização. Certo dia, o telefone tocou em um momento em que não havia mais ninguém em casa. O aparelho ficava a 3 metros da cama. Ainda assim, ele conseguiu atender. A paralisia desapareceu a partir dessa hora. O poder curador da mente subconsciente havia reagido às imagens mentais, e disso se seguiu a cura.

Esse homem sofrera de um bloqueio mental que impedia a passagem de impulsos nervosos do cérebro para as pernas. Em consequência, não conseguia andar. Ao transferir a atenção para o poder curador que nele existia, o poder fluiu através da atenção concentrada e ele pôde voltar a andar.

> E tudo quanto pedires em oração, crendo, recebereis. (Mateus 21:22)

IDEIAS QUE VALE A PENA LEMBRAR

1. A mente subconsciente controla todos os processos vitais de seu corpo e conhece a solução de todos os problemas.
2. Antes de ir dormir, faça um pedido específico à mente consciente e prove a si mesmo o poder milagroso que ela possui.
3. Tudo que você grava no subconsciente é manifestado na tela do espaço sob a forma de situações, experiências e fatos. Por isso mesmo, você deve vigiar cuidadosamente todas as ideias e pensamentos acolhidos pela mente consciente.
4. A lei de ação e reação tem aplicação universal. Seu pensamento é ação e a reação é a resposta automática do subconsciente ao pensamento. Cuidado com o que pensa!
5. Toda frustração tem origem em desejo insatisfeito. Se pensar constantemente em obstáculos, atrasos e dificuldades, a mente subconsciente reage nessa conformidade e você bloqueia seu próprio bem.

6. O Princípio da Vida fluirá rítmica e harmoniosamente se você afirmar: "Acredito que o poder subconsciente que me deu esse desejo o está materializando por meu intermédio." Essa técnica dissolve todos os conflitos.
7. Com preocupações, ansiedade, medo, você pode interferir no ritmo normal de seu coração, pulmões e outros órgãos. Alimente o subconsciente com pensamentos de harmonia, saúde e paz e todas as funções do corpo voltarão à normalidade.
8. Mantenha a mente consciente ocupada com a expectativa do melhor e o subconsciente reproduzirá fielmente seus pensamentos habituais.
9. Imagine um final ou uma solução feliz para seu problema, sinta a emoção da vitória e aquilo que você imagina e sente será aceito pelo subconsciente, que o transformará em realidade.

4
Curas mentais nos tempos antigos

Através dos tempos, indivíduos em todos os continentes, climas e culturas souberam instintivamente que em algum lugar havia um poder curador que podia restaurar as aptidões e funções do corpo humano, trazendo-o de volta ao estado normal de eficiência e boa saúde. Acreditava-se que esse estranho poder podia ser invocado em certas condições e que, se corretamente conjurado, o resultado seria alívio do sofrimento. A história de todas as nações confirma que, de fato, existia essa crença.

Na história antiga, dizia-se que o poder de influenciar o homem secretamente para o bem ou para o mal, incluindo a cura de doentes, era prerrogativa de sacerdotes, sacerdotisas e pessoas sagradas. Essas pessoas alegavam possuir poderes recebidos diretamente de Deus, incluindo a cura dos enfermos. As técnicas e os processos de cura variavam em todo o mundo, embora, de maneira geral, incluíssem súplicas e oferendas ao deus e cerimônias variadas, tais como imposição de mãos, encantamentos e uso de amuletos, talismãs, relíquias e imagens.

Nas religiões da Antiguidade, por exemplo, sacerdotes, nos templos, drogavam os pacientes e lhes davam sugestões hipnóticas quando adormecidos. Eles eram informados de que os deuses os visitariam sem falta durante o sono e que os curariam. Numerosas curas aconteciam.

Os devotos de Hécate recebiam instruções para misturar lagartos com resina, olíbano e mirra e triturar tudo isso ao ar livre, quando a lua estava em quarto crescente. Após a execução desses ritos bizarros e misteriosos, eles rezavam à deusa, engoliam a poção já preparada e mergulhavam no sono. Se a fé era suficiente, viam-na em sonho. Esse rito, que nos parece tão estranho, até mesmo fantástico, era frequentemente seguido por curas.

Nos tempos antigos, o homem inventou numerosas e eficazes maneiras de ganhar acesso ao poder incrível da mente subconsciente e usá-la para cura. Embora soubessem que esses procedimentos funcionavam, não sabiam como ou por que produziam resultados. Hoje sabemos que sugestões poderosas eram dadas à mente subconsciente. Rituais, poções e amuletos atraíam profundamente a imaginação do homem e facilitavam a aceitação, pelo subconsciente, das sugestões repetidas do curandeiro. O *trabalho* de cura, porém, era realizado pela própria mente subconsciente do paciente.

Em todas as eras, curandeiros leigos obtiveram sucessos notáveis em casos em que a perícia médica tradicional fracassara e os pacientes haviam entrado em desespero. Essa situação nos leva a perguntar: de que modo esses curandeiros, em todo o mundo, faziam, e fazem, curas? A resposta é que as curas ocorrem porque a crença cega do doente libera o poder curador existente na mente subconsciente. Quanto mais fantásticos e estranhos os remédios e métodos usados pelos curandeiros, mais provável era que os pacientes acreditassem que algo tão estranho tinha que ser incomumente poderoso. A excitação emocional tornava-lhes fácil aceitar a sugestão de saúde, tanto pela mente consciente quanto pela subconsciente. Esse ponto será discutido em mais detalhes no capítulo seguinte.

RELATOS BÍBLICOS DE USO DOS PODERES DO SUBCONSCIENTE

Por isso vos digo que tudo quanto em oração pedirdes, credes que recebestes, e assim será convosco. (Marcos 11:24)

Releiam essa passagem e prestem toda atenção à diferença nos tempos dos verbos. Os verbos *crer* e *receber* estão no presente, ao passo que o *assim será convosco* está no futuro. O inspirado evangelista nos diz algo da mais alta importância com essa diferença aparentemente pequena na construção gramatical da sentença. Se acreditamos, e aceitamos como verdade, o fato de que nosso desejo *já* foi atendido e realizado, que *já* foi completado, sua realização se seguirá como algo *no futuro*.

O sucesso dessa técnica reside na convicção profunda de que o pensamento, a ideia, a imagem já está na mente. Se queremos que alguma coisa tenha substância no reino da mente, ela deve ser pensada como realmente existente.

No trecho bíblico temos, em umas poucas palavras enigmáticas, uma instrução concisa e específica sobre a maneira de usar o poder criador da mente, isto é, gravando no subconsciente aquilo que desejamos. Nosso pensamento, ideia, plano ou objetivo são tão reais em seu próprio plano como nossa mão ou coração no corpo. Ao empregar a técnica bíblica, varremos inteiramente da mente todas as considerações sobre condições, circunstâncias ou qualquer coisa que possa implicar resultado negativo. Estamos plantando na mente uma semente (conceito) que, se a deixarmos em paz, germinará sem falta e terá fruição externa.

A condição em que Jesus insistia acima de todas era a fé. Repetidamente, lemos na Bíblia: *Faça-se-vos conforme vossa fé.* Se plantamos certos tipos de sementes no solo, temos fé em que elas germinarão segundo sua natureza. É assim que se comportam as sementes e, confiando nas leis do crescimento e da agricultura, sabemos que elas brotarão segundo sua natureza.

A fé descrita na Bíblia é uma maneira de pensar, uma atitude mental, uma certeza íntima, a convicção de que a ideia que aceitamos sem reservas na mente consciente será assimilada pela mente subconsciente e tornada manifesta. A fé é, em certo sentido, a aceitação como verdade daquilo que nossa razão e sentidos negam. É um fechamento, a recusa em escutar a pequena, racional, analítica mente consciente e adotar uma atitude de confiança completa no poder interior da mente subconsciente.

Mas vejamos um dos exemplos bíblicos mais conhecidos da técnica de cura:

> Tendo ele entrado em casa, aproximaram-se os cegos, e Jesus lhes perguntou: Credes que eu posso fazer isso? Responderam-lhe: Sim, Senhor. Então, lhes tocou os olhos, dizendo: Faça-se-vos conforme a vossa fé. E abriram-se-lhes os olhos; porém, os advertiu severamente, dizendo: Acautelai-vos de que ninguém o saiba. (Mateus 9:28-30)

Ao dizer *Faça-se-vos conforme a vossa fé*, Jesus estava pedindo abertamente a cooperação da mente subconsciente dos cegos, cuja fé era a grande esperança, o sentimento profundo, a convicção interior de que alguma coisa milagrosa aconteceria, que a prece que haviam feito seria atendida. E, por isso mesmo, foi. Essa é a técnica de cura consagrada pelo tempo, utilizada por todos os grupos de cura em todo o mundo, qualquer que seja a afiliação religiosa.

Ao dizer *Acautelai-vos de que ninguém o saiba*, Jesus insistia com os pacientes curados para que não discutissem com outrem a cura recebida. Se assim fizessem, poderiam ser prejudicados por críticas céticas ou depreciativas dos incrédulos. Essa situação, por seu lado, poderia contribuir para desfazer o benefício recebido das mãos de Jesus, ao depositarem na mente subconsciente pensamentos de medo, dúvida e ansiedade.

> (...) Que palavra é esta, pois, que com autoridade e poder ordena aos espíritos imundos, e eles saem? (Lucas 4:36)

Quando o buscaram, os enfermos foram curados por sua própria fé, juntamente com a fé e a compreensão de Jesus do poder curador da mente subconsciente. Tudo que decretava, Ele sabia no íntimo que era verdade. Jesus e os necessitados de ajuda eram unos com a mente subjetiva universal. A certeza e convicção interiores de Jesus sobre o poder curador mudaram a configuração destrutiva negativa do subconsciente dos enfermos. As curas resultantes foram a resposta automática a uma mudança mental interna. O comando que Ele lhes deu foi o apelo que fez ao subconsciente dos doentes, além de saber, sentir e confiar absolutamente na reação da mente subconsciente às palavras que com autoridade pronunciou.

MILAGRES EM SANTUÁRIOS DE TODO O MUNDO

Em todos os continentes, em todos os países, curas acontecem em santuários. Alguns são mundialmente famosos; outros, conhecidos apenas dos que moram nas suas proximidades. Mas, famosos ou obscuros, as curas ocorrem por motivos idênticos e por meio dos mesmos poderes da mente subconsciente.

No Japão, visitei vários santuários famosos. A peça central do mundialmente conhecido santuário de Diabutsu é uma gigantesca estátua de bronze, de 12 metros de altura, de Buda com as mãos postas, a cabeça inclinada em êxtase profundo.

Observei velhos e jovens depositando oferendas aos pés da estátua: dinheiro, frutas, arroz, laranjas. Os devotos acendiam velas, queimavam incenso e entoavam preces com pedidos. Escutei, atento, o cântico de uma mocinha, enquanto ela entoava a prece, de cabeça baixa, e apresentava duas laranjas como oferenda. Nesse momento, ela agradecia a Buda por ter lhe restabelecido a voz. Tendo-a perdido, recuperou-a no santuário. A fé simples em que Buda lhe restituiria a voz de cantora, se seguisse certo ritual, jejuasse e fizesse certas oferendas, a havia ajudado a despertar em si mesma a esperança. Como resultado, condicionou a mente até chegar a crer. Em seguida, o subconsciente transformou a crença em realidade.

Não podemos enfatizar suficientemente o poder da imaginação e da fé total. Um exemplo maravilhoso nesse particular é o de um parente meu, residente em Perth, cidade do oeste da Austrália, que sofria de tuberculose. Tinha os pulmões profundamente afetados. O filho resolveu ajudá-lo a curar-se. Foi visitá-lo em casa e lhe disse que conhecera recentemente um monge andarilho dotado de estranhos poderes.

O monge regressara pouco tempo antes de uma longa estada em um dos santuários de cura mais famosos da Europa. Nele conseguira um minúsculo fragmento da Verdadeira Cruz, engastado em um anel dos tempos da Idade Média. Ao longo de séculos, incontáveis sofredores haviam sido curados após tocar o anel ou o fragmento da Cruz.

Ao ouvir essa história, o filho contou ao monge a doença do pai e lhe implorou que lhe emprestasse o anel. O monge concordou. Em vista disso, o filho lhe fez um donativo espontâneo equivalente a 500 dólares.

Quando mostrou o anel ao pai, o idoso cavalheiro praticamente arrancou-o de sua mão. Apertou o anel contra o peito, orou em silêncio e foi dormir. Na manhã seguinte, estava curado. Todos os testes clínicos deram resultado negativo.

Curas como essa acontecem o tempo todo. O mais notável em tudo é que a espantosa história do filho não passava de uma invenção. Na verdade, ele pegara um fragmento de madeira comum na rua, levara-o a um joalheiro e mandara engastá-lo em um anel de desenho antigo. Em seguida, deu-o ao pai.

O leitor sabe, naturalmente, que não foi o pedacinho de madeira apanhado na rua que curou o pai do rapaz. Não, foi a imaginação despertada em grau intensíssimo, além da esperança confiante em que ficaria inteiramente curado. A imaginação ligou-se à fé, que é uma emoção subjetiva, e a união das duas realizou a cura pelo poder do subconsciente.

O pai jamais soube do estratagema. Se isso tivesse acontecido, ele, quem sabe, poderia ter sofrido uma recaída. Mas, em vez disso, a tuberculose jamais voltou. Permaneceu inteiramente sadio e faleceu de outras causas 15 anos depois, com a idade de 89 anos.

UM ÚNICO PRINCÍPIO UNIVERSAL DE CURA

É fato bem conhecido que todas as várias escolas de cura proclamam sucessos documentados dos mais maravilhosos tipos. A conclusão mais óbvia que acorre à mente é que deve haver algum órgão ou processo comum a todas elas. Na verdade, há. O órgão de cura é a mente subconsciente, e o processo, a fé.

Pense bem nas verdades fundamentais seguintes:

- Você desempenha funções mentais que foram diferenciadas, designando-se, umas, como mente consciente e as outras, como mente subconsciente.
- A mente subconsciente é, invariavelmente, suscetível ao poder da sugestão.
- A mente subconsciente exerce controle absoluto das funções, condições e sensações de seu corpo.

Você, certamente, sabe que sintomas de praticamente todas as doenças podem ser induzidos por sugestão em pacientes hipnotizados. Um indivíduo nessas condições pode, por exemplo, pode ficar com febre alta, afogueado, ou sentir calafrios, conforme a natureza da sugestão. Você pode lhe sugerir que ele está paralisado, e ele não conseguirá andar. Ou manter uma xícara de água fria sob o nariz e lhe dizer: "Esta xícara está cheia de pimenta. Cheire-a!" Ele vai espirrar violenta e repetidamente. O que é que você imagina ter causado os espirros? A água ou a sugestão?

Se alguém lhe disser que é alérgico a flores, você pode colocar uma delas, sintética, ou um copo vazio sob o nariz da pessoa, quando ela estiver em estado hipnótico, e lhe dizer que é uma flor. Ela, imediatamente, exibirá os sintomas alérgicos habituais. Esse fato demonstra que a causa dos sintomas está na mente subconsciente. A cura dos sintomas ocorre nela também.

Diferentes escolas de medicina, tais como osteopatia, quiroprática, *chi qong*, acupuntura e naturopatia produzem, todas elas, curas notáveis. O mesmo acontece com os ritos e as cerimônias das várias crenças religiosas em todo o mundo. É evidente que todas essas curas são realizadas por intermédio da mente subconsciente – a única curadora existente.

Note só como ela cura um corte num dedo. Ela sabe exatamente como fazer isso. O médico põe uma atadura e diz: "A natureza curará o ferimento!" "Natureza", porém, nada mais é do que outro nome para a lei natural, a lei da mente subconsciente. O instinto de autoconservação é a primeira lei da natureza e principal função da mente subconsciente. Seu instinto mais forte é a mais potente de todas as autossugestões.

TEORIAS PROFUNDAMENTE DIFERENTES

Muitas e diferentes teorias de cura foram propostas por diferentes seitas religiosas e grupos de terapia pela prece. Muitos alegam que, uma vez que suas práticas produzem resultados, a teoria que defendem deve ser a certa. Mas, como vimos neste capítulo, essa alegação carece de fundamento.

Como você sabe, há vários tipos de cura. Franz Anton Mesmer (1734-1815), um médico austríaco que clinicava em Paris, descobriu que aplicando ímãs ao corpo doente podia curar milagrosamente a doença de que ele sofria. Realizou também curas com vários outros tipos de material, como vidro e metal. Mais tarde abandonou o uso desses objetos em troca de passes sobre o corpo do paciente. Proclamou que a verdadeira causa de suas curas era o que denominou de "magnetismo animal". Formulou a teoria de que alguma substância magnética misteriosa era transmitida pelas mãos do curador ao paciente.

Mesmer emprestou seu nome a esse método de tratamento, que veio a ser conhecido como mesmerismo. Hoje nós o conhecemos como hipnotismo. Outros médicos, invejosos do sucesso de Mesmer, alegaram que todas as suas curas eram devidas à sugestão e a nada mais. Quando pressionados, porém, tiveram que confessar que não sabiam como o poder da sugestão produzia efeitos tão notáveis.

Todos esses grupos – psiquiatras, psicólogos, osteopatas, quiropráticos, médicos e grupos religiosos de todos os tipos – utilizam o poder universal único existente na mente subconsciente. Todos podem proclamar que as curas são explicadas por suas teorias, embora a verdade seja muito diferente. O processo da cura, qualquer que seja ela, é uma atitude mental definida, positiva, uma atitude interior, ou maneira de pensar, denominada fé. A cura é devida a uma esperança confiante, que atua como sugestão poderosa à mente subconsciente, liberando seu poder curador.

Ninguém cura usando um poder diferente do usado por outro. É bem verdade que ambos podem ter teorias ou métodos próprios, mas só há um único processo de cura, o da fé. Só há um único poder curador, isto é, a mente subconsciente. Escolha qualquer teoria, crença ou método que o agrade. E pode ficar tranquilo de que, se tiver fé, obterá resultados.

OPINIÕES DE PARACELSO

Philippus Paracelsus, famoso alquimista e médico suíço que viveu de 1493 a 1541, foi um grande curandeiro em seus dias. E afirmou o que é um fato científico óbvio, quando disse:

> Seja o objeto de sua fé real ou falso, você ainda assim obterá os mesmos resultados. Dessa maneira, se eu acreditar na estátua de São Pedro como teria acreditado no próprio São Pedro, obterei os mesmos resultados que teria obtido com ele. Mas isso é superstição. A fé, contudo, produz milagres e, seja ela verdadeira ou falsa, sempre produzirá as mesmas maravilhas.

As opiniões de Paracelso foram repetidas no século XVI por Pietro Pomponazzi, um filósofo italiano, que escreveu o seguinte:

> Podemos facilmente conceber os efeitos maravilhosos que a confiança e a imaginação podem produzir, especialmente quando ambas as qualidades existem nos sujeitos e nas pessoas que os influenciam. As curas atribuídas à influência de certas relíquias constituem efeitos da imaginação e da confiança das pessoas nessas relíquias. Charlatões e filósofos sabem que se os ossos de qualquer esqueleto fossem postos no lugar dos ossos de um santo, os doentes ainda assim experimentariam efeitos benéficos, se acreditassem que eram relíquias autênticas.

Pense só no que isso implica. Se acredita no poder dos ossos de santos, ou nas propriedades curadoras de certas águas, ou, como meu parente australiano, nos efeitos milagrosos de um pedaço de madeira, *você obterá resultados* devido à poderosa sugestão dada à sua mente subconsciente. É esta que realiza a cura.

OS EXPERIMENTOS DE BERNHEIM

Hippolyte Bernheim, professor de medicina em Nancy, França, em princípios do século XX, foi um dos primeiros a explicar como a sugestão do médico ao paciente produz efeitos devido à força da mente subconsciente.

Bernheim contou a história de um homem com paralisia na língua. Foram tentadas todas as formas de tratamento, sem nenhum sucesso. Certo dia, porém, seu médico anunciou que ouvira falar de um novo instrumento que, com certeza, aliviaria o problema. Em seguida, ele colocou um termômetro na boca do paciente, que acreditou que era o instrumento que o salvaria. Momentos depois, gritou alegremente que podia mover a língua com a maior facilidade.

Continua Bernheim:

> Entre nossos casos, são encontrados fatos do mesmo tipo. Uma mocinha veio ao meu consultório sofrendo de perda completa da voz havia quase quatro semanas. Depois de chegar a um diagnóstico seguro, eu disse a meus alunos que a perda da voz cedia, às vezes instantaneamente, à aplicação de eletricidade, que só poderia agir simplesmente por sua influência sugestiva. Mandei buscar o aparelho de indução. Botei a mão sobre a laringe da paciente, movi-a um pouco e disse: "Agora, você pode falar alto." Um instante depois, a fiz dizer "a", em seguida "b" e, depois, "Maria". Ela continuou a falar com clareza e o problema desapareceu.

Herr Bernheim estava demonstrando o poder da fé e da esperança por parte da paciente, que atuaram como sugestão poderosa sobre a mente subconsciente.

BOLHA FORMADA POR SUGESTÃO

Diz Bernheim que provocou o aparecimento de uma bolha na nuca de um paciente colando nela um selo de correio e sugerindo que era um pedaço de papel pega-mosca. Esse tipo de demonstração foi confirmado por experimentos e experiências de numerosos médicos em muitas partes do mundo. E não deixam dúvida de que mudanças estruturais no corpo podem ser feitas como resultado de sugestão oral ao paciente.

A CAUSA DOS ESTIGMAS SANGRENTOS

Hemorragias e estigmas sangrentos podem ser induzidos por sugestão.

Como demonstração desse fato, o Dr. M. Bourru colocou uma pessoa em transe hipnótico e lhe deu em seguida a sugestão seguinte:

> Às 16 horas, após a hipnose, você virá ao meu consultório, se sentará nessa poltrona e cruzará os braços sobre o peito. Seu nariz, nessa ocasião, começará a gotejar sangue.

Naquela tarde, o jovem fez exatamente o que lhe havia sido dito. Logo que cruzou os braços, várias gotas de sangue pingaram da narina esquerda.

Em outra ocasião, o mesmo pesquisador escreveu o nome do paciente em ambos os antebraços, com a ponta rombuda de um instrumento, enquanto ele estava em transe hipnótico. Em seguida, disse Bourru:

> Às 16 horas você cairá no sono. Seu braço sangrará ao longo das linhas que eu tracei e seu nome aparecerá escrito em seus braços em letras de sangue.

Naquela tarde, o paciente foi atentamente observado. Às 16 horas ele caiu no sono. No braço esquerdo, as letras sobressaíram em relevo brilhante e, em alguns pontos, havia gotas de sangue. Embora as letras desaparecessem gradualmente, elas continuaram ainda levemente visíveis três meses depois.

Esses fatos demonstram, simultaneamente, a correção das duas proposições expostas, isto é, a suscetibilidade invariável da mente subconsciente ao poder da sugestão e o controle perfeito que ela exerce sobre funções, sensações e condições do corpo.

Todos os fenômenos citados retratam vividamente condições anormais induzidas por sugestão. E são provas conclusivas de que *assim como o homem pensa em seu coração* (mente subconsciente), *assim ele é.*

RECAPITULAÇÃO DE PONTOS IMPORTANTES SOBRE CURA

1. Lembre frequentemente a si mesmo que o poder curador está em sua mente subconsciente.
2. Convença-se de que a fé é como uma semente plantada no solo e que cresce segundo sua natureza. Plante a ideia (semente) na mente, regue-a e fertilize-a com esperança, e ela brotará.
3. A ideia que você tem para um livro, invenção ou peça é real em sua mente. Essa é a razão por que acredita que a tem agora. Acredite na realidade de sua ideia, plano ou invenção e, ao fazer isso, ela se concretizará.
4. Ao rezar por outra pessoa, saiba que seu conhecimento interior, silencioso, da completude, beleza e perfeição, pode mudar as configurações negativas da mente subconsciente da outra pessoa e produzir resultados maravilhosos.
5. As curas milagrosas de que ouve falar, ocorridas em vários santuários, são devidas à imaginação e à fé total, que agem sobre a mente subconsciente da pessoa, liberando o poder criador.
6. Todas as doenças têm origem na mente. Nada aparece no corpo, a menos que exista um modelo mental correspondente.

7. Os sintomas de praticamente todas as doenças podem ser induzidos por sugestão hipnótica. Esse fato demonstra o poder de seu próprio pensamento.
8. Só há um processo de cura, é a fé. Só há um poder curador, isto é, a mente subconsciente.
9. Seja real ou falso o objeto de sua fé, você obterá resultados. A mente subconsciente reage ao pensamento que está em sua mente. Pense em fé como um pensamento na mente e isso será suficiente.

5
Curas mentais em tempos modernos

O que é que cura? Onde se localiza o poder curador e de que modo ele pode ser posto em prática? Essas perguntas vitais interessam profundamente a todos nós. E a todas a resposta é sempre a mesma: esse poder situa-se na mente subconsciente de todas as pessoas e o processo curador é deflagrado por uma mudança de atitude mental da parte do doente.

Nenhum praticante de ciência mental ou religiosa, psicólogo, psiquiatra ou médico jamais curou alguém. Diz um velho ditado: "O médico trata e Deus cura a ferida." O psicólogo ou o psiquiatra provocam uma mudança eficaz, removendo os bloqueios mentais do paciente, de modo que o princípio curativo possa ser liberado, restabelecendo-lhe a saúde. De idêntica maneira, o cirurgião remove o bloqueio físico, permitindo que correntes curadoras funcionem normalmente. Nenhum médico, cirurgião ou praticante de ciência mental pode legitimamente alegar que "curou o paciente". O processo curador, que é sempre o mesmo, pode receber numerosos nomes – natureza, vida, Deus, inteligência criadora –, mas, na realidade, essas são apenas maneiras diferentes de denominar o poder do subconsciente.

Conforme ressaltamos, podemos fazer uso de vários métodos diferentes para eliminar os bloqueios mentais, emocionais e físicos que impedem o fluxo do princípio vital curador existente em todos nós. Esse princípio, residente na mente subconsciente, se dirigido de forma correta pela própria pessoa ou por outrem, pode curar, e curará, mente e corpo de todas as doenças. O princípio existe em todas as pessoas, quaisquer que sejam seus credos, cores ou raças. Não temos que pertencer a uma dada Igreja para utilizar e participar do processo curador. O subconsciente cicatriza a queimadura ou o corte em nossa mão, mesmo que sejamos ateus ou agnósticos.

A cura mental moderna baseia-se na verdade irrefutável de que a inteligência infinita e o poder da mente subconsciente reagem segundo a fé do indivíduo. Praticantes da ciência mental ou pastores seguem a injunção bíblica. Isto é, entram em seu reservado e fecham a porta, o que significa que silenciam a mente, relaxam, soltam-se e pensam na presença curadora infinita neles residente. Fecham a porta da mente a todas as distrações externas, bem como a qualquer tipo de interrupção, e, em seguida, tranquilamente e sabendo o que fazem, transferem o pedido ou desejo à sua mente subconsciente, sabendo que a inteligência nela existente atenderá de acordo com as necessidades específicas do paciente.

A coisa mais maravilhosa a saber é o seguinte: imagine o fim desejado e lhe sinta a realidade. Em seguida, o princípio vital infinito responderá à sua decisão e pedido conscientes. Esse, aliás, é o sentido do texto: *Acredita que recebeste e receberás.* E é isso o que faz o cientista mental moderno quando pratica a terapia da prece.

UM ÚNICO PROCESSO DE CURA

Um único e universal processo curativo opera por meio de tudo que tem vida. Esse princípio de vida opera nos reinos animal, vegetal e mineral, sob a forma de instinto e lei da vida. Uma vez que seres humanos têm consciência dele, podemos dirigi-lo conscientemente para nos beneficiarmos de um incontável número de maneiras.

São muitos e diferentes os enfoques, técnicas e métodos de uso do poder universal, mas só há um único processo de cura, que é a fé, ou seja, *segundo a tua fé, assim será feito a ti.*

A LEI DA CRENÇA

Todas as religiões do mundo representam formas de crenças, que são explicadas de muitas maneiras. A lei da vida é a crença. O que é que acreditamos sobre nós mesmos, a vida, o universo? *A ti se faz aquilo em que acreditas.*

A crença é um pensamento na nossa mente que faz com que o poder do subconsciente seja distribuído em todos os aspectos de nossa vida, de acordo com nossos hábitos mentais. Temos que compreender que quando a Bíblia fala em crença, não se refere a nossa crença em algum ritual, cerimônia, forma, instituição ou fórmula. Fala sobre a crença em si. A crença de nossa mente é simplesmente um pensamento em nossa mente.

Se podes! Tudo é possível ao que crê. (Marcos 9:23)

É tolice acreditar em algo que nos machuque ou prejudique. Lembre-se, não é a coisa em que você acredita que o machuca ou prejudica, mas a crença ou pensamento na mente que produz o resultado. Todas as suas experiências, todos os seus atos e todos os eventos e circunstâncias de sua vida são apenas reflexos e reações ao seu próprio pensamento.

A TERAPIA DA PRECE É A AÇÃO COMBINADA, CIENTIFICAMENTE DIRIGIDA, DAS MENTES CONSCIENTE E SUBCONSCIENTE

A terapia da mente é a ação sincronizada, harmoniosa e inteligente dos níveis consciente e subconsciente da mente, especificamente dirigida para um objetivo definido. Na prece científica, ou na terapia da prece, temos que saber o que fazemos e por que fazemos. Temos que confiar na lei da cura. A terapia da prece é, às vezes, denominada de tratamento mental, quando não de prece científica.

Na terapia da prece escolhemos conscientemente uma ideia, quadro mental ou plano que desejamos vivenciar. Sabemos de nossa capacidade de transmitir a ideia ou imagem mental ao subconsciente, ao vivenciar a realidade do estado presumido. Permanecendo constante na atitude mental, a prece será atendida. A terapia da prece é uma ação mental com vistas a um objetivo definido, específico.

Vamos supor que resolvemos remediar alguma dificuldade com a terapia da prece. Sabemos que nosso problema ou doença, qualquer que possa ser, deve ter sido causado por pensamentos negativos carregados de medo, alojados na mente subconsciente. Sabemos que, se conseguirmos expurgar da mente esses pensamentos, obteremos a cura.

Em vista disso, recorremos ao poder curativo existente no subconsciente. Lembramos a nós mesmos do poder e inteligência infinitos e da capacidade do subconsciente de corrigir todos os estados anormais. Pensando longamente nessas verdades, o medo começa a dissolver-se. A recordação dessas verdades combate e, finalmente, derrota as crenças errôneas.

Damos graças pela cura, que sabemos que virá. Em seguida, afastamos da mente o problema, até nos sentirmos orientados, após um intervalo, a voltar a orar. Enquanto oramos, recusamo-nos a conceder qualquer poder às condições negativas ou admitir, por um segundo ao menos, que a cura não ocorrerá. Essa atitude da mente gera a união harmoniosa das mentes consciente e subconsciente, que libera o poder curativo.

A CURA PELA FÉ, O QUE SIGNIFICA E COMO FUNCIONA A FÉ INCONDICIONAL

O que se conhece em geral como cura pela fé *não* é mencionado na Bíblia, que significa conhecimento da interação das mentes consciente e subconsciente. Aquele que cura pela fé é um indivíduo que assim procede sem nenhuma compreensão científica autêntica dos poderes e das forças envolvidas. Ele pode alegar possuir um dom especial de cura e, simultaneamente, a crença absoluta do doente, nele ou em seus poderes, pode trazer resultados.

Em diversas partes do mundo, curandeiros tratam seus pacientes com danças, encantamentos e invocação de espíritos. Uma pessoa pode ser curada ao tocar as relíquias de um santo, usar trajes rituais especiais, acender incenso ou velas ou beber uma mistura de ervas. *Tudo aquilo* que a leva a acreditar sinceramente no método ou processo tornará mais provável a cura.

Qualquer método que leve o indivíduo a passar do medo e da preocupação para a fé e a esperança produzirá cura. Muitos alegam que, uma vez que suas teorias individuais produzem resultados, elas devem, por conseguinte, ser corretas e verdadeiras. Conforme demonstramos, essa alegação não se sustenta.

Para mostrar como a fé absoluta funciona, recordemos o que dissemos sobre o médico suíço Franz Anton Mesmer. Em 1776, ele declarou ter conseguido numerosas curas tocando com ímãs o corpo de pacientes. Mais tarde, jogou fora os ímãs e simplesmente aplicou passes com as mãos, a curta distância do doente. Esse método funcionou também. Explicando o sucesso do novo método, Mesmer formulou a teoria do magnetismo animal. Segundo ele, trata-se de um fluido que satura o universo, mas que é, sobretudo, ativo no organismo humano. Afirmou que o fluido magnético era transmitido por suas mãos para o corpo doente e que era essa transferência de magnetismo animal que o curava. Multidões correram para procurá-lo e muitas curas maravilhosas foram obtidas.

Quando Mesmer mudou-se para Paris, o governo nomeou uma comissão para investigar suas curas. Seus membros incluíam médicos ilustres e membros da Academia de Ciências, da qual Benjamin Franklin era um dos titulares. Após rigorosa pesquisa, a comissão reconheceu que Mesmer conseguira curas confirmadas, mas sustentou não haver prova da validade da teoria do fluido magnético. E sugeriu que os efeitos deviam-se à imaginação dos pacientes.

Pouco depois disso, Mesmer foi exilado. Faleceu em 1815. Pouco depois dessa data, o Dr. James Braid, de Manchester, Inglaterra, resolveu provar que o fluido magnético nada tinha a ver com as curas do Dr. Mesmer. Descobriu que pacientes podiam, através de sugestão, ser induzidos a entrar em sono hipnótico. Enquanto estavam em transe, ele conseguiu produzir muitos dos fenômenos notáveis que Mesmer atribuíra ao magnetismo animal.

É evidente que todas as curas foram, sem a menor dúvida, causadas pela imaginação ativa do paciente, juntamente com uma sugestão poderosa de saúde transmitida à mente subconsciente. Não é injusto denominar esse estado de fé cega, porque nem os pacientes nem os praticantes compreendiam como as curas aconteciam.

FÉ SUBJETIVA E O QUE ISSO SIGNIFICA

A mente subjetiva, ou subconsciente, do indivíduo é tão suscetível ao controle da mente consciente, ou objetiva, quanto à sugestão de outra pessoa. Segue-se que qualquer que seja nossa crença objetiva, se nós internalizamos a fé, ativa ou passivamente, a mente subconsciente será controlada pela sugestão, e nosso desejo se tornará realidade.

A fé necessária nas curas mentais é de natureza puramente subjetiva. E a maneira de conseguir isso é pôr fim à oposição ativa da mente objetiva, ou consciente.

Para que ocorra a verdadeira cura do corpo, evidentemente, será muito melhor que as mentes consciente e subconsciente estejam em um estado de aceitação completa da fé. Essa condição, porém, nem sempre é essencial. Podemos entrar em estado de passividade e receptividade relaxando mente e corpo e mergulhando em estado de sono. Nesse estado de modorra, o estado de passividade em que nos encontramos nos torna receptivos a gravações na mente subjetiva.

Certa vez, uma pessoa me perguntou: "Como foi que fiquei curado com o pastor fulano de tal? Quando ele me disse que não há essa tal de doença e que a matéria não existe, não acreditei em uma única palavra do que ele disse. Achei que ele estava insultando minha inteligência. Ainda assim, fui curado. Como isso pôde acontecer?"

A explicação é simples. Ele foi acalmado com palavras tranquilizadoras, instruído a entrar em um estado de absoluta passividade e a nada dizer nem pensar por algum tempo. O pastor tornou-se também passivo. De forma tranquila, calma e insistente, durante meia hora, disse a esse homem que ele iria ter saúde perfeita, paz, harmonia e completude.

Ao fim de meia hora o homem sentiu um imenso alívio e recuperou a saúde.

É fácil compreender que a fé subjetiva dessa pessoa tornou-se realidade devido à sua passividade sob tratamento e às sugestões de saúde perfeita que foram transmitidas à sua mente subconsciente. As duas mentes subjetivas estavam, naquele momento, em estado de comunhão.

Se o paciente tivesse permitido que aflorassem dúvidas sobre o poder do curandeiro e a validade da teoria em que ele se baseava, essas reservas teriam atuado como autossugestão antagônica. As sugestões do pastor teriam sido fortemente prejudicadas ou mesmo inteiramente anuladas. No estado sonolento, de modorra, contudo, a resistência da mente consciente foi reduzida ao mínimo. A mente subconsciente do paciente tornou-se receptiva às sugestões do pastor e desempenhou suas funções de acordo com as sugestões recebidas, disso se seguindo a cura.

SIGNIFICADO DO TRATAMENTO A DISTÂNCIA

Suponhamos que, enquanto mora em Los Angeles, você recebe a notícia de que sua mãe, que reside em Nova York, está gravemente doente. Seu primeiro impulso é deixar casa e trabalho e correr para ela. Mas e se isso não fosse possível? Você renunciaria a qualquer esperança de emprestar a força de sua fé ao processo de recuperação dela?

Não. Conquanto não possa estar fisicamente presente, suas preces ainda assim a ela chegariam. E é o Pai interno que faz a obra.

Só há uma única mente criadora. A lei criadora da mente está à sua disposição. O que você tem que fazer é induzir a vivência interior de saúde e harmonia em sua mente. E a resposta será automática. Essa materialização interior, atuando por meio de sua mente subconsciente, agirá por seu lado sobre a mente subconsciente de sua mãe. Seus pensamentos de saúde, vitalidade e perfeição operam por meio da única e universal mente subjetiva. Põem em movimento uma lei do aspecto subjetivo da vida que se manifesta pelo corpo de sua mãe como cura.

No princípio da mente não há nem tempo nem espaço. A mesma mente opera por intermédio de sua mãe – e de você – onde quer que vocês possam estar. Na realidade, não há tratamento a distância, em comparação com tratamento presente. Você não tenta enviar pensamentos ou manter um pensamento. O tratamento que você faz é um movimento consciente do pensamento. Tornando-se consciente dos aspectos de saúde, bem-estar e relaxamento, esses aspectos ressurgirão na vivência de sua mãe. Os resultados se seguirão automaticamente.

Vejamos um exemplo concreto do que é erroneamente chamado de tratamento a distância. Uma mulher em Los Angeles soube que a mãe, residente em Nova York, estava com trombose coronária. Como não podia correr para seu lado, orou da seguinte maneira:

> A presença curadora está exatamente onde minha mãe está. Seu estado físico é apenas um reflexo de sua vida mental, como sombras projetadas numa tela. Sei que para mudar as imagens na tela tenho que mudar o que elas refletem. Neste momento, projeto em minha própria mente a imagem de completude, harmonia e perfeita saúde de minha mãe.
>
> A presença curativa infinita que criou o corpo e todos os órgãos de minha mãe está, neste momento, saturando cada átomo de seu ser, e um rio de paz flui por todas as células de seu corpo. Os médicos estão sendo divinamente orientados e dirigidos, e quem quer que nela toque está sendo guiado para fazer o que é certo.
>
> Sei que a doença não tem uma realidade final. Se tivesse, ninguém poderia ser curado. Neste momento, eu me torno uno com o princípio infinito do amor e da vida, e sei e ordeno que harmonia, saúde e paz estejam sendo agora manifestadas no corpo de minha mãe.

Ela orou dessa maneira várias vezes por dia. Após alguns dias, a mãe teve uma recuperação notável. O cardiologista ficou espantado e cumprimentou-a por sua grande fé no poder de Deus.

A conclusão que se formou na mente da filha, e que foi aceita com fé perfeita, pôs em movimento a energia criativa existente na mente subconsciente universal, que se manifestou no corpo da mãe como saúde e harmonia perfeitas. O que a filha sentiu como verdade sobre a mãe foi na mesma ocasião manifestado na vivência desta última.

LIBERANDO A AÇÃO CINÉTICA DA MENTE SUBCONSCIENTE

Uma amiga psicóloga disse-me que uma biópsia revelara a presença de células cancerosas em um de seus órgãos vitais. O oncologista recomendou-lhe um doloroso e perigoso tratamento. Todas as noites, antes de recolher-se, ela afirmava tranquilamente: "Todas as células, tecidos, nervos e órgãos de meu corpo estão sendo, neste momento, tornados sadios, puros e perfeitos. Saúde e harmonia estão sendo restabelecidas em meu corpo."

Em um mês ela teve uma cura completa. Exames subsequentes revelaram que não havia mais células cancerosas no corpo.

Fiquei impressionado com essa história, mas também curioso. Perguntei-lhe por que repetia as afirmações antes de ir dormir. Respondeu ela: "Uma vez seja posta em movimento em certa direção, a ação cinética da mente subconsciente continua durante o sono. Esse é o motivo da importância fundamental de dar à mente subconsciente alguma coisa benéfica em que trabalhar quando caímos na sonolência que precede o sono."

A resposta dela foi muito sábia. Notem também que, ao pensar em harmonia e perfeita saúde, ela nunca se referia pelo nome à sua doença.

É altamente recomendável que deixe de falar em suas doenças ou lhes dar um nome, especialmente nas horas que precedem o sono. A única seiva de onde elas retiram vida é a atenção e o medo que elas despertam em você. Tal como a psicóloga mencionada, torne-se um cirurgião mental. Dessa maneira seus problemas serão extirpados da mesma forma que ramos mortos são cortados de uma árvore.

Por outro lado, se você vive falando em suas dores e sintomas, conversando sobre eles, acaba lhes concedendo poder. Você inibe a ação cinética que libera o poder curativo e a energia da mente subconsciente. Além disso, de acordo com a lei de sua própria mente, o que você imagina tende a assumir forma, *Como a coisa que eu mais temia*. Sature a mente com as grandes verdades da vida e caminhe para a frente, iluminado pela luz do amor.

ATITUDES QUE PROMOVEM A SAÚDE

1. Descubra o que o cura. Compreenda que instruções corretas dadas à mente subconsciente curarão sua mente e seu corpo.
2. Formule um plano definido para passar ao subconsciente seus pedidos ou desejos.
3. Imagine o fim desejado e sinta-lhe a realidade. Persista e obterá resultados.
4. Chegue a uma conclusão sobre o que é crença. Saiba que crença é um pensamento em sua mente e que aquilo que você pensa, você cria.
5. É tolice acreditar em doença ou em qualquer coisa que o machuque ou prejudique. Acredite em saúde perfeita, prosperidade, paz, riqueza e orientação divina.
6. Os pensamentos nobres e grandiosos que você habitualmente alimenta transformam-se em grandes atos.
7. Aplique em sua vida o poder da terapia pela prece. Escolha um plano, ideia ou quadro mental. Una-se mental e emocionalmente a essa ideia. Permanecendo constante na atitude mental, a prece será atendida.

8. Lembre-se sempre: se quer ter o poder de curar, pode tê-lo por meio da fé, o que implica saber como funcionam as mentes consciente e subconsciente. A fé vem com a compreensão.
9. Fé absoluta significa que o indivíduo pode obter resultados de cura sem nenhum conhecimento dos poderes e forças em jogo.
10. Aprenda a orar pelas pessoas amadas que possam estar doentes. Aquiete a mente. Seus pensamentos de saúde, vitalidade e perfeição, operando através da mente subjetiva universal, serão sentidos e se tornarão manifestos na mente das pessoas que ama.

6
Técnicas práticas de cura mental

Quando pensa em construir uma ponte ou projetar uma nave espacial, o engenheiro aborda o problema com uma técnica conhecida, amplamente usada, e um conjunto de habilidades e métodos comprovados na prática. As técnicas, habilidades e métodos precisam ser aprendidos. Da mesma forma, há técnicas, habilidades e métodos reconhecidos como eficazes para nos governar, controlar e dirigir a vida. São métodos e técnicas fundamentais.

Ao pensar em construir a Golden Gate, os engenheiros tiveram, em primeiro lugar, de compreender bem o que eram princípios matemáticos, tensões e esforços. Em segundo, visualizaram a ponte ideal, de um lado a outro da baía. O terceiro passo consistiu em aplicar métodos experimentados e comprovados pelos quais foram implementados os princípios. Completados os três passos, a ponte adquiriu forma e gerações de motoristas começaram a cruzá-la.

Se você quer que suas preces sejam atendidas, tem que começar com as técnicas e métodos apropriados. A maneira como sua prece é atendida segue um princípio científico. Nada acontece por acaso. Este é um mundo de ordem e de leis. Neste capítulo você vai conhecer técnicas práticas para expandir e alimentar sua vida espiritual. A prece, em hipótese alguma, deve ficar flutuando no ar, como um balão. Tem que ir a algum lugar e realizar algo que você quer.

Quando analisamos a prece, descobrimos que há muitos e diferentes métodos para usá-la. Neste livro, porém, não vamos tratar das preces formais, rituais, usadas em serviços religiosos. Elas desempenham papel importante no culto em grupo, mas não são o que nos interessa aqui. Nosso interesse imediato é por métodos eficazes de prece *pessoal* que possam ser aplicados em nossa vida diária e utilizados para nos ajudar e ajudar os demais.

A prece é a formulação de uma ideia a respeito de algo que queremos que se realize. É o desejo sincero da alma. Seu desejo é sua prece. Tem origem em suas necessidades mais profundas e revela as coisas que você quer na vida. *Bem-aventurados os que têm fome e sede de justiça, porque serão saciados.* Essa é a natureza real da prece, a manifestação eficaz da fome e da sede da vida pela paz, harmonia, saúde, alegria e todas as demais bênçãos.

A TÉCNICA DE TRANSFERÊNCIA PARA IMPREGNAR O SUBCONSCIENTE

Conforme demonstrado, o segredo da prece eficaz reside em instilar na mente subconsciente o resultado desejado. Uma das maneiras mais simples de fazer isso é a denominada *técnica da transferência.* A técnica consiste, basicamente, em induzir o subconsciente a assumir como seu o pedido transmitido pela mente consciente. A transferência é feita com maior facilidade em um estado de devaneio.

Saiba que no íntimo da sua mente residem uma inteligência e um poder infinitos. Simplesmente pense com tranquilidade no resultado que quer e visualize-o tomando forma a partir desse momento. Imite a menininha que tossia muito e tinha a garganta irritada. Firme e repetidamente, ela disse: "Está passando agora. Está passando agora." E a tosse e a irritação passaram em uma hora, mais ou menos. Utilize essa técnica com a mais perfeita simplicidade e ingenuidade.

Se estivesse construindo uma nova casa onde iria morar com a família, você estudaria com o maior interesse a planta baixa do imóvel. Exigiria que os engenheiros a seguissem em todos os detalhes. E fiscalizaria o material usado. Sabendo que a vida futura de seu lar dependeria da qualidade dos materiais, escolheria apenas o melhor que houvesse em cimento, isolamento, fiação elétrica, vigamento do telhado etc.

Não faz idêntico sentido ter o mesmo cuidado com a planta baixa de seu lar mental, quando quer felicidade e prosperidade?

Todas as experiências e tudo o mais que entra em sua vida dependem da natureza dos tijolos mentais que usa na construção do lar mental. Se a planta baixa está cheia de formas mentais de medo, preocupação, ansiedade ou carência, e se você se sente desamparado, cheio de dúvidas e cinismo, então a qualidade dos materiais mentais que está instalando na mente se transformará em mais trabalho penoso, preocupações, tensão, ansiedade e limitações de toda natureza.

A atividade mais importante e de maior alcance na vida é o que você incorpora à mente a cada hora do dia. Sua palavra, ainda que silenciosa e invisível, nem por isso é menos real.

Em todos os momentos, você está construindo seu lar mental. Os pensamentos que elabora e as imagens mentais que cria representam a planta baixa. Hora após hora, momento após momento, você pode construir saúde radiante, sucesso e felicidade com os pensamentos que formula, as ideias que abriga, as crenças que aceita e as cenas que ensaia no estúdio oculto da mente. Essa mansão grandiosa, em cuja construção você está perpetuamente ocupado, é sua personalidade, sua identidade neste plano em que vivemos, toda a história de sua vida na Terra.

Consiga uma nova planta baixa, construa em silêncio, tornando a paz, a harmonia, a alegria e a boa vontade realidades no momento presente. Meditando sobre essas coisas, e reivindicando-as como direitos seus, o subconsciente aceitará a planta baixa e fará com que se concretizem todas essas coisas: *Pelos seus frutos os conhecereis.*

A CIÊNCIA E A ARTE DA VERDADEIRA FÉ

O termo "ciência" significa um corpo de conhecimentos coordenados, organizados e sistematizados. Pensemos um pouco mais sobre a ciência e a arte da verdadeira prece. Esse corpo de conhecimentos diz respeito aos princípios fundamentais da vida. Descreve as técnicas e os processos que podem ser demonstrados em sua vida e na de quaisquer seres humanos que os aplicam corretamente. A arte é sua técnica, ou processo. A ciência que a respalda é a resposta final da mente criadora ao seu pensamento ou quadro mental.

> Pedi, e dar-se-vos-á; buscai, e achareis; batei, e abrir-se-vos-á. (Mateus 7:7)

O que nos diz esse versículo famoso? Evidentemente, que recebemos aquilo que pedimos. A porta lhe será aberta quando nela você bater, e do outro lado achará o que procura. O ensinamento implica o caráter preciso das leis mentais e espirituais. Há sempre uma resposta direta da inteligência infinita, residente no subconsciente, ao pensamento consciente. Se pedir pão, você não vai receber pedra.

Precisamos pedir *acreditando* que vamos receber. A mente move-se do pensamento para o objeto. A menos que haja, de início, uma imagem na mente, ela nada poderá fazer, pois não haverá coisa alguma na direção da qual mover-se. A prece, que é o ato mental, deve ser aceita como imagem na mente, antes que o poder do subconsciente atue sobre ela e a torne realidade. Temos que alcançar um ponto de aceitação na mente, um estado de acordo, inquestionável e sem reservas.

Essa contemplação deve ser acompanhada por um sentimento de alegria e tranquilidade, dando como certa a concretização daquilo que desejamos. A base sólida da arte e ciência da verdadeira prece é a certeza e a confiança totais em que a ação da mente consciente obterá uma resposta clara do subconsciente, que é dotado de sabedoria ilimitada e poder infinito. Seguindo esse procedimento, suas preces serão atendidas.

A TÉCNICA DE VISUALIZAÇÃO

A maneira mais fácil e óbvia de formular uma ideia consiste em visualizá-la, vê-la nos olhos da mente com tanta clareza como se estivesse viva. Só podemos ver a olho nu o que já existe no mundo externo. De maneira semelhante, aquilo que podemos visualizar com os olhos da mente já existe nos reinos invisíveis dela. A imagem que formulamos na mente é a essência da coisa que temos esperança de conseguir e a prova da existência de coisas invisíveis. O que formamos na imaginação é tão real quanto qualquer parte de nosso corpo. Ideia e pensamento são reais e um dia aparecerão no mundo objetivo, se formos fiéis à imagem mental.

O processo de pensar forma impressões na mente. As impressões, por sua vez, manifestam-se como fatos e experiências na vida real. Arquitetos visualizam o tipo de prédio que querem. Veem-no como o querem quando pronto. As imagens que formam e os processos mentais transformam-se no molde plástico do qual emergirá o edifício. A obra pode ser bela ou feia, um arranha-céu ou um barraco, mas tudo começa com uma visualização. O arquiteto projeta as imagens mentais quando as põe no papel. Finalmente, o empreiteiro e os operários reúnem os materiais necessários e o prédio começa a ser construído, representando fielmente o quadro mental pintado pelo arquiteto.

Costumo usar sempre a técnica da visualização antes de falar para uma plateia. Silencio as engrenagens da mente para poder apresentar ao subconsciente as imagens mentais. Em seguida, imagino o auditório. Vejo as poltronas ocupadas por homens e mulheres, todos iluminados e inspirados pela presença curadora infinita existente em cada um deles. Vejo-os radiantes, felizes, livres.

Tendo, de início, formulado a ideia na imaginação, mantenho-a tranquilamente na mente, como um quadro mental, enquanto imagino ouvir pessoas dizendo: "Estou curado", "Sinto-me maravilhosamente bem", "Fui transformado". Convenço-me de que a mente e o corpo de todas as pessoas presentes estão saturados de amor, completude, beleza e perfeição. Esse estado desenvolve-se até um ponto em que posso ouvir as vozes da multidão proclamando saúde e felicidade. Em seguida, libero a imagem e subo para o tablado.

Em quase todas as ocasiões em que faço palestras, tendo usado a técnica, pessoas me procuram em seguida para dizer que suas preces foram atendidas.

O MÉTODO DO CINEMA MENTAL

Como diz o velho ditado: "Uma ilustração vale por mil palavras." É preciso salientar que o subconsciente materializará qualquer imagem mantida na mente e sustentada pela fé: *Age como se fores, e serás.*

Há vários anos participei de um programa de palestras que me levou a vários estados. Eu queria contar com uma base permanente na área, onde poderia prestar auxílio aos que precisassem de ajuda. As viagens levaram-me aos lugares mais variados e distantes, mas não esqueci a ideia da base permanente. Certa noite, em Spokane, Washington, entrei num estado de relaxamento em um sofá no quarto de um hotel. Concentrei a atenção. De maneira tranquila, receptiva, imaginei que falava a uma grande plateia. E dizia: "Estou satisfeito em estar aqui. Rezei por esta oportunidade ideal."

Com os olhos da mente, vi essa plateia imaginária e senti a realidade daquilo tudo. Representei o papel de ator e tornei interessante esse filme mental. Tive certeza de que essa imagem estava sendo gravada na mente subconsciente que, à sua própria maneira, a tornaria real. Na manhã seguinte, ao acordar, senti uma grande sensação de paz e satisfação. Dias depois, recebi um telefonema de uma organização daquela região convidando-me para assumir o cargo de diretor. Aceitei, e durante vários anos realizei ali um trabalho extremamente frutífero.

O método que acabo de descrever é frequentemente chamado de "método do cinema mental". Recebo inúmeras cartas de leitores ou de pessoas que compareceram às minhas palestras, falando dos resultados maravilhosos que obtiveram com essa técnica.

Uma área em que esse método parece extremamente útil é na venda de imóveis. Se você tem uma casa ou propriedade para vender, sugiro que, inicialmente, convença-se de que o preço que pede é justo, tanto para você como para o eventual comprador. Feito isso, tranquilize a mente, relaxe o corpo, solte-se e entre em um estado sonolento, de modorra, que reduza ao mínimo todo trabalho mental. Imagine-se, em seguida, recebendo o cheque da comissão, rejubile-se com a venda feita, dê graças e vá dormir, sentindo que é verdadeiro e natural o filme que criou na mente.

Você tem que agir como se aquilo que planejou já seja uma realidade objetiva. Quando age desse modo, a mente subconsciente assimila isso como uma gravação. Em seguida, a inteligência infinita atrairá para você o comprador que realmente deseja aquela propriedade, que lhe dará grande satisfação e na qual prosperará. Pelas correntes mais profundas da mente, comprador e vendedor são reunidos. Uma imagem mental conservada na mente, reforçada pela fé, tornar-se-á realidade.

A TÉCNICA DE BAUDOIN

Professor do Rousseau Institute, na França, Charles Baudoin foi um psicoterapeuta brilhante e diretor de pesquisas da Nova Escola de Cura de Nancy. Descobriu que a melhor maneira de impressionar a mente consciente é entrar em um estado de sonolência, de torpor, ou em um estado semelhante ao de sono, no qual todo esforço é reduzido ao mínimo. Nesse momento, de maneira tranquila, passiva, receptiva, por reflexão, a ideia pode ser transmitida ao subconsciente.

Ou como explicou ele:

> Uma maneira muito simples de conseguir isso [impregnação da mente subconsciente] consiste em condensar a ideia que deverá ser o objeto da sugestão, resumi-la em uma frase curta que possa ser facilmente gravada na memória e repeti-la constantemente, como se fosse uma canção de ninar.

Há alguns anos uma jovem viúva em Los Angeles envolveu-se em uma longa e acrimoniosa briga de família. O falecido marido lhe deixara todas as propriedades. Porém, os filhos e filhas dele, de um casamento anterior, entraram na Justiça para contestar o testamento. O oferecimento de uma solução amigável foi recusado com desdém.

Quando ela me pediu ajuda, expliquei-lhe a técnica de Baudoin. Insisti em que condensasse a ideia de sua necessidade em uma frase curta, que pudesse ser facilmente gravada na memória. A moça formulou a frase seguinte: "Tudo terminou em uma ordem divina." Para ela, as palavras significavam que a inteligência infinita, operando pelas leis que regem a mente subconsciente, produziria uma conclusão mutuamente satisfatória, com aplicação do princípio da harmonia.

Todas as noites, durante dez noites, ela se sentava em uma poltrona, relaxava o corpo e entrava em um estado de sonolência. Uma vez nesse estado, afirmava devagar, de modo tranquilo, repetidamente, cheia de sentimento: "Tudo terminou em uma ordem divina", e em seguida mergulhava em sono profundo, normal.

Na manhã do décimo primeiro dia, acordou com uma sensação de bem-estar e a convicção de que tudo, na verdade, estava terminado. Resolvido. No mesmo dia seu advogado lhe telefonou. O advogado da parte contrária e seus clientes estavam querendo chegar a uma solução conciliatória. Alcançado um acordo harmonioso, seguiu-se a retirada da ação de contestação.

A TÉCNICA DO SONO

Quando entramos em estado de sonolência, torpor, todo esforço se reduz ao mínimo. A mente consciente submerge em grande parte quando caímos nesse estado. A razão disso é que o grau mais alto da manifestação do subconsciente ocorre imediatamente antes de adormecermos e pouco depois de acordarmos. Enquanto dormirmos, desaparecem os pensamentos negativos, que tendem a neutralizar nossos desejos e impedir que sejam aceitos pelo subconsciente.

Vamos supor que você quer se livrar de um hábito destrutivo. Assuma uma postura confortável, relaxe o corpo e fique imóvel. Entre em um estado de sonolência e nele diga de forma tranquila, repetidamente, como se estivesse cantando uma canção de ninar: "Estou inteiramente livre desse hábito. A harmonia e a paz da mente reinam, supremas." Repita essas palavras devagar, com calma e carinho, durante cinco ou dez minutos, à noite e pela manhã. A cada vez que repete as palavras, o valor emocional delas torna-se maior. Quando surgir a ânsia de repetir o hábito, repita para si mesmo, em voz alta, a mesma fórmula. Dessa maneira, você induz o subconsciente a aceitar a ideia, daí se seguindo a cura.

A TÉCNICA DO "OBRIGADO"

Na Bíblia, Paulo recomenda que, com louvor e graças, façamos nossos pedidos. Resultados extraordinários podem ser obtidos com esse método simples de oração. O coração agradecido está sempre perto das forças criadoras do universo, fazendo com que bênçãos incontáveis fluam em sua direção, de acordo com a lei da relação recíproca, baseada na lei cósmica de ação e reação.

Recentemente, uma jovem mãe contou-me sua experiência com a técnica. Disse ela: "Eu estava desempregada, sem dinheiro, com três filhos pequenos para alimentar e vestir. Não sabia a quem recorrer. Ouvi-o, então, explicar que devemos ser gratos, antes mesmo de nossas preces serem atendidas. Foi como se uma luz tivesse se acendido em minha mente. Tive certeza de que precisava experimentar a técnica."

Todas as noites e manhãs, durante três semanas, a jovem repetiu as seguintes palavras: "Obrigada, Pai, pela minha riqueza." Fazia isso de forma relaxada, tranquila, e continuou a repetir a frase até que uma sensação, ou estado, de gratidão lhe inundava a mente. Imaginava que estava se dirigindo ao poder e inteligência internos infinitos, embora soubesse, claro, que não podia, literalmente, ver a inteligência criadora ou a mente infinita. Estava vendo com os olhos da mente, da percepção espiritual, dando-se conta de que seu pensamento-imagem de riqueza era a primeira causa no que se referia a dinheiro, emprego e alimentos, de que ela necessitava. Seu pensamento-sentimento era a essência da riqueza, não prejudicada por condições anteriores de qualquer tipo.

Ao repetir "Obrigada, Pai" incontáveis vezes, sua mente e seu coração foram levados ao ponto de aceitação. Quando pensamentos de carência, pobreza ou desalento lhe surgiam na mente, dizia mais uma vez: "Obrigada, Pai", tantas vezes quantas fossem necessárias. Sabia, enquanto mantinha a atitude de gratidão, que recondicionaria a mente para aceitar a ideia de riqueza. E foi isso exatamente o que aconteceu.

A prece dessa mãe teve uma consequência interessante. Pouco depois de ter começado a orar da maneira descrita, encontrou na rua um ex-empregador, que não via havia mais de cinco anos. Ele lhe ofereceu um emprego de responsabilidade, bem-remunerado. E até mesmo chegou a lhe fazer um empréstimo de curto prazo para que ela pudesse se sustentar até o recebimento do primeiro salário. E ela me disse: "Eu jamais esquecerei o poder espantoso da frase 'Obrigada, Pai'. Ela fez maravilhas por mim."

O MÉTODO AFIRMATIVO

A eficácia de uma afirmação é determinada, em grande parte, pela compreensão da verdade e do sentido que dão base às seguintes palavras: *Na prece, não use uma repetição vazia.* O poder da afirmação reside na aplicação inteligente de palavras positivas, definidas e específicas. Vamos supor que uma aluna some três mais três e escreva sete no quadro-negro. A mestra afirma com certeza matemática que três mais três somam seis. Em consequência, a menina muda o número do resultado. A afirmação da mestra não *tornou* três mais três igual a seis. Isso já era uma verdade matemática que, por seu lado, levou a criança a corrigir o número escrito no quadro-negro.

É anormal estar doente. O normal é estar saudável. A saúde é a verdade de seu ser. Quando você afirma saúde, harmonia e paz para si mesmo e para outrem, e quando reconhece que essas condições são princípios universais de seu próprio ser, você reconfigura os padrões negativos da mente subconsciente, baseado em sua fé e compreensão daquilo que afirma.

O resultado do processo afirmativo da oração depende de ela adequar-se aos princípios da vida, pouco importa quais sejam as aparências. Há um princípio de verdade, e nenhum de desonestidade. Há um princípio de inteligência, e nenhum de ignorância. Há um princípio de harmonia, e nenhum de discórdia. Há um princípio de saúde, mas nenhum de doença; e um de riqueza, e nenhum de pobreza.

Resolvi usar o método afirmativo quando minha irmã resolveu internar-se em um hospital inglês para retirar cálculos biliares. O diagnóstico no seu caso baseava-se nos exames habituais feitos no hospital e em raios X. Ela me pediu que orasse por sua recuperação. Eu estava a 9 mil quilômetros de distância, mas isso não me perturbou. Não há nem tempo nem espaço no princípio da mente. A mente, ou inteligência infinita, está presente em sua totalidade e simultaneamente em todos os lugares.

Várias vezes por dia eu afastava por completo todos os pensamentos nos sintomas de minha irmã e em sua natureza física. Calma e confiantemente, afirmava o seguinte:

> Esta prece é para minha irmã, Catherine. Ela está relaxada e em paz, tranquila, bem equilibrada, serena, calma. A inteligência curadora na mente subconsciente que lhe criou o corpo está agora transformando cada célula, nervo, tecido, músculo e ossos de seu ser, de acordo com o modelo perfeito de todos os órgãos existente em sua mente subconsciente. Silenciosamente, tranquilamente, todos os padrões deformados de pensamento na mente subconsciente são eliminados e dissolvidos, e a vitalidade, a completude e a beleza do princípio da vida se manifestam em todos os átomos de seu ser. Ela está, agora, aberta e receptiva às correntes curadoras que por ela fluem como um rio, restituindo-lhe a saúde perfeita,

a harmonia e a paz. Todas as distorções e imagens feias foram varridas pelo oceano infinito de amor e paz que flui através dela, e assim é.

Ao fim de duas semanas minha irmã submeteu-se a novo exame. Os raios X nada acusaram. O médico reconheceu que ela tivera uma recuperação notável e desmarcou a cirurgia.

Afirmar é declarar que assim é. Enquanto mantiver essa atitude mental, considerando-a como verdade, pouco importando toda prova em contrário, você receberá resposta à prece. O pensamento não pode fazer outra coisa que não afirmar porque, mesmo que negue alguma coisa, você está na verdade afirmando a presença daquilo que nega. Repetir uma afirmação, sabendo o que está dizendo e por que está dizendo, leva a mente àquele estado de consciência em que ela aceita como verdade aquilo que você declara. Continue a afirmar as verdades da vida até obter do subconsciente uma reação satisfatória.

O MÉTODO DA ARGUMENTAÇÃO

Esse método é exatamente o que o nome propõe. Teve origem no notável trabalho do Dr. Phineas Parkhurst Quimby, um pioneiro da cura mental e espiritual que há mais de um século residiu e clinicou em Belfast, Maine. Ele foi, na verdade, o pai da medicina psicossomática e o primeiro psicanalista. Possuía também uma notável capacidade de diagnosticar, por meio de clarividência, a causa de problemas, dores e perturbações de pacientes.

Simplificando, o método de argumentação, da forma empregada com tanto sucesso pelo Dr. Quimby, consiste em raciocínio espiritual. Você convence o paciente e a si mesmo de que a doença é consequência de falsas crenças, medos infundados, configurações negativas alojadas na mente subconsciente. Mentalmente, você analisa o assunto e convence o paciente de que a doença ou distúrbio são devidos, exclusivamente, a padrões deformados, defeituosos, de pensamento, que assumiram forma no corpo. A crença errônea em um poder ou causa externos mostra-se nesse momento sob a forma de doença e pode ser mudada alterando-se os padrões mentais.

Você explica ao paciente que a base de todos os tipos de cura é uma mudança de crença, isto é, aquilo em que ele acredita. Diz também que a mente subconsciente criou o corpo e todos os seus órgãos. Por isso mesmo, sabe como curá-lo, pode curá-lo, e já está fazendo isso enquanto você fala. Você argumenta na sala de seu tribunal mental que a enfermidade é um reflexo da mente, baseado em imagens mentais mórbidas, saturadas de doença. E continua a reunir toda prova que puder, em nome do poder curador interno que, para começar, criou todos os órgãos e tem um modelo perfeito de todas as células, nervos e tecidos de que eles são constituídos.

Em seguida, na sala do júri da mente, você pronuncia o veredicto, absolvendo-o e absolvendo o paciente. Você o libera, fortalecendo-lhe a fé e a compreensão espiritual. Uma vez que só há uma mente, o que você sente como verdade é tornado manifesto na vivência do paciente, daí se seguindo a cura.

O MÉTODO ABSOLUTO ASSEMELHA-SE À MODERNA TERAPIA DO ULTRASSOM

Com maravilhosos resultados, numerosas pessoas em todo o mundo praticam essa forma de tratamento pela prece. O indivíduo que o emprega menciona o nome do paciente. Em seguida, em silêncio, pensa em Deus e em Suas qualidades e atributos, tais como bem-aventurança total, amor ilimitado, inteligência infinita, poder inigualável, sabedoria perfeita, harmonia absoluta, beleza indescritível e perfeição. Enquanto pensa tranquilamente nesses aspectos, sua consciência eleva-se para uma nova dimensão espiritual. O curador sente o oceano infinito do amor de Deus dissolvendo tudo que é diferente de si mesmo na mente e no corpo do paciente pelo qual está orando. Sente que todo o poder e amor de Deus estão, nesse momento, focalizados no paciente. Tudo que é prejudicial ou nocivo é, nesse momento, inteiramente neutralizado na presença do oceano infinito de vida e amor.

O método absoluto de oração poderia ser comparado aos progressos mais modernos como a terapia do ultrassom, que me foram recentemente explicados por um ilustre médico de Los Angeles. O aparelho que ele usa gera poderosas ondas sonoras de frequências extremamente altas. Quando elas são apontadas para áreas do corpo onde há tecidos anormais, as células afetadas ressonam com o ultrassom e respondem ao tratamento.

Na medida em que nossa consciência se eleva enquanto contemplamos as qualidades e os atributos de Deus, geramos ondas espirituais de harmonia, saúde e felicidade. Os que recebem a emissão das ondas ressonam com elas e respondem ao tratamento. Muitas e notáveis curas foram feitas com essa técnica de oração.

UMA ALEIJADA LEVANTA-SE E ANDA

Nos últimos anos de sua carreira de curador, o Dr. Quimby usava, com frequência, o método absoluto.

Em um de seus trabalhos, conta como curou uma mulher aleijada. Chamado para uma consulta, encontrou uma inválida, idosa, recolhida ao leito. Segundo ele, a doença da paciente era devida ao fato de estar aprisionada em uma crença tão rígida e restritiva que não conseguia levantar-se e andar. Vivia em uma sepultura de medo e ignorância. Como acreditava literalmente na Bíblia, sentia-se assustada.

"Nessa sepultura", escreveu Quimby, "estavam a presença e o poder de Deus lutando para romper os laços, quebrar os grilhões e erguer-se dos mortos."

Quando a mulher pedia a alguém uma explicação de algum trecho da Bíblia, a resposta era como que uma pedra. E ela, em seguida, ansiava pelo pão da vida. O Dr. Quimby diagnosticou o caso como o de uma mente turva e estagnada devido à emoção e ao medo, causados pela incapacidade de compreender claramente o sentido do trecho da Bíblia que estivera lendo. Esse fato transparecia em seu corpo sob a forma de uma emoção negativa e anestesiante que acabou se convertendo em paralisia.

Nesse ponto, o Dr. Quimby perguntou a ela o que significava o seguinte versículo da Bíblia:

> Ainda por um pouco de tempo estou convosco, e depois irei para junto daquele que me enviou. Haveis de procurar-me, e não me encontrareis; também onde eu estou, vós não podeis ir. (João, 7:33-34)

Ela respondeu que a passagem significava que Jesus tinha ido para o céu. O Dr. Quimby explicou-lhe o que o trecho realmente significava, dizendo que *por um pouco de tempo estou convosco* era a explicação que ele mesmo dava de seus sintomas, sentimentos e respectivas causas. Naquele momento, sentiu compaixão e simpatia por ela, mas sabia que a paciente não podia permanecer naquele estado mental. O passo seguinte consistia em *ir a Ele que nos enviou*. Esse, explicou o Dr. Quimby, era o poder criador de Deus existente em todos nós.

O Dr. Quimby, imediatamente, viajou em espírito e contemplou o ideal divino, isto é, a vitalidade, inteligência, harmonia e poder de Deus em ação na paciente. Por esse motivo, disse à mulher: "Por isso, aonde eu vou, não podeis ir, porque estais prisioneira de tua crença estreita, restrita, e eu estou com saúde."

Essa prece e a explicação produziram uma sensação instantânea e uma mudança ocorreu na mente da doente, que se levantou e andou, sem as muletas! Disse o Dr. Quimby que essa foi uma das mais extraordinárias curas que fez. Ela estava, por assim dizer, morta por causa do erro, e trazê-la à vida ou à verdade foi como se a ressuscitasse dos mortos. O Dr. Quimby citou a ressurreição de Cristo e aplicou-a a seu próprio Cristo, ou à saúde. Explicou-lhe, também, que a ideia que ela aceitou era o anjo ou ideia que afastou para longe a pedra do medo, da ignorância e da superstição. Essa ação liberou, em seguida, o poder curador de Deus, que a tornou mais uma vez inteira e sadia.

O MÉTODO DA DETERMINAÇÃO CATEGÓRICA

Segundo o sentimento e a fé que a inspiram, a palavra adquire poder. Quando nos damos conta de que o mesmo poder que move o mundo move-se em nosso benefício e nos robustece a palavra, crescem nossa confiança e certeza. Nenhum esforço é feito para adicionar poder a poder. Não deve haver o menor conflito, coerção, força ou luta mental.

Uma jovem usou o método de determinação categórica com um rapaz que a importunava ao telefone, insistindo em marcar encontros. Estava achando muito difícil livrar-se dele. Quando ele começou a aparecer em seu local de trabalho, reconheceu que tinha que tomar imediatamente uma medida drástica.

Várias vezes por dia, entrava em estado de tranquilidade e determinava repetidamente o seguinte:

> Eu entrego ______ a Deus. Ele, em todas as ocasiões, está onde deve estar. Estou livre e ele está livre. Determino agora que minhas palavras se dirijam à mente infinita e que se transformem em realidade. Assim seja.

Segundo ela, o tal rapaz desapareceu por completo de sua vida. Nunca mais o viu. Ou, como disse: "Foi como se o chão o tivesse engolido."

> Se projetas alguma coisa, ela te sairá bem, e a luz brilhará em teus caminhos. (Jó 22:28)

UTILIZE A VERDADE CIENTÍFICA

1. Seja um engenheiro mental e use técnicas experimentadas e comprovadas na construção de uma vida cada vez mais grandiosa.
2. Seu desejo é sua prece. Imagine agora a concretização do desejo, sinta-lhe a realidade, e terá a alegria da prece atendida.
3. Deseje realizar coisas de maneira simples – com a ajuda infalível da ciência mental.
4. Você pode ter saúde radiante, sucesso e felicidade com os pensamentos que formula no estúdio oculto da mente.
5. Experimente cientificamente até que prove a si mesmo que há sempre uma resposta direta da inteligência infinita da sua mente subconsciente ao pensamento consciente.
6. Sinta alegria e tranquilidade de prever a concretização certa de seu desejo. O quadro mental que tem em mente é a essência das coisas que tem esperança de conseguir e a prova de coisas ainda invisíveis.
7. Uma imagem mental vale por mil palavras. A mente subconsciente trabalhará para tornar realidade qualquer imagem mantida na mente e reforçada pela fé.
8. Na prece, evite todo esforço ou coerção mental. Entre em um estado de sonolência, modorra e acalente-se para dormir, sentindo e sabendo que sua prece será atendida.
9. Lembre-se de que um coração grato está sempre próximo das riquezas do universo.

10. Afirmar é declarar que assim é, e enquanto mantiver essa atitude mental, considerando-a como a verdade, qualquer que seja a prova em contrário, você terá resposta à sua prece.
11. Crie ondas de harmonia, saúde e paz ao pensar no amor e na glória de Deus.
12. Aquilo que você decreta e sente como verdade acontecerá. Decrete harmonia, saúde, paz e prosperidade.

7
Subconsciente: tendência voltada para a vida

Mais de 90 por cento da vida mental do homem é subconsciente. Se não usamos esse poder maravilhoso, condenamo-nos a viver dentro de limites muito estreitos.

Os processos do subconsciente são sempre construtivos e voltados para a vida. O subconsciente é o construtor de nosso corpo e lhe dirige todas as funções vitais. Trabalha 24 horas por dia, e jamais dorme. Faz tudo que pode para nos ajudar e evitar que qualquer mal nos aconteça.

Em contato com a vida infinita e a sabedoria sem limites, seus impulsos e ideias orientam-se sempre para a vida. As grandes aspirações, inspirações e visões de uma vida mais elevada e nobre têm nele sua origem. Não podemos discutir racionalmente nossas convicções mais profundas porque elas não nascem na mente consciente, mas no subconsciente.

O subconsciente fala-nos em intuições, impulsos, palpites, insinuações, ânsias e ideias. Está sempre nos dizendo para nos elevarmos, transcendermos, crescermos, avançarmos, nos aventurarmos e escalarmos maiores alturas. A ânsia de amar, de salvar a vida de outrem, provém das profundidades do subconsciente. Durante o grande terremoto e incêndio em São Francisco, em 18 de abril de 1906, por exemplo, inválidos e aleijados recolhidos ao leito durante longo tempo levantaram-se e praticaram prodígios de bravura e resistência. Neles aflorou o desejo intenso de, qualquer que fosse o perigo, salvar outras vidas. E o subconsciente respondeu-lhes dando-lhes as forças de que necessitavam.

Grandes artistas, músicos, poetas, oradores, escritores sintonizam com o subconsciente e dele recebem estímulo e inspiração. Robert Louis Stevenson costumava, antes de dormir, encarregar o subconsciente de "bolar" histórias enquanto dormia. E formou o hábito de lhe pedir que concebesse uma boa história, vendável, quando caía o saldo de sua conta corrente. Segundo Stevenson, a inteligência da mente mais profunda lhe dava a história, episódio por episódio, como se fosse uma novela. Esse fato demonstra que a mente subconsciente pode, por nosso intermédio, falar em termos nobres e sábios sobre os quais a mente consciente nada sabe.

Em muitas ocasiões, Mark Twain confessou que jamais trabalhou na vida. Todo o seu humor e as histórias notáveis foram resultado de sua capacidade de obter acesso ao tesouro inesgotável do subconsciente.

COMO O CORPO RETRATA O FUNCIONAMENTO DA MENTE

A interação entre as mentes consciente e subconsciente requer uma reciprocidade semelhante entre os correspondentes sistemas nervosos. O sistema cerebroespinhal, ou voluntário, é o órgão da mente consciente. O sistema nervoso autônomo desempenha idêntico papel no que interessa ao subconsciente. O sistema voluntário é o canal pelo qual captamos e percebemos conscientemente o que os sentidos físicos nos trazem, e por meio dele exercemos controle voluntário sobre os movimentos do corpo. O centro de controle desse sistema localiza-se no córtex cerebral.

O sistema nervoso autônomo, às vezes chamado de involuntário, tem centros de atividade em outras partes do cérebro, incluindo o cerebelo, o tronco cerebral e a amígdala cerebral.

Esses órgãos têm conexões próprias com os grandes sistemas do corpo e lhes controlam as funções vitais, mesmo quando a percepção consciente está ausente.

Os dois sistemas podem trabalhar separados ou em sincronia. Quando a percepção de um perigo chega ao centro de comutação no cerebelo, mensagens são enviadas ao córtex e à amígdala cerebral do subconsciente. A capacidade de defesa do indivíduo pode começar a reagir antes mesmo de o perigo ser notado e avaliado pelo consciente.

Uma maneira simples de focalizar a interação mental e física é compreender que a mente consciente capta uma ideia que é traduzida em uma série correspondente de impulsos elétricos no sistema nervoso voluntário. Este, por seu lado, liga uma corrente semelhante no sistema autônomo, passando dessa maneira a ideia à mente subconsciente, que é o instrumento criativo. E é dessa maneira que pensamentos se transformam em atos.

Todo pensamento elaborado pelo consciente e aceito como verdade é enviado pelo córtex aos demais órgãos do cérebro que embasam o subconsciente, a fim de ser transformado em nossa carne e manifestado como realidade em nosso mundo.

HÁ UMA INTELIGÊNCIA ENCARREGADA DE ZELAR PELO CORPO

Quando estudamos o sistema celular e a estrutura dos órgãos, tais como olhos, ouvidos, coração, fígado, bexiga etc., descobrimos que eles consistem em grupos de células, que por sua vez formam a inteligência coletiva que lhes permite funcionar em conjunto. Eles recebem ordens e executam-nas de forma dedutiva, atendendo a uma sugestão da mente mestra (o subconsciente).

Um estudo cuidadoso de organismos unicelulares mostra-nos o que acontece em nosso corpo complexo. Embora não possua órgãos, o organismo unicelular ainda assim fornece prova de ação e reação mental, ao desempenhar as funções básicas de movimento, alimentação, assimilação e eliminação.

Muitos dizem que há uma inteligência que cuidará de nosso corpo, se a deixarmos agir. Em certo sentido, isso é verdade. O problema é que a mente consciente interfere sempre com sua prova sensorial, baseada em aparências. Disso resulta o poder das falsas crenças, medos e meras opiniões. Quando medos, falsas crenças e moldes negativos de pensamento são levados a produzir uma impressão no subconsciente, por meio de condicionamento psicológico e emocional, ao subconsciente não resta alternativa a não ser agir de acordo com as especificações da planta arquitetônica que lhe é oferecida.

O SUBCONSCIENTE TRABALHA ININTERRUPTAMENTE PARA O BEM GERAL

O eu subjetivo existente em todos nós trabalha sem descanso para o bem geral, refletindo o princípio inato de harmonia residente em todas as coisas. A mente subconsciente tem vontade própria e é, incontestavelmente, real. Funciona dia e noite, quer queiramos ou não. É a construtora de nosso corpo, embora não possamos ver, ouvir ou sentir coisa alguma enquanto ela o constrói. É um processo que se desenvolve em silêncio. O subconsciente é dotado de uma vida própria que sempre se volta para a harmonia, a saúde e a paz. A norma divina nele operante busca expressar-se através do homem em todas as ocasiões.

COMO O SER HUMANO INTERFERE NO PRINCÍPIO INATO DA HARMONIA

Se queremos pensar de modo correto, científico, temos que conhecer a "Verdade". Ou, como diz o versículo: "Conhecereis a verdade e a verdade vos libertará." (João 8:32) Conhecer a verdade significa estar em harmonia com a inteligência e poder infinitos da mente subconsciente, que sempre se move na direção da vida.

Todos os pensamentos e atos desarmônicos, sejam motivados por ignorância ou intencionais, resultarão em discórdia e limitações de todos os tipos.

A ciência nos diz que construímos um novo corpo a cada 11 meses, de modo que, do ponto de vista físico, temos na verdade apenas 11 meses de idade. Se reintroduzimos defeitos no corpo através de medo, raiva, ciúme e má vontade, só temos que culpar a nós mesmos.

Somos a soma total de nossos pensamentos. Podemos nos recusar a abrigar pensamentos e imagens negativas. Se queremos afastar a escuridão, acendemos uma luz; para combater o frio, usamos aquecimento; a maneira de eliminar o pensamento negativo consiste em substituí-lo por bons pensamentos. Afirme o bom e o mau desaparecerá.

POR QUE É NORMAL SER SADIO, CHEIO DE VIDA, FORTE, E ANORMAL SER DOENTE

O recém-nascido normal é inteiramente sadio. Todos os órgãos funcionam com perfeição. Esse é o estado natural, e temos o dever de nos manter sadios, cheios de energia, fortes. O instinto de autoconservação é o mais forte da natureza humana e constitui a verdade inerente mais poderosa, sempre presente, sempre em ação. Todos os pensamentos, ideias e crenças terão que funcionar necessariamente com potência máxima quando estiverem em harmonia com o princípio inato de vida existente em nós e que sempre procura preservar-nos e proteger-nos em todos os sentidos. Segue-se dessas palavras que a condição normal pode ser restabelecida com maior facilidade e certeza do que condições anormais podem ser induzidas.

É anormal adoecer. O estado de doença simplesmente significa que você está combatendo a vida e abrigando pensamentos negativos. A lei da vida é a do crescimento; toda natureza dá testemunho da operação dessa lei ao expressar-se silenciosa e ininterruptamente pelo crescimento. Onde há crescimento e manifestação, forçosamente há vida; onde há vida, precisa haver harmonia; e onde há harmonia, há saúde perfeita.

Se seus pensamentos estão em harmonia com o princípio criador da mente subconsciente, você sintoniza simultaneamente o princípio inato da harmonia. Se remói pensamentos que se chocam com o princípio da harmonia, eles se agarram a você, fustigam-no, enchem-no de preocupações e, finalmente, geram doença; se insistir neles, possivelmente provocarão a morte.

Na cura da doença temos que aumentar a entrada e distribuição das forças vitais do subconsciente através de todos os nossos sistemas. Isso pode ser feito eliminando o medo, a preocupação, o ciúme, o ódio e todos os demais pensamentos destrutivos. Esses pensamentos tendem a danificar e destruir nervos e glândulas – tecido corporal que controla a eliminação de todo material de refugo e mantém o organismo em estado de pureza.

A CURA DA DOENÇA DE POTT

A doença de Pott, ou infecção tuberculosa da coluna, era antigamente um flagelo para crianças. Uma delas, Frederick Elias Andrew, de Indianápolis, Indiana, contraiu a doença, que o transformou em uma criança torta, incapaz de andar e que era obrigada a arrastar-se sobre as mãos e os joelhos. Os médicos consideraram o caso incurável.

Andrew recusou-se a aceitar tal veredicto. Começou a rezar. Formulou sua própria afirmação, repetindo-a inúmeras vezes por dia e absorvendo mentalmente as qualidades de que necessitava:

Eu sou completo, perfeito, forte, poderoso, amoroso, harmonioso e feliz.

Essa prece era a última coisa que pronunciava antes de ir dormir à noite e a primeira pela manhã. Orava também pelos outros, enviando-lhes pensamentos de amor e saúde.

Tal atitude mental e maneira de orar voltou-lhe multiplicada muitas vezes. Fé e perseverança geraram enormes dividendos. Quando pensamentos de medo, raiva, ciúme ou inveja lhe ocupavam a atenção, imediatamente acionava na mente a força contrária da afirmação. A mente subconsciente respondeu de acordo com a natureza de seus pensamentos habituais. Ele se transformou em um homem forte, espigado, bem-proporcionado.

E é esse o sentido da afirmação que encontramos na Bíblia:

> Vai, a tua fé te salvou. (Marcos 10:52)

COMO A FÉ NOS PODERES DE SEU SUBCONSCIENTE PODE TORNÁ-LO SADIO

Um jovem que foi assistir a uma de minhas palestras sobre o poder de cura da mente subconsciente tinha problemas de visão. O oftalmologista lhe dissera que ele precisava submeter-se a uma operação delicada, arriscada. Após conhecer a base científica da prece, o jovem disse a si mesmo: "Meu subconsciente criou meus olhos, e pode curá-los."

Todas as noites, ao ir dormir, entrava em um estado passivo, meditativo, semelhante ao de sono. Controlava a atenção e focalizava-a no médico. Imaginava-o à sua frente e ouvia, ou imaginava, claramente, o médico lhe dizendo: "Um milagre aconteceu!" Ouvia-o repetir a mesma frase, repetidamente, todas as noites, durante cinco minutos, antes de adormecer.

Três semanas depois, foi a outra consulta, com o mesmo médico que lhe examinara a vista. O médico examinou-o e exclamou: "Isso é um milagre!"

O que foi que aconteceu? O paciente produziu uma impressão em seu subconsciente, usando o oftalmologista como instrumento, ou meio, para transmitir a ideia e convencê-lo. Por meio de repetição, fé e esperança de bons resultados ele impregnou a mente subconsciente. Ela construíra o olho. Tinha em si o molde, ou planta, perfeito da estrutura normal, sadia, do olho. Uma vez nele gravada a ideia de restaurar a saúde do olho, o subconsciente imediatamente começou a agir para que isso acontecesse. Esse é outro exemplo de como a fé no poder de cura do subconsciente pode nos tornar perfeitos.

PONTOS A RELEMBRAR

1. Seu subconsciente construiu seu corpo e trabalha 24 horas por dia. Abrigando pensamentos negativos, você interfere nesse molde gerador de vida.
2. Encarregue seu subconsciente da tarefa de encontrar uma solução para qualquer problema, antes de ir dormir, e ele responderá.
3. Vigie os pensamentos. Todo pensamento aceito como verdade é enviado pelo córtex consciente às estruturas cerebrais do subconsciente e volta ao seu mundo como realidade.
4. Saiba que pode se reconstruir dando uma nova planta baixa à mente subconsciente.
5. A tendência do subconsciente é voltar-se sempre para a vida. Seu trabalho é com a mente consciente. Alimente o subconsciente com premissas verdadeiras. O subconsciente reproduz sempre aquilo que você lhe dá sob a forma de padrões mentais habituais.

6. Você constrói um novo corpo a cada 11 meses. Mude o corpo mudando os pensamentos e conservando-os mudados.
7. É normal ser sadio. É anormal estar doente. Em nós reside o princípio inato da harmonia.
8. Pensamentos de ciúme, medo, preocupação, ansiedade prejudicam e destroem nossos nervos e glândulas, gerando doenças mentais e físicas de todos os tipos.
9. O que você afirma conscientemente e aceita como verdade se manifestará em sua mente, em seu corpo e nas situações de vida. Afirme o bem e desfrute a alegria de viver.

8
Como obter os resultados que deseja

Nem todas as preces são atendidas. Todo mundo sabe disso. Céticos veem nesse fato prova de que preces não funcionam. O que esquecem é que a prece, para funcionar, tem que ser feita eficazmente, com compreensão clara de seus fundamentos científicos. Só então saberemos por que uma dada prece não produziu efeitos e descobriremos um método prático para torná-la mais eficaz.

E se você descobre que as preces não são atendidas da forma que deseja? O que fazer, então? Você precisa compreender as principais razões de tal fracasso. E elas são: falta de confiança e esforço excessivo. Muitas pessoas bloqueiam o atendimento da prece porque não compreendem claramente o funcionamento da mente subconsciente. Quando sabe como ela funciona, você desenvolve confiança.

Você tem que se lembrar de que, em todas as ocasiões em que aceita uma ideia, a mente subconsciente começa imediatamente a executá-la. Com esse objetivo, utiliza todos os poderosos recursos de que dispõe. Esta lei aplica-se, porém, não só às boas, mas também às más ideias. Em consequência, se você usa negativamente o subconsciente, ele lhe trará problemas, fracassos e confusão. Se o faz construtivamente, pode contar com orientação, liberdade de ação e paz de espírito.

A resposta correta é inevitável quando seus pensamentos são positivos, construtivos e generosos. Disso se segue, obviamente, que a única coisa que você tem que fazer para evitar o fracasso é conseguir que o subconsciente aceite sua ideia ou pedido. Sinta-lhes a realidade neste momento e a lei da mente fará o resto. Acreditando e confiando, transfira o pedido ao subconsciente, que assumirá o trabalho e o atenderá.

Você, no entanto, fracassará em todas as ocasiões em que tentar forçar o subconsciente a fazer alguma coisa. Os resultados que deseja vão se tornar mais distantes, e não mais próximos. O subconsciente não se dobra à coerção mental. Ele age devido à sua fé ou aceitação de uma ideia pela mente consciente.

O fracasso na obtenção de resultados pode ocorrer pelo fato de você fazer mentalmente afirmações como as seguintes:

- As coisas estão piorando.
- Não vou jamais obter resposta.
- Não vejo solução para isso.
- Não tem jeito.
- Não sei o que fazer.
- Estou muito confuso.

Se faz essas afirmações, nenhuma resposta ou cooperação vai receber do subconsciente. Tal como o soldado marcando passo, você nem vai para a frente nem para trás. Em outras palavras, você não vai a lugar nenhum.

Imagine que entra num táxi e dá ao motorista uma meia dúzia de endereços diferentes. Ele ficará inteiramente confuso. E pode recusar-se a fazer a corrida. Mesmo que ele tente seguir as instruções, as probabilidades são de que não conseguirá. Onde você acabaria por chegar é puramente especulativo.

O mesmo acontece quando você trabalha com os poderes imensos do subconsciente. Você precisa ter uma ideia bem clara em mente. Tem que chegar à certeza de que há um jeito, uma solução para o irritante problema da doença. Mas só a inteligência infinita do subconsciente sabe a resposta. Quando, na mente consciente, você chega a uma conclusão clara, você se decide, e *segundo tua crença, assim se fará.*

VÁ COM CALMA

O proprietário de uma casa cujo sistema de aquecimento pifou durante um período de frio intenso chamou um mecânico para consertá-lo. O homem chegou imediatamente. Meia hora depois, o sistema funcionava com perfeição. E ele apresentou a conta: 200 dólares.

– O quê! – exclamou chocado o dono da casa. – Você não demorou quase nada para consertá-lo! Tudo que você fez foi substituir uma pequena peça. Como é que tem coragem de me cobrar 200 dólares por uma pequena peça que não pode custar mais de 5?

O mecânico encolheu os ombros.

– Só lhe cobrei 2 dólares pela peça nova – disse. – É isso o que vou pagar por ela.

O dono da casa sacudiu a conta diante do nariz do mecânico.

– Dois dólares! – berrou. – Aqui diz 200!

– Isso mesmo – confirmou o mecânico. – Os outros 198 são por eu saber o que estava errado e como consertá-lo.

A mente consciente é o mecânico mestre, o sabe-tudo. Ela conhece os meios e processos para curar qualquer órgão de seu corpo. Afirme saúde, e o subconsciente saberá o que fazer, mas fazer isso de modo relaxado é fundamental. "Vá com calma."

Não crie casos para si mesmo, pensando em detalhes e meios. Decida-se sobre o resultado que deseja. Desperte em si mesmo a sensação de que há uma solução ótima para seu problema, seja ele de saúde, finanças ou relacionamentos pessoais. Lembre-se de como se sentiu após uma doença grave. Não esqueça que a emoção que sente é o detonador de todas as atividades do subconsciente. A ideia daquilo que deseja deve ser sentida subjetivamente, como algo pronto e acabado, não como algo que talvez aconteça no futuro, mas que está realmente ocorrendo, neste momento.

USE A IMAGINAÇÃO, NÃO A FORÇA DE VONTADE

Obter a cooperação dos poderes do subconsciente não é a mesma coisa que empurrar um obstáculo. Fazer mais força não vai produzir melhores resultados. Em vez disso, visualize o objetivo como atingido e o estado de satisfação que ele produz. Vai descobrir que o intelecto tenta interferir, esforça-se para descobrir maneiras de resolver o problema e impô-las ao subconsciente.

Resista. Esqueça sua habilidade intelectual na solução de problemas. Insista em manter aquela fé simples, infantil, que produz milagres. Imagine-se sem a doença ou o problema. Imagine a satisfação emocional de bem-estar na situação que deseja. Elimine do processo todas as complicações. A maneira simples é a melhor.

A IMAGINAÇÃO DISCIPLINADA PRODUZ MARAVILHAS

Uma maneira maravilhosa de obter resposta do subconsciente é pela imaginação disciplinada, ou científica. Conforme ressaltamos, o subconsciente é o arquiteto e o construtor do corpo. E lhe controla todas as funções vitais.

Diz a Bíblia: *E tudo quanto pedirdes em oração, crendo, recebereis.* Crer é aceitar algo como verdadeiro, viver no estado de crença. Mantendo esse estado de espírito, você desfrutará a alegria da prece atendida.

OS TRÊS PASSOS PARA SUCESSO NA ORAÇÃO

A oração bem-sucedida requer três passos básicos:

1. Reconheça ou admita o problema.
2. Transfira o problema para a mente subconsciente, a única que conhece a solução mais eficaz ou a maneira de resolvê-lo.
3. Relaxe, com a convicção profunda de que já obteve o que pediu.

Dúvidas e hesitação nada mais fazem do que enfraquecer a prece. Jamais diga a si mesmo: "Como eu gostaria de ser curado" ou "Tomara que isso funcione". O sentimento sobre o que vai ser feito é o que dá o tom. A harmonia é sua. Convença-se de que terá saúde.

Você se torna eficiente ao transformar-se em veículo do poder curador infinito da mente subconsciente. Com convicção total, transfira a ideia de saúde ao subconsciente. Em seguida, relaxe. Entregue-se ao poder que ele possui. E diga ao estado ou circunstância em que se encontra: "Isso também passará!" Por meio do relaxamento e da convicção, você impregna a mente subconsciente. Com isso, a energia cinética que existe por trás da ideia assume o comando e a manifesta como realidade concreta.

VOCÊ PODE CONSEGUIR O OPOSTO DAQUILO POR QUE REZA

As palestras de Emile Coué, célebre psicólogo francês, granjearam-lhe um sem-número de admiradores nos Estados Unidos. Em um de seus insights mais importantes, ele disse o seguinte:

Quando desejos e imaginação estão em conflito, a imaginação, invariavelmente, vence.

Ele dava a esse fato o nome de lei do esforço contraproducente.

Vamos supor que lhe pedissem que passasse por cima de uma estreita prancha no nível do chão. Você faria isso com a maior facilidade, sem a menor dúvida. Agora, suponhamos que a mesma prancha se encontrava a 7 metros de altura, entre duas paredes. Você poderia fazer o mesmo? *Poderia, mesmo?*

Provavelmente, não. O desejo de cruzar a prancha entraria em conflito com a imaginação. Você se imaginaria caindo e se esborrachando no chão. Você poderia *querer* muito atravessar a prancha, mas o medo de cair o impediria de fazer isso. Quanto mais esforço para dominar ou reprimir a imaginação, maior força você daria à ideia dominante da queda.

O pensamento "Vou usar minha força de vontade para vencer o fracasso" reforça o pensamento de fracasso. O esforço mental, frequentemente, leva à derrota autoimposta, criando o oposto do desejado. Focalizar-se na necessidade de usar força de vontade implica enfatizar a condição de impotência. É como você resolver que vai fazer tudo que puder para não pensar num hipopótamo verde. A decisão torna dominante na mente a ideia do hipopótamo verde e o subconsciente responde mais à ideia dominante. O subconsciente aceita a mais forte de duas proposições contraditórias.

Você, quem sabe, descobre que pensa o seguinte:

- Eu quero cura. Por que não posso consegui-la?
- Eu me esforço tanto. Por que não consigo resultados?
- Tenho que me obrigar a rezar com mais determinação.
- Preciso usar toda a força de vontade que tenho.

Você precisa compreender onde está o erro. Você está se esforçando demais! Jamais tente obrigar o subconsciente a aceitar uma ideia usando de força de vontade. Essas tentativas estão condenadas ao fracasso. Na maioria das vezes, você termina obtendo o oposto daquilo pelo que rezou. A ausência de esforço é o melhor caminho.

Já lhe aconteceu alguma coisa como as seguintes? Você vai submeter-se a algum tipo de exame. Investiu muito tempo estudando e recapitulando a matéria. Acha que a assimilou bem. Mas quando olha para a folha em branco da prova descobre que sua mente ficou ainda mais branca. Tudo que você sabia sobre o assunto sumiu. Não consegue recordar nem um único pensamento relevante. Trinca os dentes e convoca toda a sua força de vontade; porém, quanto mais se esforça, mais parece que o conhecimento se afasta.

Frustrado, você deixa a sala. Diminui a pressão mental. De repente, as respostas que andou procurando com tanto desespero, minutos antes, fluem provocadoras em sua mente. Você disse a si mesmo que sabia a matéria e, era um fato... mas não quando precisou dela. O erro que cometeu foi tentar forçar-se a lembrar. De acordo com a lei do esforço contraproducente, essa atitude levou não ao sucesso, mas ao fracasso. O que conseguiu foi o oposto daquilo por que pediu ou orou.

O CONFLITO ENTRE DESEJO E IMAGINAÇÃO PRECISA SER RESOLVIDO

Usar de força mental ou força de vontade pressupõe a existência de oposição. O ato de imaginar oposição, porém, cria oposição. Se você se concentra na obtenção daquilo que deseja, não se concentra mais nos *meios* para torná-lo realidade.

A esse propósito, diz a Bíblia:

Se dois dentre vós, sobre a terra, concordarem a respeito de qualquer coisa que porventura pedirem, ser-lhes-á concedida por meu Pai que está no céu. (Mateus 18:19)

Quem são esses dois de quem fala a Bíblia? Eles representam a união, ou acordo harmonioso, entre o consciente e o subconsciente no que interessa a qualquer ideia, desejo ou imagem mental. Se não houver conflito entre as diferentes partes da mente, sua prece será atendida. Os dois que concordam podem representar também você e seu desejo, pensamento e sentimento, ideia e emoção, desejo e imaginação.

Evitamos todo conflito entre desejo e imaginação entrando em um estado passivo, sonolento, que reduz o esforço ao mínimo. Na maior parte, a mente consciente submerge quando caímos em estado de sonolência. E a melhor maneira de impregnar o subconsciente é imediatamente antes de dormir. A razão disso é que o mais alto afloramento do subconsciente ocorre imediatamente antes de dormir e pouco depois de acordarmos. Nesse estado, os pensamentos e imagens negativos, que tendem a neutralizar nossos desejos e impedir sua aceitação pelo subconsciente, estão ausentes. Quando imaginamos como atendido o desejo e sentimos a emoção da vitória, o subconsciente providencia para transformá-lo em realidade.

Muitas pessoas resolvem seus dilemas e problemas recorrendo à imaginação controlada, dirigida, disciplinada. Elas sabem que tudo que imaginam e sentem como verdade *terá* que acontecer, e *acontecerá*.

Uma moça chamada Shara G. procurou-me, à beira do desespero. Estava metida em um demorado e complicado processo judicial, com adiamentos sucessivos, sem nenhuma luz no fim do túnel. O que ela mais desejava era uma solução amigável do litígio. Suas imagens mentais, contudo, transbordavam de fracasso, perda, falência e impotência. A imaginação prevaleceu sobre o desejo e o processo judicial arrastou-se, sem sinal de solução.

Por sugestão minha, Shara colocava-se em um estado sonolento, passivo, sempre que ia dormir, e, em seguida, passava a imaginar o melhor resultado possível para o problema. Tanto quanto podia, mergulhava em um estado de expectativa confiante. Sabia que a imagem que formasse na mente teria que concordar com o desejo de seu coração.

Entrando em estado de sonolência, começou a imaginar, com tanta clareza quanto possível, um encontro com seu advogado, depois de resolvido o caso. Ouviu-se perguntando sobre o resultado e escutando-lhe as explicações. E ele repetiu um grande número de vezes: "O caso foi resolvido de modo amigável. Foi uma solução que agradou a todos."

Durante o dia, quando lhe surgiam na mente pensamentos de medo, ela voltava a imaginar o encontro com o advogado, completo, com palavras e gestos. Visualizava o sorriso do advogado, os maneirismos dele, o tom da voz, as palavras exatas usadas por ele. Fazia isso com tanta frequência, com tanta fidelidade ao roteiro, que os medos eram combatidos antes mesmo de tentarem aflorar à mente.

Ao fim de algumas semanas, o advogado ligou e confirmou o que ela estivera imaginando e sentindo como realidade. O processo judicial fora resolvido e ela teve certeza de que a solução era harmoniosa e que podia aceitá-la.

E foi isso realmente o que o salmista quis dizer quando escreveu:

> As palavras dos meus lábios [seus pensamentos e imagens mentais] e o meditar de meu coração [seus sentimentos, natureza, emoção] sejam agradáveis na tua presença, Senhor, rocha minha e Redentor meu [o poder e a sabedoria do subconsciente, que pode redimi-lo da doença, da dependência e da pobreza]. (Salmos 19:14)

IDEIAS QUE VALE A PENA RECAPITULAR

1. A coerção mental ou o excesso de esforço representam a ansiedade e o medo que bloqueiam o atendimento de sua prece. Vá com calma.
2. Quando a mente está relaxada e aceita uma ideia, o subconsciente começa a trabalhar para transformá-la em realidade.
3. Pense e planeje ignorando os métodos tradicionais. Saiba que sempre há uma resposta e solução para todos os problemas.
4. Não se preocupe demais com as batidas do coração, o fluxo respiratório ou as funções dos órgãos do corpo. Confie no subconsciente e diga com frequência que a ação divina certa está ocorrendo.
5. Sentir-se sadio promove saúde e sentir-se rico promove riqueza. E você, como se sente?
6. A imaginação é sua faculdade mais poderosa. Imagine o que é belo e saudável. Você é o que imagina ser.
7. Evitamos conflito entre o consciente e o subconsciente quando entramos em estado de sonolência. Antes de ir dormir, imagine repetidamente a concretização de seus desejos. Durma bem e acorde alegre.

9

Como usar o poder de seu subconsciente para adquirir riqueza

Se você está tendo dificuldades financeiras, se está tentando fazer com que o dinheiro chegue até o fim do mês, isso significa que não convenceu o subconsciente de que sempre teve muito, e algum de sobra. Você, certamente, conhece homens e mulheres que trabalham umas poucas horas por semana e ganham somas fabulosas. Eles não se esforçam nem se escravizam no trabalho. Não acredite nessa balela de que a única maneira de enriquecer é suando a camisa e fazendo calos nas mãos. Não é nada disso. O estilo de vida descansado é o melhor. Faça as coisas que adora fazer e faça-as pelo prazer e pela emoção que lhe despertam.

Conheço um executivo em Los Angeles que ganha na casa das centenas de milhares de dólares. No ano passado, embarcou em um cruzeiro de nove meses para conhecer os lugares mais lindos do mundo. Disse-me que convenceu o subconsciente de que vale todo dinheiro que ganha. E acrescentou que, na empresa onde trabalha, há pessoas que, embora conhecendo muito mais sobre negócios, ganham apenas um décimo do que ele recebe e, com toda probabilidade, poderiam ganhar muito mais. Elas, contudo, não têm ambição nem geram ideias criativas. E tampouco se interessam pelas maravilhas da mente subconsciente.

A RIQUEZA ESTÁ NA MENTE

A riqueza, em última análise, nada mais é do que uma convicção subconsciente de parte do indivíduo. Você não vai tornar-se milionário dizendo "Eu sou milionário, eu sou milionário". Você desenvolverá consciência de riqueza, sim, impregnando a mente com a ideia de riqueza e prosperidade.

SEUS MEIOS DE SUSTENTO INVISÍVEIS

O problema com a maioria das pessoas é que elas não têm meios de sustento invisíveis. Quando os negócios desaparecem, o mercado de capitais entra em baixa ou sofre prejuízos em seus investimentos, parece que elas se tornam impotentes. O motivo de tal insegurança é que elas não sabem como explorar os recursos da mente subconsciente. Desconhecem por completo o tesouro inesgotável que têm dentro de si.

O indivíduo com mentalidade de pobre vive na pobreza. Outro, com a mente transbordante de ideias de riqueza, tem em volta de si tudo de que necessita. Nós nunca fomos condenados a levar uma vida de indigentes. Podemos ter riqueza, ter tudo de que precisamos e ainda ter sobra. As palavras têm o poder de nos purificar a mente de ideias errôneas e, em lugar delas, instilar outras, certas.

O MÉTODO IDEAL PARA CONSTRUIR CONSCIÊNCIA DE RIQUEZA

Enquanto lê este capítulo, você talvez esteja dizendo a si mesmo: "Eu preciso de riqueza e sucesso na vida." O que você deve fazer é o seguinte: durante uns cinco minutos, duas ou três vezes por dia, repita para si mesmo: "Riqueza. Sucesso." Essas palavras possuem um poder tremendo. E representam o poder interior da mente subconsciente. Ancore a mente nesse poder enorme que existe em você. Em seguida, as situações e circunstâncias correspondentes à natureza e qualidade das mesmas se manifestarão em sua vida. Você não está dizendo "Eu sou rico", está usando poderes autênticos que existem em você. Não há conflito em sua mente quando diz "riqueza". Além do mais, o sentimento de riqueza brotará dentro de você enquanto contemplar a ideia de riqueza.

O sentimento de riqueza produz riqueza. Mantenha sempre esse fato em mente. O subconsciente é como um banco, um tipo de instituição financeira universal. Capitaliza tudo que você nela deposita ou grava, seja a ideia de riqueza ou de pobreza. Escolha riqueza.

POR QUE FRACASSAM SUAS AFIRMAÇÕES SOBRE RIQUEZA

Ao longo de todos esses anos venho conversando com um bocado de pessoas, e ouço sempre a queixa habitual: "Durante semanas e meses repeti 'Sou rico, sou próspero', e nada aconteceu." É porque, quando diziam "Sou rico, sou próspero", elas achavam, bem no íntimo, que estavam mentindo para si mesmas.

Certa pessoa me disse: "Afirmei que sou um homem próspero até ficar morto de cansado. As coisas agora estão ainda piores. Eu sabia, quando fiz a afirmação, que, obviamente, não era verdade." Suas afirmações foram rejeitadas pela mente consciente e o oposto daquilo que ela afirmava e proclamava transformou-se em realidade.

A afirmação tem mais probabilidade de sucesso se é específica e se não gera conflito mental ou contestação. A afirmação feita por esse homem tornou as coisas ainda piores porque sugeria o estado de carência em que se encontrava. O subconsciente aceita o que realmente aceitamos como verdade, não apenas palavras ou declarações fantasiosas. A ideia, ou crença, dominante é sempre aceita pelo subconsciente.

COMO EVITAR CONFLITO MENTAL

A maneira ideal de superar esse conflito, nos casos dos que encontram dificuldades, é: faça com frequência a declaração prática seguinte, de preferência antes de dormir: "Dia e noite estou sendo ajudado em todos os meus interesses." Essa afirmação não provocará dúvida, porque não desmente a impressão, gravada em sua mente subconsciente, de falta de meios financeiros.

A um empresário, cujas vendas e finanças tinham entrado em queda acentuada e que estava extremamente preocupado, sugeri que se sentasse em seu escritório, relaxasse o corpo e repetisse várias vezes a seguinte afirmação: "Minhas vendas estão melhorando todos os dias." A afirmação obteve a cooperação das mentes consciente e subconsciente, e disso se seguiram bons resultados.

NÃO ASSINE CHEQUES EM BRANCO

Você assina cheques em branco quando faz declarações como "Não tenho o suficiente para o que eu quero", "Estou numa pior", "Vou perder a casa, porque não posso pagar a hipoteca" e assim por diante. Se está cheio de medo sobre o futuro, está também assinando um cheque em branco e atraindo condições negativas. A mente consciente aceita seu medo e declarações negativas como um pedido e começa, à sua própria maneira, a criar obstáculos, demoras, carências e limitações em sua vida.

A MENTE SUBCONSCIENTE LHE PAGA JUROS COMPOSTOS

Àquele que tem sentimento de riqueza, mais riqueza lhe será dada; àquele que tem sentimento de pobreza, mais pobreza lhe será dada. O subconsciente multiplica e amplia tudo que nele você deposita. Todas as manhãs, ao despertar, deposite pensamentos de prosperidade, sucesso, riqueza e paz. Demore-se pensando nesses conceitos. Com tanta frequência quanto puder, ocupe com eles a mente. Esses pensamentos construtivos se transformarão em depósitos na mente subconsciente e lhe trarão abundância e prosperidade.

POR QUE NADA ACONTECEU?

Posso ouvi-lo dizer: "Oh, eu fiz isso e nada aconteceu." Você não conseguiu resultados porque se entregou a pensamentos de medo, talvez uns dez minutos depois, e neutralizou o que de positivo havia afirmado. Quando planta uma semente no solo, você não a desenterra mais tarde durante o dia. Tem que deixar que ela lance raízes e cresça.

Suponhamos, por exemplo, que você esteja prestes a dizer "Eu não vou conseguir fazer esse pagamento". Antes de ir mais longe do que "Eu não vou...", pare. Mude a frase para uma afirmação construtiva, como "Eu vou prosperar em todas as minhas atividades".

A VERDADEIRA ORIGEM DA RIQUEZA

À mente subconsciente jamais faltam ideias. Nela há um número infinito de ideias prontas para aflorar à mente consciente e se transformar, de maneiras incontáveis, em dinheiro no bolso. Esse processo continuará a ocorrer em sua mente, pouco importando se a Bolsa sobe ou desce ou se cai o valor do dólar ou da libra esterlina. Sua riqueza jamais depende realmente de títulos, ações ou dinheiro no banco. Essas coisas são apenas símbolos – necessários e úteis, mas apenas símbolos.

O ponto que quero enfatizar é que, se você convence a mente subconsciente de que tem riqueza e que ela está sempre circulando em sua vida, você sempre, inevitavelmente, a terá, qualquer que seja a forma que ela tome.

A DIFICULDADE DE TENTAR QUE O DINHEIRO DURE ATÉ O FIM DO MÊS E A VERDADEIRA CAUSA

Muitas pessoas dizem que vivem sempre tentando chegar até o próximo salário. Enfrentam a maior dificuldade para pagar dívidas. Já prestou atenção no que dizem? Em muitos casos, a conversa delas é mais ou menos assim: criticam sem cessar os que tiveram sucesso na vida e que se destacaram na multidão. Talvez, com isso, estejam querendo dizer: "Oh, aquele cara deve andar fazendo alguma maracutaia. Ele não respeita ninguém. É um lalau."

E é por esse motivo que nada têm. Condenam sem cessar as coisas que dizem desejar e querer. Criticam os mais prósperos, porque os invejam e lhes cobiçam a prosperidade. A maneira mais fácil de fazer a riqueza bater asas e voar para longe é criticar e condenar os que são mais ricos do que você.

UMA PEDRA COMUM NO CAMINHO DA RIQUEZA

Há uma única emoção que causa a pobreza na vida de muitas pessoas. E a maioria a descobre a duras penas. É a inveja. Se você vê um concorrente depositar grandes somas no banco e só tem apenas uns caraminguás para depositar, esse fato torna-o invejoso? A maneira de superar tal emoção consiste em dizer a si mesmo: "Que maravilha! Estou contente com a prosperidade desse homem. Quero que ele seja cada vez mais rico."

É devastador abrigar pensamentos de inveja, porque o fato coloca-o em uma posição negativa. E por isso mesmo a riqueza corre para longe e não para perto de você. Se você fica aborrecido ou irritado com a prosperidade ou a riqueza de outra pessoa, diga imediatamente que lhe deseja a maior riqueza possível. Dessa maneira, você neutralizará os pensamentos negativos e fará com que a riqueza flua em sua direção, de acordo com a lei do subconsciente.

ELIMINANDO UM GRANDE BLOQUEIO MENTAL À RIQUEZA

Se descofia que alguém está enriquecendo desonestamente e isso deixa-o preocupado ou desgostoso, pare de aborrecer-se. Se suas suspeitas são corretas, saiba que tal pessoa está usando negativamente a lei da mente. No devido tempo, a lei cuidará dela. Tenha cuidado de não criticá-la, pelas razões antes explicadas. Lembre-se: o bloqueio, ou obstáculo, à riqueza está em sua própria mente. Agora você pode destruir essa pedra mental. Faça isso dando-se bem mentalmente com todas as pessoas.

DURMA E ENRIQUEÇA

Quando for dormir hoje à noite, pratique a técnica seguinte: repita a palavra "Riqueza", calmamente, tranquilamente, com sentimento. Faça isso repetidas vezes, como se estivesse cantarolando uma canção de ninar. Acalente-se para dormir com esta única palavra: "Riqueza." E vai ficar espantado com o resultado. A riqueza deve correr para você em avalanches de abundância. Esse é outro exemplo do poder mágico da mente subconsciente.

USE EM SEU PRÓPRIO BENEFÍCIO OS PODERES DA MENTE

1. Resolva enriquecer da maneira fácil, com a ajuda infalível da mente subconsciente.
2. Tentar acumular riqueza com o suor do rosto e trabalho árduo é a maneira de tornar-se o homem mais rico do cemitério. Você não tem que se matar ou viver como escravo.
3. Riqueza é uma convicção subconsciente. Grave na mente a ideia de riqueza.
4. O problema com a maioria das pessoas é que elas não têm meios invisíveis de sustento.
5. Repita a palavra "riqueza" devagar e tranquilamente durante cinco minutos antes de dormir e o subconsciente dará um jeito de levar riqueza à sua porta.
6. A sensação de riqueza produz riqueza. Mantenha em mente esse fato, o tempo todo.
7. As mentes consciente e subconsciente têm que concordar. O subconsciente aceitará o que você considerar verdade. A ideia dominante é sempre aceita pelo subconsciente. E ela deve ser de riqueza, não de pobreza.
8. Você pode superar qualquer conflito mental relativo à riqueza afirmando com frequência para si mesmo: "Todos os dias estou prosperando em todos os meus interesses."
9. Aumente suas vendas repetindo numerosas vezes a afirmação: "Minhas vendas estão melhorando todos os dias. Estou progredindo, progredindo e ficando mais rico a cada dia."
10. Pare de assinar cheques em branco, tais como "Não tenho dinheiro suficiente para minhas necessidades", "Não tenho nada que quero" e assim por diante. Essas afirmações reforçam e multiplicam suas perdas.
11. Na mente subconsciente, deposite pensamentos de prosperidade, riqueza e sucesso, e mais tarde vai recebê-los de volta, com juros compostos.

12. O que você mentalmente afirma não deve, de maneira alguma, negar momentos depois. Essa atitude neutralizará o bem que você afirmou.
13. A verdadeira origem do sucesso está nas ideias que temos em mente. Você pode conceber uma ideia que vale 1 milhão de dólares. O subconsciente lhe dará a ideia que procura.
14. Inveja e ciúme são obstáculos no caminho da riqueza. Alegre-se com a prosperidade do próximo.
15. O bloqueio à riqueza está em sua própria mente. Destrua agora mesmo esse obstáculo, fazendo mentalmente as pazes com todas as pessoas.

10
Seu direito de ser rico

Você tem o direito de ser rico. Está aqui para levar uma vida próspera e feliz, radiante, livre. Deve, por conseguinte, possuir todo o dinheiro de que necessita para levar uma vida plena, feliz e próspera.

Você está aqui para crescer, expandir-se e desenvolver-se espiritual, mental e materialmente. Cabe-lhe o direito inalienável de desenvolver e expressar todas as suas potencialidades. E um aspecto importante desse direito é o poder, se assim resolver, de cercar-se de beleza e luxo.

Por que ficar satisfeito com apenas o suficiente para sobreviver, quando pode desfrutar as riquezas da mente subconsciente? Neste capítulo você vai aprender a se tornar amigo do dinheiro. Uma vez feito isso, terá sempre tudo que precisar, e ainda mais. Não permita que alguém lhe desperte dúvidas ou o envergonhe do desejo de ser rico. No seu nível mais profundo, esse é o desejo de uma vida mais plena, mais feliz, mais maravilhosa. É uma ânsia cósmica. E não é apenas boa, mas ótima.

DINHEIRO É SÍMBOLO

O dinheiro é um símbolo de troca. Para você, não só símbolo de ausência de privação de coisas, mas de beleza, refinamento, prosperidade e luxo. E também um símbolo da saúde econômica da nação. Quando o sangue circula livremente por seu corpo, você é sadio. Com o dinheiro correndo livre em sua vida, você é economicamente sadio. Já quando o homem começa a entesourar dinheiro, guardá-lo em latas e se encher de medo de perdê-lo, ele se torna economicamente doente.

Como símbolo, o dinheiro assumiu numerosas formas através dos séculos. Quase tudo em que você possa pensar serviu como dinheiro em algum lugar ou época na história – ouro e prata, claro, mas também sal, contas de colares e berloques de todos os tipos. Nos tempos antigos, a riqueza era frequentemente determinada pelo número de ovelhas e cabeças de gado que alguém possuía. Hoje, usamos moeda e instrumentos negociáveis. E uma das razões disso é óbvia. É muito mais cômodo preencher um cheque do que rebocar bois para pagar contas.

COMO PERCORRER A ESTRADA REAL PARA A RIQUEZA

Uma vez compreendidos os poderes do subconsciente, você tem a seu alcance o mapa da mina para riquezas de todos os tipos – espiritual, mental e financeira. Quem se deu ao trabalho de aprender as leis da mente acredita, e sabe com certeza, que nada lhe faltará. Quaisquer que sejam as crises econômicas, oscilações das Bolsas de Valores, recessões, greves, inflação galopante ou mesmo guerras, ele estará sempre bem provido.

A razão é que transmitiu a ideia de riqueza à mente subconsciente. Como resultado, o subconsciente fornece-lhe tudo que possa desejar. Ele se convenceu de que o dinheiro fluirá sempre em sua vida e que terá sempre à disposição um excedente maravilhoso. Como ele resolve, assim será. Se houver amanhã um colapso financeiro e tudo que possuir perder valor, ele ainda atrairá novas riquezas. Sairá confortavelmente da crise e provavelmente até ganhará com ela.

POR QUE VOCÊ NÃO TEM MAIS DINHEIRO?

Ao ler este capítulo, talvez você pense: "Eu mereço uma renda maior do que a atual." Na minha opinião, isso se aplica à maioria das pessoas. Elas realmente merecem ganhar mais dinheiro – mas não é provável que consigam isso. Uma das razões por que não o ganham é que, por dentro ou abertamente, o condenam. Referem-se a ele como "lucro sujo". Dizem a filhos e amigos que "o amor ao dinheiro é a origem de todo mal". Juntamente com essa razão para não prosperar há outra, um sentimento subconsciente, sorrateiro, de que a pobreza encerra alguma virtude especial. Esse molde subconsciente talvez tenha origem em educação recebida na infância ou, quem sabe, baseia-se em falsa interpretação das Escrituras.

DINHEIRO E VIDA EQUILIBRADA

Certa vez uma pessoa me procurou e disse: "Estou quebrado. Mas tudo bem. Eu não gosto de dinheiro. O dinheiro é a origem de todo mal." Essas palavras traduzem o pensamento de uma mente confusa, neurótica. Amor ao dinheiro com exclusão de tudo o mais o levará a um estado assimétrico, desequilibrado. Você está aqui para usar sabiamente seu poder ou autoridade. Algumas pessoas anseiam por poder, enquanto outras, por dinheiro.

Se põe o coração exclusivamente no dinheiro e diz: "Dinheiro é tudo que quero. Vou me concentrar em juntar dinheiro. Nada mais tem importância", você poderá ganhá-lo e acumular uma fortuna, mas a que custo! Você esqueceu que está aqui para levar uma vida equilibrada. E precisará saciar também a fome de paz de espírito, harmonia, amor, alegria e saúde perfeita.

Transformar dinheiro em objetivo único é uma opção errônea. Você, quem sabe, pensou que isso era tudo que queria, mas depois de tanto esforço acabou por descobrir que o dinheiro não era tudo de que necessitava. Ninguém em seu leito de morte deseja poder ter dedicado mais tempo a juntar dinheiro! Você deseja também expressar autenticamente seus talentos ocultos, ocupar seu verdadeiro lugar na vida, desfrutar a beleza e a alegria de contribuir para o bem-estar e o sucesso do próximo. Ao aprender as leis da mente subconsciente, você pode ter um ou muitos milhões de dólares, se é isso que deseja, e ainda ter paz de espírito, harmonia, saúde perfeita e expressar de modo perfeito a pessoa que é.

A POBREZA É UMA DOENÇA MENTAL

Não há virtude na pobreza. A pobreza é uma doença, como qualquer outra doença mental. Se você está fisicamente doente, sabe que há alguma coisa errada com seu corpo. Procura ajuda e tenta curar-se logo. Da mesma maneira, se o dinheiro não circula livre e constantemente em sua vida, há alguma coisa radicalmente errada com você.

A ânsia do princípio vital existente em você é de crescimento, expansão e uma vida mais rica. Você não está aqui para viver em uma choupana, vestir farrapos e passar fome. Seu direito é o de ser feliz, próspero e bem-sucedido na vida.

A RAZÃO POR QUE VOCÊ NUNCA DEVE CRITICAR O DINHEIRO

Purifique a mente de todas as crenças extravagantes e supersticiosas sobre dinheiro. Jamais o considere como mau ou sujo. Se você fizer isso, vai fazer também com que ele bata asas e voe para longe. Lembre-se de que você perde o que condena. Você não pode atrair aquilo que critica.

ADOTANDO A ATITUDE CORRETA EM RELAÇÃO AO DINHEIRO

Vejamos uma técnica simples, que você pode usar para multiplicar o dinheiro em sua vida. Várias vezes por dia, faça a seguinte afirmação:

> Gosto de dinheiro. Eu o adoro. Eu o uso de forma sábia, construtiva e sensata. O dinheiro circula constantemente em minha vida. Eu o gasto com alegria, e ele me volta multiplicado, de uma maneira maravilhosa. Dinheiro é bom, muito bom. O dinheiro flui através de mim em avalanches de abundância. Só o uso para o bem, sou grato pelo bem que ele me faz e pelas riquezas de minha mente.

COMO O CIENTISTA CONSIDERA O DINHEIRO

Suponhamos que você descobre no solo um rico veio de ouro, prata, chumbo, cobre ou ferro. Você diria que essas coisas são más? Claro que não! Todo mal tem origem na concepção deformada, na ignorância, na falsa interpretação da vida feita pela humanidade e pelo abuso a que submetemos a mente subconsciente.

Desde que o dinheiro é simplesmente um símbolo, poderíamos com igual facilidade usar chumbo, estanho ou algum outro metal como meio de troca. Na primeira parte do século XX, as moedas de 10 e 25 cents americanas eram feitas de prata. Em certas ocasiões, continham o equivalente a 10 ou 25 cents de prata. Em seguida, o governo começou a cunhá-las em metal mais barato. O valor de um quarto de dólar, porém, continua a ser de 25 cents, mesmo que o metal usado na moeda valha muito menos do que isso.

O físico lhe dirá que a única diferença entre um metal e outro é o tipo e número de partículas elementares nos átomos que os constituem. Se dirigirmos um feixe de partículas para um bloco de um dado metal, poderemos transmutá-lo em outro. O antigo sonho dos alquimistas de produzir ouro com metais baixos está agora ao nosso alcance. Mas e daí? Ouro nem é melhor nem pior do que chumbo. São substâncias diferentes, com propriedades diferentes, só isso. Só porque durante um longo período da história foi considerado especialmente precioso é que amamos mais – ou odiamos – o ouro do que o chumbo.

COMO ATRAIR O DINHEIRO DE QUE VOCÊ PRECISA

Há muitos anos conheci na Austrália um rapaz que me disse que seu maior sonho era ser médico. Estava tendo aulas de ciências e se saindo brilhantemente, mas não tinha recursos para cursar uma escola de medicina. Órfão de ambos os pais, ganhava a vida como faxineiro em consultórios de médicos no anexo do hospital. Expliquei-lhe que a semente plantada atrai tudo de que necessita para se desenvolver. Tudo o que ele tinha que fazer era aprender a lição da semente e plantar a necessária ideia na mente subconsciente.

Todas as noites, antes de dormir, o rapaz visualizava um diploma de médico com seu nome em letras grandes, em negrito. Descobriu que era fácil criar uma imagem nítida, detalhada, do diploma. Parte de seu trabalho consistia em espanar e polir os diplomas emoldurados pendurados nas paredes dos consultórios. E examinava-os bem enquanto os limpava.

Durante quatro meses, insistiu nessa técnica de visualização. Certo dia, um dos médicos para quem prestava serviço de faxina perguntou-lhe se gostaria de tornar-se enfermeiro. O médico pagou as despesas de um programa de treinamento, no qual ele aprendeu uma grande variedade de procedimentos que o habilitaram para o emprego de enfermeiro. O médico ficou tão impressionado com o brilhantismo e espírito de determinação do rapaz que mais tarde ajudou-o financeiramente a cursar a faculdade de medicina. Hoje, esse rapaz é um médico ilustre em Montreal, Canadá.

O jovem teve sucesso porque aprendeu a lei da atração. Descobriu como usar de maneira correta a mente subconsciente, o que implicou usar uma antiquíssima lei, que diz: "Tendo visualizado claramente o alvo, você, com a vontade, cria os meios para atingi-lo." O objetivo, nesse caso, era ser médico. O rapaz conseguiu imaginar, ver e sentir a realidade de ser médico. Viveu com essa ideia. Sustentou-a, alimentou-a, amou-a. Finalmente, por meio de visualização, a ideia penetrou nas camadas profundas de sua mente subconsciente. Transformou-se em convicção. Esta, em seguida, atraiu tudo de que ele necessitava para realizar seu sonho.

POR QUE ALGUMAS PESSOAS NÃO CONSEGUEM AUMENTO DE SALÁRIO

Vamos supor que você trabalha para uma grande empresa. E acha que é mal remunerado. Ressente-se do fato de seu valor não ser reconhecido pelos chefes. Constantemente, remói a convicção de que merece salário maior e mais reconhecimento.

Ao colocar-se em oposição mental ao patrão, você corta subconscientemente seus laços com a empresa. E põe um processo em andamento. Chega um dia em que o chefe diz: "Sinto muito, mas vamos ter que dispensá-lo." Em um sentido bem real, você mesmo se dispensou. O chefe agiu simplesmente como instrumento, por meio do qual se confirmou seu próprio estado mental negativo. Esse é mais um exemplo da lei da ação e reação. A ação foi seu pensamento, a reação, a resposta da mente subconsciente.

OBSTÁCULOS E IMPEDIMENTOS NO CAMINHO DA RIQUEZA

Vez por outra, você ouve alguém dizer: "Quem ganha muito dinheiro só pode ser algum tipo de ladrão."

A pessoa que fala – e pensa – dessa maneira sofre geralmente de doença financeira. Talvez se sinta amargurada e tenha inveja de antigos amigos que alcançaram maior sucesso na vida e, nesse momento, possuem mais recursos. Assim, tal pessoa está criando dificuldades para si mesmo. Abrigar pensamentos negativos sobre os amigos e condenar-lhes a riqueza faz com que prosperidade e fartura fujam de você. Você continuaria a ser amigo de alguém que o condena? Claro que não. Tampouco a riqueza faz isso. Na verdade, a pessoa afugenta a própria coisa pela qual reza.

Ela, na verdade, reza de duas maneiras. Por um lado, diz: "Quero riqueza para mim, agora", mas no momento seguinte diz: "A riqueza daquele cara é suja, um nojo." A contradição é uma placa na estrada para a pobreza e o sofrimento. Insista sempre em regozijar-se com a riqueza do próximo.

PROTEJA SEUS INVESTIMENTOS

Se você procura orientação no tocante a investimentos, ou se está preocupado com sua carteira de títulos e ações, diga tranquilamente: "A inteligência infinita dirige e fiscaliza todas as minhas transações financeiras. O que quer que eu faça, terá êxito." Se fizer isso com frequência, com fé e confiança perfeitas, vai descobrir que será orientado a fazer investimentos prudentes. Além disso, será protegido de prejuízos, porque será inspirado a vender títulos ou ações arriscados antes de sofrer qualquer prejuízo.

NINGUÉM CONSEGUE COISAS A TROCO DE NADA

Nas grandes lojas, a direção contrata seguranças e detetives à paisana para evitar furtos. Todos os dias, esses profissionais flagram alguém tentando conseguir alguma coisa a troco de nada. Quem faz isso vive mergulhado em uma atmosfera mental de carência e limitação. Ao tentar roubar, rouba a si mesmo de paz, harmonia, fé, honestidade, integridade pessoal, boa vontade e confiança.

Além disso, as mensagens que envia ao subconsciente lhe atraem todos os tipos de perdas: de caráter, prestígio, status social e paz de espírito. Ele não sabe como a mente funciona. Não acredita na fonte de suprimento. Se ele apenas convocasse mentalmente os poderes do subconsciente e afirmasse que é orientado para manifestá-los de forma autêntica, teria trabalho e opulência. Em seguida, usando de honestidade, integridade e perseverança, iria se tornar motivo de respeito para si mesmo e para a sociedade em geral.

UM SUPRIMENTO ININTERRUPTO DE DINHEIRO

Seu caminho para a liberdade, o conforto e um suprimento constante da necessária riqueza implica reconhecer os poderes da mente subconsciente e o poder criativo de seus pensamentos e imagens mentais. Mentalmente, aceite uma vida de opulência. A aceitação mental e a expectativa de riqueza têm uma matemática e mecânica de expressão próprias. Entrando no modo de opulência, todas as coisas necessárias à vida de riqueza se seguirão.

Que esta seja sua afirmação diária. Grave-a em letras indeléveis no coração:

> Eu sou uno com as riquezas infinitas de minha mente subconsciente. Tenho o direito de ser rico, feliz e bem-sucedido na vida. O dinheiro flui para mim de forma

livre, abundante e incessante. Estou sempre consciente de meu autêntico valor. Compartilho livremente meus talentos e sou maravilhosamente abençoado em termos financeiros. Isso tudo é maravilhoso!

SUBA ESTES DEGRAUS PARA CHEGAR À RIQUEZA

1. Seja ousado o suficiente para proclamar seu direito à riqueza. Sua mente mais profunda honrará essa alegação.
2. Você não vai querer apenas o suficiente para as necessidades mínimas. Vai querer, sim, todo dinheiro necessário para fazer todas as coisas que deseja, quando tiver vontade. Procure conhecer as riquezas de sua mente subconsciente.
3. Se o dinheiro circula livremente em sua vida, você é economicamente sadio. Considere-o como uma maré, e ele nunca lhe faltará. A alta e a baixa da maré são constantes. Quando ela baixa, você tem certeza de que voltará a subir.
4. Conhecendo as leis do subconsciente, você será sempre suprido, qualquer que seja a forma que o dinheiro venha a assumir.
5. Uma das razões por que certas pessoas conseguem apenas sobreviver, e nunca têm dinheiro suficiente, é que o condenam. O que você condena bate asas e voa para longe.
6. Não transforme dinheiro em deus. O dinheiro é apenas um símbolo. Lembre-se de que a verdadeira riqueza está em sua mente. Você está aqui para levar uma vida equilibrada – o que inclui adquirir todo o dinheiro de que necessita.
7. Não faça do dinheiro seu único objetivo de vida. Reivindique também saúde, felicidade, paz, expressão autêntica de si mesmo e amor, e irradie amor e boa vontade para todos. Em seguida, o subconsciente o recompensará com juros compostos em todos esses campos de expressão.
8. Não há virtude na pobreza. Pobreza é uma doença mental. E você precisa imediatamente curar-se desse conflito, ou doença.

9. Você não está aqui para viver numa choupana, cobrir-se com farrapos ou passar fome. Está aqui para levar uma vida de mais abundância.
10. Jamais use a expressão "lucro sujo" nem diga "Desprezo o dinheiro". Você perde aquilo que critica. O dinheiro em si não é bom nem mau. Pensar nele de uma ou outra forma lhe dará esses aspectos.
11. Repita, com frequência: "Gosto de dinheiro, uso-o de modo prudente, construtivo e sensato. Gasto-o com alegria e ele me volta multiplicado por mil."
12. O dinheiro não é um mal maior do que o cobre, o chumbo, o estanho ou o ferro que você pode encontrar no solo. Todo mal é consequência da ignorância ou mau uso dos poderes da mente.
13. Imaginar o resultado final faz com que o subconsciente responda e procure transformar em realidade o que você criou mentalmente.
14. Afaste essa ideia de querer receber sem nada dar em troca. Não há esse tal de almoço gratuito. Você tem que dar para receber. Se der atenção a seus objetivos, ideais e empreendimentos, sua mente mais profunda o apoiará. A chave para a riqueza consiste em aplicar as leis da mente subconsciente, impregnando-a com a ideia de riqueza.

11

A mente subconsciente como sócia em seu sucesso

O verdadeiro significado de sucesso é ser bem-sucedido na aventura de viver. Um longo período de paz, alegria e felicidade neste plano pode ser considerado sucesso. A vivência eterna dessas situações é a vida eterna de que falava Jesus. As coisas importantes da vida, tais como paz, harmonia, integridade, segurança e felicidade, são intangíveis. Brotam do ser profundo do homem. Meditar nesses estados constrói em seu subconsciente esses tesouros do céu. Esse é o lugar autêntico

> (...) onde nem traça nem ferrugem corrói, e onde ladrões não escavam nem roubam. (Mateus 6:20)

OS TRÊS PASSOS PARA O SUCESSO

O primeiro e vital passo para o sucesso consiste em descobrir aquilo que você adora fazer, e em seguida fazê-lo. A menos que ame seu trabalho, você não pode, de maneira alguma, considerar-se vitorioso nele, mesmo que o restante do mundo considere-o como um grande sucesso. Amando-o, você sente um profundo desejo de executá-lo. Se alguém sente o forte desejo de ser um psiquiatra, não basta conquistar um diploma e pendurá-lo na parede. Vai querer manter-se atualizado nesse campo, comparecer a convenções e continuar a estudar a mente e como ela funciona. Vai querer visitar clínicas e ler atentamente as revistas científicas mais recentes. Em outras palavras, trabalhará para manter-se informado sobre os métodos mais avançados para aliviar o sofrimento humano, porque coloca em primeiro lugar o interesse dos pacientes.

Mas e daí se, ao ler essas palavras, você se descobre pensando o seguinte: "Não posso dar o primeiro passo porque não sei o que quero fazer. Como, em nome de Deus, vou encontrar um campo de trabalho que eu ame?"

Se você se sente assim, reze por orientação, da seguinte maneira:

> Inteligência infinita de minha mente subconsciente, revele-me qual o meu verdadeiro lugar na vida.

Repita essa prece tranquila, positiva, carinhosamente para sua mente mais profunda. Persistindo, com fé e confiança, a resposta lhe chegará como sentimento, palpite ou tendência numa certa direção. A resposta lhe virá com clareza e em paz, como uma percepção interior silenciosa.

O segundo passo para o sucesso implica especializar-se em algum ramo de trabalho e esforçar-se para ter um desempenho superior. Vamos supor que um estudante escolha química como profissão. Ele pode concentrar-se em um dos muitos ramos desse campo e dedicar todo o seu tempo e atenção à especialidade escolhida. O entusiasmo vai levá-lo a querer saber tudo que existe nesse campo e, se possível, saber mais sobre ele do que qualquer outra pessoa. O jovem precisa tornar-se profundamente interessado em seu trabalho e desejar usá-lo a serviço do mundo.

Aquele que for o maior dentre vós que se transforme em vosso servo. Há um contraste enorme entre essa atitude e a de alguém que só quer ganhar a vida ou simplesmente "conseguir sobreviver". "Conseguir sobreviver" não é sucesso autêntico.

A motivação do homem deve ser mais grandiosa, mais nobre e mais altruísta. Ele deve servir ao próximo, destarte lançando seu pão sobre as águas.

O terceiro passo é o mais importante. Você tem que se certificar de que aquilo que quer não contribui apenas para seu próprio sucesso. Seu desejo não deve ser egoísta. Precisa beneficiar a humanidade. O caminho de um circuito completo precisa ser construído. Em outras palavras, sua ideia deve ser expressada com a finalidade de desejar o bem a todos e de servi-los. E a ideia retornará a você ampliada e transbordante de bênçãos. Se trabalha visando apenas ao seu benefício, você não completa esse circuito essencial. Talvez pareça que você tem sucesso, mas o curto-circuito que criou em sua vida talvez o leve, com o passar do tempo, a limitações ou a doenças.

A MEDIDA DO VERDADEIRO SUCESSO

A essa altura talvez você esteja pensando: "O que é que vocês me dizem sobre aquele cara que apareceu em um programa a que assisti? O cara que ganhou centenas de milhões de dólares com negócios escusos? Ele é um sucesso tão grande como qualquer um que o seja, e acho que ele nem está aí para beneficiar a humanidade."

Esses casos são mais do que comuns, mas precisamos ter o cuidado de compreendê-los pelo que são. Alguém pode dar a impressão de sucesso por algum tempo, mas a verdade é que o dinheiro que ganhou com fraudes frequentemente bate as asas e voa para longe. Mesmo que isso não aconteça, quando roubamos alguém, roubamos a nós mesmos. O estado de espírito de carência e limitação que nos levou a esse comportamento manifesta-se também de outras maneiras, em nosso corpo, em nossa vida familiar, em nossos relacionamentos.

Aquilo que pensamos e sentimos, nós criamos. Criamos aquilo em que acreditamos. Mesmo que alguém tenha acumulado fraudulentamente uma fortuna, ele não é bem-sucedido. Não há sucesso sem paz de espírito. De que vale a riqueza acumulada do homem que não pode dormir à noite, está doente, tem um complexo de culpa?

Certa vez, conheci em Londres um criminoso profissional, que me falou sobre suas façanhas. Ele havia juntado uma grande fortuna, que lhe permitia viver luxuosamente em uma mansão fora de Londres e em uma casa de veraneio na França. Em luxo, sim, mas *não* com bem-estar. Ele vivia com o medo permanente de ser preso pela Scotland Yard. Tinha uma série de distúrbios internos que eram, sem a menor dúvida, causados por medo e por um profundo complexo de culpa. Ele sabia que havia procedido mal. E esse senso profundo de culpa lhe atraía todos os tipos de problemas.

Mais tarde, soube que se entregara voluntariamente à polícia e cumprira pena de prisão. Ao ser solto, procurou aconselhamento psicológico e espiritual, e transformou-se. Procurou trabalho e tornou-se um cidadão honesto, respeitador da lei. Descobriu o que adorava fazer e ficou feliz.

A pessoa bem-sucedida ama o que faz e se expressa inteiramente dessa maneira. O sucesso depende de um ideal mais nobre do que a mera acumulação de riquezas. O indivíduo bem-sucedido é aquele que possui uma grande compreensão psicológica e espiritual. Hoje em dia, muitos dos grandes líderes empresariais dependem do uso correto da mente subconsciente. Cultivam a capacidade de ver um projeto futuro como já concretizado. Tendo visto e sentido a concretização de suas preces, a mente subconsciente providencia sua materialização. Se imaginar claramente um objetivo, você será provido do que for necessário, de maneiras que nem pensa que possam existir, graças ao poder gerador de maravilhas da mente subconsciente.

Ao estudar os três passos para o sucesso, você jamais deve esquecer o poder que dá respaldo às forças criativas do subconsciente. Refiro-me à energia que dá substância a todos os passos em qualquer plano bem-sucedido. Seu pensamento é criador. A fusão de pensamento e sentimento transforma-se em fé ou crença subjetivas.

(...) faça-se-vos conforme a vossa fé. (Mateus 9:29)

Uma vez que compreenda que existe em você uma força poderosa capaz de transformar em realidade todos os seus desejos, você obtém, simultaneamente, confiança e senso de paz. Qualquer que seja seu campo de atividade, você precisa conhecer as leis da mente subconsciente. Quando aprende a aplicar esses poderes e quando se expressa plenamente, compartilhando com o próximo os talentos que possui, você está, com toda certeza, no caminho do verdadeiro sucesso. Se trabalha na seara de Deus, ou em qualquer parte dela, Deus, por sua natureza, será por você, e quem poderá ser contra você? Com tal compreensão, não há poder no céu ou na Terra que possa lhe negar o sucesso.

COMO ELE REALIZOU SEU SONHO

Em Hollywood conheci um ator famoso, conhecido de todos os amantes do cinema e da televisão. Ele me contou que crescera em uma pequena fazenda no Meio-Oeste. A família mal conseguia o mínimo para sobreviver. Como única diversão, tinha um velho aparelho de TV preto e branco com o qual mal conseguia sintonizar dois canais. Mesmo assim, começou a sonhar em ser ator, sonhos que lhe tomavam cada vez mais tempo.

– Durante todo esse tempo, eu trabalhava no campo – disse – ou tangia as vacas de volta para o estábulo. Mas imaginava ver meu nome em grandes letras na fachada de um grande cinema. Vi-o em todos os detalhes: as multidões de fãs, os jornalistas, aos gritos, querendo me entrevistar. Mantive esse sonho durante anos.

"Finalmente, deixei a fazenda. Vim para Los Angeles e consegui trabalho como extra em filmes e programas de TV. Em pouco tempo, consegui meu primeiro papel como protagonista. Na noite da pré-estreia, dirigi-me ao cinema e quase desmaiei. Lá estava meu nome em letras brilhantes, vi uma multidão de repórteres, tudo que eu imaginara no meu tempo de criança."

E acrescentou:

– Eu, mais do que ninguém, compreendo que o persistente poder da imaginação pode trazer sucesso.

A FARMÁCIA DE SONHOS QUE SE TRANSFORMOU EM REALIDADE

Há alguns anos conheci uma jovem farmacêutica chamada Mary S. Ela trabalhava no departamento de venda de remédios controlados de uma grande rede de farmácias. Certo dia, quando me atendia, começamos a conversar. Perguntei se ela gostava do que fazia.

– Oh, é um bom emprego – disse ela. – Juntando salário e comissões, estou indo bem, e a empresa tem um bom programa de participação nos lucros. Com sorte, vou poder me aposentar ainda jovem o suficiente para gozar a vida.

Fiquei calado por um momento. Em seguida, perguntei:

– Era isso que você pensava, quando criança, quando resolveu que queria ser farmacêutica?

O rosto dela se fechou.

– Bem, não – respondeu. – Acho que não. Eu sempre me via como dona de minha própria farmácia. Queria andar pela rua e ouvir pessoas me cumprimentando e me chamando pelo nome. E eu saberia o nome de todas, porque seria a farmacêutica daquelas pessoas. O senhor vai julgar isso estranho, mas sonhei até que pais me ligavam no meio da noite porque o filho estava doente. Eu vestia uma roupa por cima do pijama, ia até a farmácia e pegava o remédio de que necessitavam. Nem um pouco igual a um emprego em que trabalhamos de 9 horas às 17 horas, atrás de um balcão em uma grande farmácia, certo?

– De fato, nada parecido – concordei. – Mas por que não seguiu seu sonho? Você, nesse caso, não seria mais feliz e mais produtiva? Sonhe mais alto. Saia desse emprego. Abra sua própria farmácia.

– Como eu posso fazer isso? – perguntou ela, sacudindo a cabeça. – Para isso vou precisar de muito dinheiro, e mal consigo me sustentar de um mês para o outro.

Minha resposta foi contar a ela um fato maravilhoso: tudo que ela pudesse conceber como verdade poderia transformar em realidade. E prossegui explicando-lhe algumas coisas sobre os poderes do subconsciente. Ela logo compreendeu que, se conseguisse saturar o subconsciente com uma ideia clara e específica, esses poderes, de alguma maneira, a transformariam em realidade.

E começou a imaginar-se em sua própria farmácia. Mentalmente, arrumava os vidros, aviava receitas e se via atendendo a clientes que eram também seus vizinhos e amigos. E visualizou também um bom saldo no banco. Mentalmente, trabalhou nessa farmácia imaginária. Tal como uma boa atriz, viveu o papel. *Comportando-me como se fosse o que penso, eu serei*. E investiu-se de todo coração no papel, vivendo, movendo-se e agindo na suposição de que era a dona da farmácia.

Vários anos depois, Mary escreveu-me contando o que lhe acontecera desde nossa conversa. A cadeia de farmácias para a qual trabalhava faliu, devido à concorrência de uma farmácia maior, em um novo shopping center. Ela empregou-se como representante de viajante de uma grande companhia farmacêutica, encarregando-se de um território que se estendia por vários estados.

Certo dia, o trabalho levou-a a uma cidadezinha na fronteira oeste de seu território. Na cidade só havia uma farmácia. Embora nunca houvesse estado antes na pequena cidade, reconheceu-a. Era exatamente a farmácia que imaginara com tanta clareza.

Espantadíssima, contou ao idoso proprietário a notável coincidência. Por seu lado, o dono disse que estava para se aposentar, mas que não queria vender a farmácia, pertencente à sua família havia gerações, para uma grande rede.

Após várias conversas, o dono ofereceu vender-lhe a farmácia a prazo. Ela faria os pagamentos com os lucros gerados pela farmácia. A jovem mudou-se com a família para a cidade e logo depois pôde pagar a entrada de uma casa antiga e espaçosa, da qual pode ir caminhando até a farmácia. Hoje, ela vai a pé todos os dias para o trabalho, e todas as pessoas que encontra a cumprimentam e tratam-na pelo nome. Conhecem-na porque ela é a farmacêutica da cidade.

O USO DO SUBCONSCIENTE NOS NEGÓCIOS

Há alguns anos fiz uma palestra sobre os poderes da imaginação e da mente subconsciente para um grupo de executivos. Durante a palestra, relatei como o grande poeta alemão Goethe usava a imaginação quando enfrentava dificuldades e provações.

Segundo seus biógrafos, ele se acostumou a preencher muitas horas mantendo tranquilamente conversas imaginárias. Imaginava um amigo sentado à sua frente, respondendo às perguntas de maneira correta. Em outras palavras, se estava preocupado com algum problema, imaginava o amigo lhe dando a resposta certa ou apropriada à situação, acompanhada por seus gestos habituais e conhecido tom de voz. Tornava a cena imaginária tão real e vívida quanto possível.

Uma das pessoas presentes à minha palestra, uma jovem corretora, resolveu adotar a técnica de Goethe. Começou a ter conversas imaginárias com um investidor multimilionário que a conhecia e que certa vez a elogiara por sua sólida capacidade de julgamento ao recomendar a compra de certas ações. Dramatizou a conversa, até que a gravou, como crença, na mente.

A conversa interior e a imaginação controlada da corretora concordavam certamente com seu objetivo: fazer bons e sólidos investimentos para seus clientes. Tinha como principal objetivo na vida fazer com que os clientes ganhassem dinheiro e vê-los prosperar financeiramente graças a seus judiciosos conselhos. Ela continua a usar a mente subconsciente nos negócios e destaca-se, com brilhante sucesso, em seu campo de atividade. Recentemente, foi entrevistada por uma grande revista financeira.

UM JOVEM DE 16 ANOS TRANSFORMA FRACASSO EM SUCESSO

Todd M., de 16 anos, contou-me o seguinte:

– Eu fracasso em tudo. Não sei por quê. Acho que sou simplesmente burro. Talvez seja melhor abandonar a escola antes que me reprovem e me expulsem.

Continuando nossa conversa, descobri que a única coisa errada era a atitude de Todd. Ele era indiferente aos estudos e também se ressentia com alguns professores e colegas.

Ensinei-lhe como usar o subconsciente para ter sucesso nos estudos. Várias vezes por dia, Todd começou a afirmar certas verdades, especialmente à noite, antes de dormir, e como primeira coisa ao acordar. Conforme já ressaltamos, esses são os melhores momentos para impregnar o subconsciente.

Ele afirmava para si mesmo o seguinte:

> Sei, com certeza, que minha mente subconsciente é um tesouro de memória. Ela retém tudo que leio e ouço de meus professores. Terei, à minha disposição, uma memória perfeita, se resolver usá-la. A inteligência infinita de minha mente subconsciente revela-me sempre tudo que quero saber em todos os meus exames, sejam eles escritos ou orais. Irradio amor e boa vontade para todos os professores e colegas. Desejo sinceramente a eles sucesso e todas as boas coisas da vida.

Todd está vivendo agora como nunca antes. Agora, só tira nota 10. Imagina constantemente os professores e os pais dando-lhe parabéns pelo sucesso nos estudos.

COMO TER SUCESSO EM COMPRAS E VENDAS

Em compras e vendas, lembre-se de que o consciente é a chave de ignição e o subconsciente, o motor. Você tem que dar partida ao motor, se quer que ele funcione. O consciente desperta o poder do subconsciente.

O primeiro passo para transmitir um desejo, ideia ou imagem claros à mente mais profunda consiste em relaxar, imobilizar a atenção, silenciar a mente e ficar calmo. Essa atitude calma, relaxada, de paz, impede que matéria estranha e falsas ideias interfiram na assimilação de seu ideal. Além disso, no estado tranquilo, passivo e receptivo da mente o esforço é reduzido ao mínimo.

O segundo passo implica começar a imaginar que o objetivo que deseja alcançar transformou-se em realidade. Você, por exemplo, pode querer comprar uma casa. No estado relaxado de mente, afirme o seguinte:

> A inteligência infinita de minha mente subconsciente é absolutamente sábia. Ela me mostra, agora, a casa ideal que atende a todas as minhas especificações e que posso pagar. Estou transferindo, neste momento, meu pedido à mente subconsciente. Sei que ela vai responder de acordo com a natureza de meu pedido. Libero esse pedido com fé e confiança absoluta, da mesma maneira que o agricultor planta a semente no solo, confiando implicitamente nas leis do crescimento.

A resposta à sua prece pode vir de um anúncio no jornal ou por intermédio de um amigo. Ou você pode ser orientado diretamente para uma dada casa, que é exatamente o que você procura. São muitas as maneiras como a prece pode ser atendida. A principal certeza, no particular, e na qual pode depositar confiança, é que a resposta será sempre dada, contanto que você confie no trabalho de sua mente mais profunda.

Suponhamos agora que, em vez de querer comprar, você quer vender uma casa, terra ou qualquer tipo de propriedade. O mesmo método de confiar na inteligência infinita da mente subconsciente lhe dará a orientação necessária. Quando vendi minha casa em Los Angeles, usei uma técnica que muitos corretores imobiliários com quem conversei estão agora utilizando com notáveis e rápidos resultados.

No gramado em frente à casa, coloquei um cartaz: "À venda, tratar direto com o proprietário." Na mesma noite, quando fui dormir, perguntei a mim mesmo: "Supondo que eu ache um comprador para a casa, o que é que vou fazer em seguida?"

A resposta: "Pego a placa 'À venda' e jogo-a no lixo."

Na tela interna da mente, projetei um cenário detalhado. Peguei o cartaz, arranquei-o do gramado, passei-o por cima do ombro e levei-o para o latão de lixo no fundo da casa. Ao lançá-lo no depósito, disse: "Obrigado por sua ajuda, mas não preciso mais de você!"

Fui dormir sentindo a profunda satisfação interior de saber que a situação estava resolvida.

No dia seguinte, um comprador pagou um sinal pela casa e disse: "Pode jogar fora aquele cartaz. Não vai mais precisar dele."

Segui o conselho. Arranquei o cartaz e levei-o para o lixo. A ação externa foi igual à interna. Não há nada de novo nisso. *Assim como dentro, assim como fora*. Em outras palavras, de acordo com a imagem gravada em minha mente subconsciente, o mesmo acontece na tela objetiva da vida. O externo reflete o interno. A ação externa segue-se à ação interna.

Vejamos outro método eficaz na venda de casas, terras e todos os tipos de propriedades. Tranquila e lentamente, com convicção, afirme o seguinte:

> A inteligência infinita atrai para mim o comprador que quer esta casa e que nela vai prosperar. O comprador será enviado a mim pela inteligência criativa de minha mente subconsciente, que não comete erros. Esse comprador pode visitar muitas outras casas, mas a minha é a única que ele vai querer comprar, porque ele é orientado pela inteligência infinita que nele reside. Tenho certeza de que o comprador é o certo; a ocasião, a certa; e o preço, o certo. Tudo nesta situação é certo. As correntes mais profundas de minha mente subconsciente estão fluindo neste momento para nos reunir na ordem divina. Sei que assim será.

Lembre-se, sempre, de que aquilo que procura está também à sua procura. Sempre que você quiser vender uma casa ou propriedade de algum tipo, haverá sempre alguém que quer o que você tem a oferecer. Usando corretamente os poderes da mente subconsciente, você liberta a mente de todo sentido de concorrência e ansiedade na compra e venda.

COMO ELA CONSEGUIU O QUE QUERIA

Certa moça, Margaret T., comparecia regularmente às minhas palestras e aulas. Como morava longe, tinha que tomar três conduções para chegar ao auditório. Gastava uma hora e meia de ida e volta para isso. Em uma de minhas palestras, ela me ouviu contar como um rapaz que precisava de um carro no trabalho acabou ganhando um.

Voltando para casa, ela experimentou a técnica descrita na palestra. Mais tarde, escreveu-me uma carta, contando como aplicara meus métodos e os resultados que se seguiram. Publico aqui a carta, com permissão:

> Caro Dr. Murphy,
>
> Eu sabia que, para meu crescimento pessoal, eu precisava ter um carro. Não havia outra maneira de continuar a comparecer regularmente às suas palestras. Resolvi que, já que queria um carro, devia tentar obter aquele com que sempre sonhara, um Cadillac.
>
> Em minha imaginação, dei todos os passos que daria se estivesse realmente comprando e guiando um carro. Vi-me entrando na revendedora e experimentando o modelo em que estava interessada. Repetidamente, disse a mim mesma que aquele Cadillac era meu.
>
> Mantive a imagem de entrar no carro, dirigi-lo, sentir o toque da forração e assim por diante, durante duas semanas, invariavelmente. Na semana passada, fui à sua palestra em um Cadillac. Um tio meu residente em Inglewood faleceu e me deixou seu Cadillac e todas as suas propriedades.

UMA TÉCNICA DE SUCESSO USADA POR MUITOS NOTÁVEIS EXECUTIVOS

Muitos executivos bem-sucedidos repetem tranquilamente, muitas vezes por dia, o termo abstrato "Sucesso", até formarem a convicção de que têm sucesso. Eles sabem que a ideia de sucesso contém todos os elementos essenciais do próprio sucesso. De igual maneira, você pode começar a repetir para si mesmo, com fé e convicção, a palavra "Sucesso". O subconsciente a aceitará como verdade em seu caso e haverá em você uma compulsão subconsciente para alcançar sucesso.

Você é compelido a expressar as crenças, impressões e convicções que interiormente alimenta. O que sucesso significa para você? Você quer, sem dúvida, uma boa vida familiar e ótimos relacionamentos com outras pessoas. Deseja destacar-se no campo de atividade ou profissão que escolheu. Deseja ser dono de uma bela casa e ter todo o dinheiro de que necessita para viver feliz e com conforto. Quer ter sucesso em sua vida espiritual e em seus contatos com os poderes da mente subconsciente.

Você é um executivo no mundo dos negócios porque está também no negócio de viver. Torne-se um executivo bem-sucedido imaginando-se fazendo o que deseja ardentemente e possuindo as coisas que há muito tempo anseia possuir. Transforme isso em hábito. Todas as noites, vá dormir sentindo-se bem-sucedido e, no fim, você terá sucesso ao implantar a ideia de sucesso na mente subconsciente. Acredite que nasceu para ter sucesso e maravilhas começarão a acontecer enquanto ora.

DICAS VALIOSAS

1. Sucesso significa vida bem-sucedida. Quando se sente em paz, feliz, alegre e fazendo o que adora fazer, você tem sucesso.

2. Descubra o que adoraria fazer, e faça. Se não sabe como expressar seu verdadeiro eu, peça orientação, e você será guiado.
3. Especialize-se em seu campo particular de atividade e esforce-se para saber mais sobre ele do que qualquer pessoa.
4. Os bem-sucedidos não são egoístas. Acima de tudo, desejam servir à humanidade.
5. Não há verdadeiro sucesso sem paz de espírito.
6. O indivíduo bem-sucedido possui grande compreensão psicológica e espiritual.
7. Se imaginar claramente um objetivo, você será provido de tudo de que necessitar pelo poder milagroso de sua mente subconsciente.
8. A fusão de pensamento com sentimento transforma-se em crença subjetiva e, segundo sua crença, assim será.
9. O poder da imaginação sustentada atrai os poderes milagrosos da mente subconsciente.
10. Se está querendo promoção no emprego, imagine seu patrão, chefe ou pessoas amadas dando-lhe parabéns por ela. Torne o quadro vívido, real. Ouça a voz, veja os gestos, sinta a realidade de tudo. Continue a fazer isso com frequência, e, ocupando dessa maneira a mente, experimentará a alegria da prece atendida.
11. A mente subconsciente é um tesouro de memória. Para ter memória perfeita, afirme, com frequência: "A inteligência infinita de minha mente subconsciente revela-me tudo que preciso saber, em todas as ocasiões, em qualquer lugar."
12. Se quiser vender uma casa ou qualquer tipo de propriedade, afirme lenta, tranquilamente e com convicção: "A inteligência infinita atrai para mim o comprador desta casa ou propriedade, que a quer e que nela irá prosperar."

Mantenha esse estado de expectativa e as correntes mais profundas da mente subconsciente farão com que isso aconteça.

13. A ideia de sucesso contém todos os elementos de sucesso. Repita a palavra "Sucesso" com frequência, fé e convicção, e ficará sob uma compulsão subconsciente para ser bem-sucedido.

12
Como cientistas usam a mente subconsciente

Muitos dos cientistas mais criativos da história constataram a verdadeira importância da mente subconsciente. Edison, Marconi, Kettering, Poincaré, Einstein e muitos outros usaram-na para obter insights e *know-how* em suas grandes realizações. A capacidade de pôr em ação o poder do subconsciente constitui um dos fatores mais importantes para determinar o sucesso de cientistas e pesquisadores.

Um dos mais notáveis exemplos nesse particular é encontrado na vida do célebre químico Friedrich von Stradonitz. Ele lutara durante longo tempo para compreender a estrutura química de um hidrocarboneto denominado benzina. Trata-se de um composto constituído de seis átomos de carbono e seis de hidrogênio. O problema deixava-o constantemente perplexo. Aparentemente, nada que tentava dava resultado.

Incapaz de resolver o enigma, cansado, exausto, Stradonitz transferiu por completo o assunto para a mente subconsciente. Pouco tempo depois, no momento em que ia tomar um ônibus em Londres, o subconsciente iluminou-lhe o consciente com um inesperado relâmpago. Mentalmente, Stradonitz viu a imagem de uma serpente mordendo a própria cauda e girando como uma rodinha de fogo de artifício. A imagem recebida do subconsciente inspirou-o a orientar a pesquisa em uma nova direção. Logo depois, obteve a resposta há tanto tempo procurada, a do arranjo anular dos átomos conhecido como anel de benzina.

COMO UM CIENTISTA FAMOSO FAZIA SUAS DESCOBERTAS

Nikola Tesla foi um brilhante pioneiro no campo da eletricidade. A bobina Tesla, peça de exposição obrigatória em museus de ciências, e sempre uma das favoritas da meninada, foi uma de suas invenções. Trata-se de uma esfera de metal carregada de eletricidade. Quando alguém a toca, a eletricidade estática faz com que os cabelos do curioso fiquem em pé. Tesla realizou também experimentos com transmissão de energia. Suas ideias sobre esse tópico ainda são consideradas revolucionárias.

Convencido do poder da mente subconsciente, sempre que tinha uma ideia para outra invenção ou nova direção de pesquisa, formulava-a na imaginação e, em seguida, transferia o problema para o subconsciente. Sabia que o subconsciente reconstruiria e revelaria ao consciente todas as partes necessárias para a manufatura do dispositivo em questão. Examinando tranquilamente todos os possíveis melhoramentos, não perdia tempo corrigindo defeitos. E fornecia aos seus assistentes o produto final, acabado, perfeito, de sua mente.

Em entrevista, disse ele o seguinte: "Invariavelmente, meu dispositivo funciona como imaginei. Em 20 anos, nunca houve uma única exceção."

COMO UM NATURALISTA FAMOSO SOLUCIONOU SEU PROBLEMA

O professor Louis Agassiz, da Universidade de Harvard, foi um dos naturalistas americanos mais famosos do século XIX. Descobriu os grandes poderes da mente subconsciente enquanto dormia. O exemplo seguinte foi tirado da biografia do cientista, escrita por sua esposa:

Ele estava havia duas semanas tentando decifrar a impressão um tanto vaga de um peixe fóssil na lasca de pedra em que fora preservado. Cansado e perplexo, interrompeu finalmente o trabalho e tentou afastá-lo da mente. Pouco tempo depois, acordou certa noite convencido de que, enquanto dormia, vira o peixe com todos os aspectos que lhe faltavam, perfeitamente restaurado. Mas quando tentou prender na mente e tornar nítida a imagem, ela lhe escapou. Ainda assim, dirigiu-se cedo para o Jardin des Plantes, pensando que, ao examinar novamente a impressão, deveria ver alguma coisa que o colocaria na pista de sua visão. Mas em vão... O registro indistinto continuava tão obscuro como sempre. Na noite seguinte, voltou a ver o peixe, mas ainda sem resultado satisfatório. Quando acordou, a imagem desapareceu, como antes, da memória. Na esperança de que a mesma experiência se repetisse na terceira noite, pôs lápis e papel ao lado da cama, antes de dormir.

E, como esperava, perto do amanhecer, o peixe reapareceu no sonho, confusamente no início, mas, finalmente, com uma clareza tão grande que ele não teve mais qualquer dúvida sobre suas características zoológicas. Ainda sonolento, em total escuridão, traçou essas características no papel ao lado da cama. Pela manhã, notou surpreso que, no esboço feito à noite, havia aspectos que julgara impossível que o fóssil pudesse revelar. Correu para o Jardin des Plantes e, usando o desenho como guia, conseguiu com um cinzel raspar o excesso superficial da pedra, sob a qual descobriu ocultas as partes que faltavam no peixe. Quando inteiramente exposto, o peixe correspondia ao que vira em sonho e ao desenho, e conseguiu classificá-lo com facilidade.

COMO UM MÉDICO RENOMADO RESOLVEU O PROBLEMA DO DIABETES

Na década de 1920 o Dr. Frederick Banting, médico brilhante e pesquisador canadense, concentrou toda a sua atenção nos estragos do diabetes. Na época, a ciência médica desconhecia qualquer método para controlar a doença. O Dr. Banting passou longo tempo fazendo experimentos e estudando a literatura internacional sobre o assunto. Todos os caminhos que explorava, porém, pareciam ser um beco sem saída.

Certa noite, exausto com mais um longo dia do que pareciam ser esforços inúteis, caiu no sono. Enquanto dormia, a mente subconsciente instruiu-o a extrair o resíduo do ducto pancreático degenerado de cães. A inspiração levou-o à descoberta da insulina, que desde então tem melhorado a vida de milhões de pessoas.

Notem que o Dr. Banting estudou conscientemente o problema durante muito tempo, procurando uma solução, uma maneira de resolvê-lo. O subconsciente respondeu nessa conformidade.

Nem sempre conseguimos a resposta da noite para o dia. Ela talvez demore algum tempo. Mas não fique desanimado. Continue, todas as noites, antes de dormir, a transferir o problema para o subconsciente, como se nunca tivesse feito isso antes.

Se a solução continuar a demorar a aparecer, você talvez esteja pensando que a questão que apresenta ao consciente é muito difícil e que levará tempo para resolver. Esse fato não deve surpreendê-lo. Geralmente, sentimos a tentação de pensar que nossos problemas são de difícil solução. Se não fossem, não seriam problemas. Mas isso é um erro. No que interessa ao subconsciente, não há tempo nem espaço. Vá dormir acreditando que receberá a resposta *neste momento*. Não pense que a resposta vai ter que esperar por algum momento no futuro.

Mantenha a fé no resultado. Convença-se agora, enquanto lê este livro, de que há a resposta e a solução perfeita que espera.

COMO UM CIENTISTA ESCAPOU DE UM CAMPO DE CONCENTRAÇÃO SOVIÉTICO

O Dr. Lothar von Blenk-Schmidt, ilustre engenheiro eletrônico, foi internado em um campo de concentração soviético durante a Segunda Guerra Mundial. Ele atribui sua sobrevivência e fuga para a liberdade ao poder do subconsciente:

> Fui prisioneiro de guerra em uma mina de carvão na Rússia. Nessa prisão, homens morriam à minha volta o tempo todo. Éramos vigiados por guardas brutais, oficiais arrogantes e comissários inteligentes e de decisões rápidas. Após um rápido exame médico, uma cota de carvão era atribuída a cada prisioneiro. Minha cota era de 150 quilos por dia. No caso de o prisioneiro não atingir a cota, sua pequena ração de alimento era cortada e, pouco tempo depois, ele descansava no cemitério.
>
> Comecei a me concentrar em um plano de fuga. Eu tinha certeza de que, de alguma maneira, meu subconsciente encontraria uma solução. Minha casa na Alemanha fora destruída, minha família dizimada e todos os meus amigos e antigos colegas haviam morrido na guerra ou se encontravam em campos de concentração.
>
> Eu disse a meu subconsciente: "Quero ir para Los Angeles, e você vai encontrar um jeito." Eu vira fotos de Los Angeles e me lembrava muito bem de alguns bulevares e prédios.
>
> Todos os dias e noites eu me imaginava descendo o Wilshire Boulevard em companhia de uma moça americana que conheci em Berlim antes da guerra (hoje, minha esposa). Imaginava-me visitando lojas, andando

de ônibus, comendo em restaurantes. Todos os dias tinha o cuidado especial de dirigir meu imaginário carro americano, subindo e descendo os bulevares de Los Angeles. Tornava tudo isso vívido e real. Essas imagens eram tão reais e naturais para mim como as árvores no outro lado do campo de concentração.

Todas as manhãs, o chefe dos guardas contava os prisioneiros, que eram postos em fila. Ele gritava "um, dois, três" etc., e, quando o 17 era chamado, o meu número, eu dava um passo para o lado. Numa dessas ocasiões, o guarda afastou-se por um ou dois minutos para atender a um chamado, e, quando voltou, recomeçou a contar, por engano, no número seguinte, como sendo o 17. Quando a turma voltou à noite, o número de prisioneiros era o mesmo, e não deram por minha falta. E até que descobrissem isso levaria um longo tempo.

Saí do campo sem ser visto e continuei a andar durante 24 horas, descansando no dia seguinte em uma cidade deserta. Consegui sobreviver pescando e caçando animais selvagens. Descobri trens de carvão que se dirigiam para a Polônia e viajei neles à noite, até chegar finalmente nesse país. Com a ajuda de amigos, consegui chegar a Lucerna, na Suíça.

Certa noite, no Palace Hotel, em Lucerna, tive uma conversa com um casal americano. O marido me perguntou se eu gostaria de ser seu hóspede em Santa Mônica, Califórnia. Aceitei, e, quando cheguei a Los Angeles, descobri que o motorista deles me levava pelo Wilshire Boulevard e muitos outros que eu imaginara com cores tão vívidas durante os longos meses nas minas de carvão russas. Reconheci os prédios que vira mentalmente tantas vezes. Na verdade, tive a impressão de que estivera antes em Los Angeles. Eu havia chegado a meu destino.

Jamais deixarei de me maravilhar com as coisas assombrosas que o subconsciente pode fazer. Na verdade, o subconsciente dispõe de recursos que desconhecemos inteiramente.

COMO ARQUEÓLOGOS E PALEONTÓLOGOS RECONSTROEM CENÁRIOS ANTIGOS

O subconsciente tem a recordação de tudo que já aconteceu na história de nossa espécie. Arqueólogos que estudam ruínas antigas e incontáveis artefatos deixados por membros de velhas culturas podem usar em seu trabalho, com resultados maravilhosos, a percepção imaginativa. A mente subconsciente pode ajudá-los a reconstruir antigos cenários. O passado morto renasce. Olhando para ruínas de velhos prédios e estudando a cerâmica, a estatuária, as ferramentas, os utensílios caseiros de civilizações antigas, o cientista pode, utilizando os bancos de dados da mente universal, saber como, quando e por que tais objetos foram criados.

A concentração profunda e a imaginação disciplinada do cientista despertam os poderes latentes do subconsciente. Esse fato habilita-o a cobrir com telhados estruturas antigas e cercá-las de jardins, tanques e fontes. Os restos fósseis recebem olhos, tendões e músculos e, mais uma vez, andam e falam. O passado torna-se o presente vivo e descobrimos que, na mente, não há tempo nem espaço. Pela imaginação disciplinada, controlada e dirigida, podemos ser companheiros da maioria dos cientistas e pensadores inspirados de todos os tempos.

COMO RECEBER ORIENTAÇÃO DO SUBCONSCIENTE

Quando você tem que tomar o que acha que será uma decisão difícil, ou quando não consegue descobrir uma solução para um problema, comece imediatamente a pensar construtivamente a esse respeito. Se fica com medo ou preocupado, você não está realmente pensando. Pensamento autêntico não inclui medo.

Vejamos agora os passos de uma técnica simples, que você pode usar para receber orientação no tocante a qualquer assunto:

- Tranquilize a mente e fique imóvel. Diga ao corpo para relaxar. Ele tem que obedecer. O corpo não tem vontade, iniciativa ou inteligência autoconsciente. O corpo é um disco emocional que grava suas crenças e impressões.
- Mobilize a atenção. Focalize o pensamento na solução do problema.
- Pense em como ficaria feliz com a solução perfeita. Vivencie a sensação que experimentaria se a tivesse agora.
- Deixe a mente desfrutar, de forma relaxada, dessa sensação de felicidade e contentamento. Em seguida, vá dormir.
- Quando acordar, se não obteve ainda a resposta, ocupe-se com qualquer outra coisa. Enquanto estiver assim ocupado, é possível que a solução surja de forma inesperada em sua mente.

Para receber orientação da mente subconsciente, o método simples é o melhor. Vejamos um exemplo: certa vez, perdi um anel valioso que era também uma joia de família. Procurei-o por todos os lugares, em vão. Fiquei aborrecido e triste com a perda.

Naquela noite, conversei com meu subconsciente, da mesma maneira como o faria com uma pessoa. Antes de cair no sono, disse-lhe: "Você sabe tudo. Sabe onde está o anel e, portanto, mostre-me onde ele está."

Pela manhã, acordei de repente com as seguintes palavras buzinando em meu ouvido: "Pergunte a Robert."

Achei essas palavras muito estranhas. O único Robert em quem eu podia pensar era o filho de 9 anos de meu vizinho. Por que ele deveria saber alguma coisa sobre o paradeiro do anel? Não obstante, obedeci à voz interior da intuição. Encontrei-o no quintal de sua casa e lhe descrevi o anel.

– Por acaso você o viu? – perguntei.

– Claro que vi – respondeu ele. – Achei-o ontem no meio das moitas, quando estava brincando de esconde-esconde. Eu não sabia de quem era, de modo que o levei para casa e coloquei em cima de minha mesa. Eu ia pôr um anúncio sobre o anel, mas me esqueci.

O subconsciente sempre responderá, se confiar nele.

O SUBCONSCIENTE DISSE ONDE ESTAVA O TESTAMENTO PERDIDO

O jovem Hugo R. assistia a minhas palestras em Los Angeles. E me contou a experiência que tivera com o poder do subconsciente. O pai dele morrera de repente, aparentemente sem deixar testamento. A irmã, contudo, disse-lhe que o pai o mencionara certa vez, acrescentando que se esforçara para ser justo com todos.

Hugo compreendeu que se um juiz decidisse que seu pai falecera sem deixar testamento, a propriedade seria dividida de acordo com regras determinadas pelo estado. Não era provável que essa solução se ajustasse aos desejos do pai. Além do mais, despesas judiciais consumiriam grande parte do espólio. Ele e a irmã procuraram por toda parte, mas não conseguiram encontrar o testamento. E começaram a perguntar-se se o documento efetivamente existia.

Hugo, porém, lembrou-se do que aprendera sobre o uso do subconsciente. Antes de dormir, conversou com sua mente mais profunda, dizendo: "Agora, transfiro esse pedido à minha mente subconsciente. Ela sabe onde está o testamento de meu pai, e vai me dizer." Em seguida, condensou o pedido em uma única palavra: "Responda." Repetiu-a diversas vezes, como se fosse uma canção de ninar. E foi dormir com a palavra "Responda" ecoando na mente.

Na manhã seguinte, acordou com um ânsia imensa de ir a certo banco no centro de Los Angeles. Sentiu-se curioso a esse respeito. Teria ouvido o pai mencionar esse banco em alguma ocasião? Notara por acaso uma carta do banco na correspondência do pai? Não tinha certeza, mas sabia que precisava conferir o palpite. Foi ao banco naquela manhã. No fim, um funcionário confirmou que o pai tinha ali um cofre de aluguel. Ao ser aberto o cofre, o testamento foi encontrado.

O pensamento, quando você vai dormir, desperta os poderes latentes existentes em você. Vamos supor que você está em dúvida se deve vender sua casa, comprar certas ações, romper uma sociedade, mudar-se para Nova York ou permanecer em Los Angeles, dissolver um contrato em vigor ou fazer um novo. Faça o seguinte: sente-se tranquilamente em uma poltrona ou à mesa, no escritório. Lembre-se de que há a lei universal da ação e reação. A ação é o pensamento. A reação é a resposta da mente subconsciente. O subconsciente é reativo e reflexivo, é a sua natureza. Ele rebota, recompensa e resgata. E segue a lei da correspondência. Responde correspondendo. Pensando na ação correta, você automaticamente experimenta uma reação, ou resposta, que é a orientação ou a resposta do subconsciente.

Ao buscar orientação, você simplesmente pensa na ação correta. Isso significa que usa a inteligência infinita existente na mente subconsciente a um ponto em que ela começa a agir por seu intermédio. Desse instante em diante, seu curso de ação é dirigido e controlado pela sabedoria interior residente em você, que tudo sabe e é onipotente. Suas decisões serão corretas. Só poderá haver ação correta porque você está sob uma compulsão subjetiva para fazer a coisa certa. Uso a palavra *compulsão* porque a lei do subconsciente é compulsória.

O SEGREDO DA ORIENTAÇÃO

O segredo da orientação, ou ação correta, implica procurar tenazmente a resposta certa, até que ela lhe acorra à mente. A resposta pode ser um sentimento, uma percepção íntima, um palpite irresistível, que você sabe que é a verdade. Você usou o poder do subconsciente até um ponto em que o poder começa a usá-lo. Você não pode, de maneira nenhuma, fracassar ou dar um passo em falso enquanto age de acordo com a sua sabedoria interna. E descobrirá que todas as suas decisões são certas e todos os seus caminhos, pacíficos.

PONTOS IMPORTANTES A RECORDAR

1. Lembre-se de que a mente subconsciente foi a responsável pelo sucesso e realizações maravilhosas de todos os grandes cientistas.
2. Ao concentrar a atenção e esforçar-se para solucionar um problema cabuloso, a mente subconsciente reúne todas as informações necessárias e apresenta a solução pronta e acabada à mente consciente.
3. Se está em dúvida sobre a solução de um problema, tente resolvê-lo objetivamente. Reúna todas as informações que puder, fazendo pesquisas e conversando com outras pessoas. Se não obtiver uma solução, transfira, antes de dormir, o problema para o subconsciente, e a resposta virá sempre. Isso nunca falha.
4. Nem sempre conseguimos a solução da noite para o dia. Continue a fazer seu pedido ao subconsciente até o dia em que o sol raiar e afugentar as trevas.
5. Você atrasa a resposta achando que ela vai levar muito tempo ou que se trata de um problema espinhoso. O subconsciente não reconhece problemas, só conhece soluções.

6. Acredite que tem, agora, a resposta. Sinta a alegria da resposta e como se sentiria quando a recebesse. O subconsciente reagirá a esse sentimento.
7. Qualquer quadro mental, sustentado pela fé e pela esperança, se tornará realidade graças ao poder milagroso do subconsciente. Confie nele, acredite em seu poder e maravilhas acontecerão enquanto você ora.
8. O subconsciente é um tesouro de memória e nele estão gravadas todas as suas experiências, desde a mais tenra idade.
9. Cientistas que estudam manuscritos antigos, templos, fósseis e outras provas remanescentes podem reconstruir cenas do passado e torná-las vivas. A mente subconsciente corre em seu auxílio.
10. Antes de dormir, passe ao subconsciente o pedido de solução. Confie nele, acredite nele e a resposta virá. O subconsciente tudo conhece e tudo vê, e você não deve duvidar dele ou questionar-lhe os poderes.
11. A ação é o pensamento, e a reação, a resposta do subconsciente. Se seus pensamentos forem sábios, suas ações e decisões serão sábias.
12. A orientação chega sob a forma de sentimento, percepção interna ou um palpite irresistível, que lhe diz que você está certo. Trata-se de um sentido tátil interno. Siga-o com a simplicidade da fé.

13
O subconsciente e as maravilhas do sono

Dormimos mais ou menos oito em cada 24 horas, ou um terço de toda nossa vida. Essa é uma das leis inexoráveis da vida. O sono é uma lei divina e muitas soluções nos ocorrem quando dormimos profundamente.

Muitas pessoas defendem a teoria de que ficamos cansados durante o dia, dormimos para dar descanso ao corpo e que um processo de separação ocorre quando dormimos. Há nisso um grande mal-entendido. *Coisa alguma* descansa durante o sono. O coração, pulmões, todos os órgãos vitais funcionam enquanto dormimos. Se nos alimentamos antes de dormir, o alimento é digerido e assimilado. A pele secreta suor. Unhas e cabelos continuam a crescer.

De idêntica maneira, o subconsciente jamais descansa ou dorme. Está sempre ativo, controlando todas as nossas forças vitais. O processo de cura ocorre com maior rapidez enquanto dormimos, porque, nesse caso, não há interferência da mente consciente. Respostas notáveis nos são dadas enquanto dormimos.

POR QUE DORMIMOS

O Dr. John Bigelow, um dos primeiros cientistas que realizaram um estudo profundo do sono, demonstrou que à noite, enquanto dormimos, recebemos impressões constantes através dos nervos sensoriais conectados com os olhos, ouvidos, nariz e pele. A rede neural do cérebro permanece também extremamente ativa.

A pesquisa levou-o a uma conclusão que corresponde estreitamente às informações contidas neste livro. Disse ele que dormimos principalmente para que "a parte mais nobre da alma se una por abstração com nossa natureza superior e se torne participante da sabedoria e presciência dos deuses".

PRECE, UMA FORMA DE SONO

Durante o dia, a mente consciente enfrenta aborrecimentos, conflitos e discórdias. E precisa poder abstrair-se periodicamente da prova sensorial e do mundo objetivo e comungar com a sabedoria interior da mente subconsciente. Pedindo orientação, poder e maior inteligência em todos os aspectos da vida, você poderá superar todas as dificuldades e resolver seus problemas diários.

Essa abstração regular da prova dos sentidos e do ruído e confusão da vida no dia a dia é também uma forma de sono, isto é, você adormece para o mundo dos sentidos e acorda para a sabedoria e o poder da mente subconsciente.

EFEITOS SURPREENDENTES DA PRIVAÇÃO DO SONO

A falta de sono pode nos tornar irritáveis, tristes e deprimidos. Para ser sadio, o ser humano precisa de um mínimo de seis horas de sono. A maioria das pessoas precisa de mais. Os que pensam que podem passar com menos sono estão enganando a si mesmos.

Pesquisadores médicos que estudaram os processos do sono e sua privação observam que a insônia grave, em alguns casos, precede colapsos nervosos. Lembre-se: você é espiritualmente recarregado durante o sono. Sono suficiente é fundamental para termos alegria e vitalidade.

Uma das maneiras de descobrir por que necessitamos de sono é examinar o que acontece quando dele somos privados. Em 1964, um garoto de 17 anos chamado Randy Gardner decidiu que seria mencionado no *Guinness Book of World Records*. Manteve-se acordado durante 264 horas – 11 dias completos! Exames posteriores demonstraram que ele não sofreu danos permanentes. Contudo, durante o tempo em que permaneceu acordado, deterioraram-se todos os seus processos mentais. A voz tornou-se embolada. Sofreu lapsos de memória. Nas últimas horas, começou a ter alucinações.

A maioria das pessoas com insônia crônica não chega a esses extremos, mas pode sofrer também efeitos graves. De acordo com o National Highway Traffic Safety Administration [Departamento Nacional de Segurança do Tráfego nas Estradas], nada menos de 200 mil acidentes por ano relacionam-se com problemas de sono. Um motorista em cada cinco, no mínimo, já cochilou ocasionalmente ao volante. Como resultado, motoristas correm de cinco a dez vezes mais risco de ter um acidente à noite do que durante o dia.

Experimentos com voluntários demonstraram que o cérebro cansado anseia tanto por sono que sacrificará qualquer coisa para tê-lo. Após apenas algumas horas de perda de sono, os sujeitos do experimento começaram a ter cochilos passageiros, denominados "lapsos", ou microssonos, que acontecem na frequência de três a quatro por hora. Quando ocorrem, exatamente como no sono "autêntico", as pálpebras se fecham e diminui a frequência das ondas cerebrais.

No início, os lapsos duram apenas uma fração de segundo. Aumentando o número de horas de falta de sono, porém, os lapsos ocorrem mais vezes, e duram mais, chegando a dois ou três segundos. Mesmo que os voluntários estivessem pilotando um avião em meio a uma tempestade, nem assim poderiam resistir a esses microssonos, desses segundos de valor inestimável.

O SONO TRAZ CONSELHOS

Sandra F., uma moça de Los Angeles, escuta frequentemente minhas palestras no rádio. Contou-me que lhe ofereceram um emprego na cidade de Nova York, ganhando duas vezes o seu salário atual. Não conseguiu decidir-se se devia aceitá-lo ou não. Antes de dormir, orou com as seguintes palavras:

> A inteligência criativa de minha mente subconsciente sabe o que é melhor para mim. Sua tendência é sempre voltada para a vida e me revelará qual a decisão acertada, que será a melhor para mim e para todos os interessados. Agradeço pela resposta que sei que receberei.

Repetiu essa prece simples como se fosse uma canção de ninar, enquanto mergulhava no sono. Pela manhã, teve uma persistente impressão de que não devia aceitar o oferecimento. Recusou-o. Acontecimentos posteriores confirmaram-lhe a sabedoria interna. Poucos meses depois do oferecimento do emprego, aquela empresa foi à falência.

A mente consciente podia estar certa no que interessava aos fatos objetivamente conhecidos. Já a faculdade intuitiva da mente subconsciente percebeu os problemas da empresa e aconselhou-a nesse sentido.

SALVO DE UM DESASTRE CERTO

A sabedoria da mente subconsciente pode nos instruir e proteger, se oramos por ação correta antes de dormir.

Há muitos anos, ofereceram-me um bem remunerado cargo no Extremo Oriente. Rezei da seguinte maneira, pedindo orientação e decisão certa:

A inteligência infinita existente em mim sabe todas as coisas. A decisão certa me será revelada, dentro da ordem divina. Reconhecerei a resposta quando ela me for dada.

Repeti muitas vezes essa prece simples, como se fosse uma canção de ninar, antes de adormecer. Na mesma noite, tive um sonho, no qual um amigo me apareceu. Ele me mostrou um jornal e disse: "Leia essas manchetes! Não vá!" As manchetes relataram histórias de violência, agitação e guerra – e tudo isso aconteceu não muito tempo depois no país para o qual eu fora convidado.

A mente subconsciente dispõe de sabedoria total. Sabe de tudo. Fala-lhe frequentemente, em uma voz que a mente consciente aceita imediatamente. No sonho que contei, e que sem dúvida me salvou de uma situação de grande perigo, o subconsciente projetou seu aviso sob o disfarce de uma pessoa em quem eu confiava e que respeitava.

Para alguns, o aviso pode vir sob a forma da mãe, que lhe aparece em sonho. Ela lhes diz para não ir a tal ou qual lugar, e dá a razão do aviso. Às vezes, o subconsciente avisa-nos durante as horas de vigília. Pensamos que ouvimos uma voz que lembra a de nossa mãe ou alguma pessoa amada. Paramos e nos viramos, procurando-a. Mais tarde descobrimos que se tivéssemos prosseguido no caminho que vínhamos percorrendo poderíamos ter sido atingidos na cabeça pela queda de um objeto.

O FUTURO ESTÁ EM NOSSA MENTE SUBCONSCIENTE

Lembre-se de que, uma vez que o futuro será resultado de nossos pensamentos habituais, ele já está em nossa mente, a menos que os mudemos por meio de orações. De igual maneira, o futuro do país está no subconsciente coletivo do povo. Nada há de estranho no sonho em que vi manchetes de jornais muito antes dos fatos que mencionavam. Esses fatos já haviam ocorrido na mente de todos aqueles que os provocariam. Todos os seus planos já estavam gravados naquele grande instrumento de registro – o subconsciente coletivo da mente universal. Os fatos de amanhã estão em nossa mente subconsciente. Como também os da próxima semana, ou os do próximo mês. E podem ser percebidos por pessoas de poderes psíquicos altamente desenvolvidos e por clarividentes.

Nenhum desastre ou tragédia pode nos acontecer se resolvemos orar. Nada é predeterminado ou preestabelecido. Nossa atitude mental – a maneira como pensamos, sentimos, cremos – determina nosso destino. Podemos, por meio de prece científica, moldar, construir e criar nosso futuro. *Aquilo que semeia, o homem colhe também.*

COM UM COCHILO GANHOU 15 MIL DÓLARES

Há alguns anos um aluno meu enviou-me um recorte de jornal relatando sobre um indivíduo chamado Ray Hammerstrom, que trabalhava como laminador em uma siderúrgica em Pittsburgh. A usina havia instalado recentemente uma nova máquina, que controlava o fornecimento de barras de ferro recém forjadas a uma instalação denominada camas de esfriamento. Mas, a despeito dos melhores esforços dos mecânicos, não se conseguiu que a máquina funcionasse devidamente. Engenheiros trabalharam no problema durante vários dias, sem resultado.

Hammerstrom refletiu bastante sobre o problema. Tentou imaginar um novo projeto que funcionasse. Nada lhe ocorreu. Certa tarde, deitou-se para tirar um cochilo. Caiu no sono ainda pensando no problema da manobra da fornada para a cama de esfriamento. Durante o cochilo, teve um sonho, no qual viu o desenho perfeito para a chave defeituosa. Ao acordar, fez um esboço do novo desenho, seguindo a orientação do sonho.

Esse cochilo visionário rendeu a Hammerstrom uma gratificação de 15 mil dólares, o maior prêmio que a empresa já dera a um empregado por uma ideia.

COMO UM FAMOSO PROFESSOR, DORMINDO, RESOLVEU SEU PROBLEMA

O Dr. H. V. Helprecht, eminente professor de assírio da Universidade da Pensilvânia, conta em suas memórias uma experiência extraordinária:

> Certa noite de sábado, eu me sentia muito cansado, tentando em vão decifrar dois pequenos fragmentos de ágata que se pensava pertencerem a anéis que haviam sido usados por babilônios.
>
> Por volta de meia-noite, cansado, exausto, fui dormir e tive o notável sonho seguinte: um alto e magro sacerdote de Nippur, de uns 40 anos, levou-me à câmara do tesouro do templo... um aposento pequeno, de teto baixo, sem janelas, com pedaços de ágata e lápis-lazúli espalhados pelo chão. Nesse local, ele se dirigiu a mim nas seguintes palavras: "Os dois fragmentos que o senhor discutiu separadamente nas páginas 22 e 26 formavam um par, não um anel. (...) Os dois primeiros anéis serviam como brincos na estátua do deus; os dois fragmentos [que estão em seu poder] (...) são partes deles. Se reunir os dois, vai obter confirmação de minhas palavras." Acordei imediatamente... Examinei os fragmentos... e, para meu espanto, tive a confirmação do sonho. O problema fora finalmente resolvido.

O relato demonstra claramente a manifestação criativa da mente subconsciente do professor, que conhecia a solução de todos os seus problemas.

COMO A MENTE SUBCONSCIENTE TRABALHOU PARA UM ESCRITOR FAMOSO ENQUANTO ELE DORMIA

Em um de seus livros, *Across the Plains*, Robert Louis Stevenson dedica um capítulo inteiro à questão dos sonhos. Ele era uma pessoa que tinha sonhos extraordinariamente vívidos. E cultivava o hábito de, todas as noites, antes de dormir, dar instruções específicas à mente subconsciente. Pedia-lhe que inventasse histórias, enquanto ele dormia. Se sua conta bancária estava com saldo baixo, por exemplo, o comando ao subconsciente era alguma coisa como: "Invente um bom e emocionante romance que seja aceito pelos editores e que me dê bom dinheiro." A mente subconsciente respondia de forma magnífica.

Conta Stevenson:

> Esses pequenos elfos [as inteligências e poderes de seu subconsciente] podem me contar uma história parte por parte, como se fosse um seriado, e me manter, seu suposto criador, durante todo tempo em total ignorância do lugar aonde vão chegar.
>
> A parte de meu trabalho realizada enquanto estou acordado [enquanto ele estava sabidamente consciente e desperto] não é, de modo nenhum, necessariamente minha, desde que tudo demonstra que os elfos participam dela mesmo nessas ocasiões.

DURMA EM PAZ E ACORDE ALEGRE

Se você sofre de insônia, vai achar muito eficaz a prece seguinte. Repita-a lenta, tranquila e carinhosamente antes de dormir:

Os dedos de meus pés estão relaxados, meus músculos abdominais estão relaxados, meu coração e meus pulmões estão relaxados, minhas mãos e meus braços estão relaxados, meu pescoço está relaxado, meu cérebro está relaxado, meu rosto está relaxado, meus olhos estão relaxados, toda a minha mente e meu corpo estão relaxados.

Por completo e livremente perdoo a todos e sinceramente lhes desejo harmonia, saúde, paz e todas as bênçãos da vida. Estou em paz, equilibrado, sereno, calmo. Descanso em segurança e em paz. Um grande silêncio se apossa de mim e uma grande calma aquieta todo o meu ser, enquanto me dou conta da Presença Divina em mim. Sei que a manifestação de vida e amor me curará.

Envolvo-me no manto do amor e adormeço cheio de boa vontade para com todas as pessoas. Durante toda a noite a paz permanecerá comigo, e pela manhã me sentirei transbordante de vida e amor. Um círculo de amor é traçado à minha volta. *Não temerei o mal porque tu estás comigo*. Durmo em paz, acordo alegre e *Nele vivo, movo-me e tenho todo o meu ser.*

RESUMO DE AJUDAS ÀS MARAVILHAS DO SONO

1. Se você está com medo de não acordar a tempo, sugira ao subconsciente, imediatamente antes de dormir, a hora exata em que quer acordar, e ele fará isso. O subconsciente não precisa de relógio. Faça a mesma coisa com todos os problemas. Nada há difícil demais para o subconsciente.
2. O subconsciente jamais dorme. Está sempre no "batente". Ele controla todas as suas funções vitais. Perdoe a si mesmo e a todos, antes de dormir, e a cura acontecerá com muito maior rapidez.
3. Orientação nos é dada enquanto dormimos, às vezes em sonho. As correntes de cura são liberadas, e pela manhã você se sente renovado e rejuvenescido.

4. Quando irritado com os aborrecimentos e conflitos do dia, pare as engrenagens da mente e pense na sabedoria e inteligência de sua mente subconsciente, que está sempre pronta para servi-lo. Essa atitude lhe dará paz, força e confiança.
5. O sono é essencial para a paz de espírito e a saúde do corpo. Falta de sono pode causar irritação, depressão e distúrbios mentais. Você precisa de oito horas de sono.
6. A pesquisa médica demonstra que, às vezes, a insônia precede os colapsos nervosos.
7. Você é espiritualmente recarregado durante o sono. Sono suficiente é essencial para a alegria e a vida plena.
8. O cérebro cansado sente tanta falta de sono que sacrificará tudo para poder dormir. Muitos motoristas que adormeceram ao volante são boas testemunhas desse fato.
9. Pessoas que sofrem de insônia têm memória medíocre e falta de coordenação motora. Ficam tontas, confusas e desorientadas.
10. O sono traz conselhos. Antes de dormir, diga que a inteligência infinita de sua mente subconsciente o orienta e dirige sua vida. Em seguida, espere pela "dica" que virá, às vezes, acordado.
11. Confie inteiramente no subconsciente. Convença-se de que a tendência dele é sempre para a vida. Às vezes, ele lhe responde com um sonho vívido e uma visão à noite. Você pode ser avisado de um perigo no sonho, como aconteceu com o autor deste livro.
12. Seu futuro já está agora em sua mente e tem como origem seus pensamentos e crenças habituais. Afirme que a inteligência infinita o conduz e guia, que todo bem é seu e que seu futuro será maravilhoso. Acredite nesse fato e aceite-o. Espere o melhor e, invariavelmente, o melhor lhe acontecerá.
13. Se estiver escrevendo um romance, peça de teatro, livro ou trabalhando numa invenção, converse à noite com a mente

subconsciente e afirme corajosamente que a sabedoria, inteligência e poder que ela possui o estão guiando, dirigindo e revelando a peça, romance, livro ou solução perfeita, qualquer que seja. Maravilhas acontecerão se você orar dessa maneira.

14
A mente subconsciente e os problemas matrimoniais

Todos os problemas matrimoniais são causados pela incapacidade dos interessados de compreender devidamente as funções e os poderes da mente. Atritos entre marido e mulher desaparecerão quando cada um deles usar corretamente a lei da mente. Orando juntos, eles permanecem juntos. A meditação sobre ideais divinos, o estudo das leis da vida, o acordo sobre um objetivo e plano comuns e o prazer da liberdade pessoal produzem aquele casamento harmonioso, aquela bem-aventurança a dois, aquele senso de unicidade em que dois se tornam um.

A melhor ocasião de prevenir o divórcio é antes do casamento. Não há nada de errado em querer livrar-se de uma situação insuportável. Mas, para começar, como é que chegamos a essa situação? Não seria melhor dar atenção à causa real dos problemas matrimoniais, chegar realmente à raiz do problema?

Os problemas de infelicidade, discórdia, separação e divórcio em nada diferem de todos os outros enfrentados por homens e mulheres. Suas origens podem ser encontradas na ignorância do funcionamento e inter-relação entre as mentes consciente e subconsciente.

O SENTIDO DO CASAMENTO

Para ser autêntico, o casamento deve começar sobre uma sólida base espiritual. Deve ser do coração, e o coração é o cálice do amor. Honestidade, sinceridade e bondade são aspectos do amor. Os cônjuges devem ser inteiramente honestos e sinceros um com o outro. Não há casamento verdadeiro quando um homem casa para satisfazer o próprio ego ou porque quer o dinheiro ou a posição social da esposa. Essa atitude indica falta de sinceridade, honestidade e de verdadeiro amor. Um casamento desses é uma farsa, uma fraude, um baile de máscaras a dois.

Se a mulher diz "Estou cansada de trabalhar. Quero casar porque quero segurança", sua premissa maior é falsa. Ela não usa corretamente as leis da mente. Sua segurança depende de conhecimento da interação entre as mentes consciente e subconsciente e respectiva aplicação.

A mulher jamais terá falta de saúde e riqueza se aplicar as técnicas descritas nos capítulos deste livro. A fortuna pode lhe chegar independentemente do marido, dos pais ou de qualquer outra pessoa. Ela não depende do marido para ter saúde, paz, alegria, inspiração, orientação, amor, riqueza, segurança, felicidade ou qualquer outra coisa no mundo. A segurança e a paz de espírito surgem quando reconhece os poderes que nela existem e quando usa constante e construtivamente as leis de sua própria mente.

COMO ATRAIR O MARIDO IDEAL

Se você estudou os capítulos precedentes, sabe agora como a mente subconsciente funciona. Sabe que tudo que nela gravar será vivenciado no seu mundo externo. Comece, agora, a gravar no subconsciente as qualidades e características que deseja em um homem.

A técnica seguinte é excelente: sente-se à noite em uma poltrona, feche os olhos, solte-se, relaxe o corpo, fique bem tranquila, passiva, receptiva. Converse com o subconsciente, dizendo-lhe:

> Estou atraindo, agora, para minha vida, um homem honesto, sincero, leal, fiel, de índole pacífica, feliz e próspero. Essas qualidades, que admiro, estão mergulhando agora em minha mente subconsciente. Enquanto penso nessas características, elas se tornam parte de mim e são assimiladas subconscientemente.
>
> Sei que há uma lei de atração, irresistível, e que ela atrai para mim um homem de acordo com o que acredito no subconsciente. Atraio aquilo que sinto ser verdade em minha mente subconsciente.
>
> Sei que posso contribuir para a paz e a felicidade desse homem. Ele ama meus ideais e eu amo os dele. Ele não quer me mudar, nem eu, mudá-lo. Há amor mútuo, liberdade e respeito entre nós.

Pratique esse processo de impregnar a mente subconsciente. Em seguida, você terá a alegria de atrair um homem que possui as qualidades e características em que pensou. A inteligência subconsciente abrirá um caminho, onde vocês se encontrarão, de acordo com o fluxo irresistível e constante de sua mente subconsciente. Desenvolva o forte desejo de dar o melhor de si em amor, dedicação e cooperação. Seja receptiva a essa dádiva de amor que deu à sua mente subconsciente.

COMO ATRAIR A ESPOSA IDEAL

Para atrair a companheira, para toda a vida, que você busca, afirme o seguinte:

Neste momento, estou atraindo a mulher certa, que está em perfeita harmonia comigo. Essa união é espiritual porque é amor divino, funcionando através da personalidade de alguém com quem me fundirei perfeitamente. Sei que a essa mulher posso dar amor, luz, paz e alegria. Sinto e acredito que posso lhe tornar a vida plena, completa e maravilhosa.

Afirmo, agora, que ela possui as seguintes qualidades e atributos: é uma pessoa espiritualizada, leal, fiel e sincera, de temperamento harmonioso, pacífico e feliz. Estamos sendo irresistivelmente atraídos um para o outro. Só aquilo que é inerente ao amor, à verdade e à beleza pode fazer parte de minha experiência. Aceito agora minha companheira ideal.

Enquanto pensa tranquilamente e com profundo interesse nas qualidades e nos atributos que admira na companheira que procura, você constrói na mente o equivalente mental do que quer. Em seguida, as correntes profundas da mente subconsciente reunirão vocês dois segundo a ordem divina.

NADA DE COMETER O TERCEIRO ERRO

Recentemente, Sheila B., uma mulher com anos de experiência como executiva, disse-me o seguinte: "Tive três maridos e todos eles foram passivos e submissos. Todos dependiam de mim para tomar quaisquer decisões e dirigir qualquer coisa. Por que é que eu atraio esse tipo de homens?"

Perguntei-lhe se soubera, antes de casar-se pela segunda vez, se o futuro marido possuía um caráter semelhante ao do primeiro.

"Claro que não", respondeu ela enfaticamente. "Se tivesse sabido que ele era tão banana, eu não teria querido nada com ele. E o mesmo aconteceu com o terceiro."

O problema de Sheila não estava nos homens com quem casou. Era resultado da constituição de sua própria personalidade. Ela era uma mulher profundamente determinada, com uma forte necessidade de permanecer no controle das situações em que se envolvia. Em certo nível, queria um companheiro que fosse submisso e passivo, de modo a poder desempenhar o papel dominante.

Simultaneamente, seu desejo mais profundo era ter um companheiro que fosse seu igual. A mente subconsciente atraía para ela o tipo de homem que subjetivamente queria, mas, quando o conhecia, descobria que ele não atendia às suas necessidades reais. Teve, por isso mesmo, que aprender a romper esse molde, adotando o processo certo de orar.

COMO ELA QUEBROU O MOLDE NEGATIVO

Sheila B., no fim, aprendeu uma verdade simples: quando acreditamos que podemos ter o tipo de companheiro que idealizamos, obtemos aquilo em que acreditamos.

Para quebrar o velho molde subconsciente e atrair o companheiro ideal, Sheila orou da seguinte maneira:

> Estou construindo e introduzindo em minha mente o tipo de homem que desejo profundamente. O homem que estou atraindo como marido é forte, poderoso, carinhoso, bem-sucedido, honesto, leal e fiel. Comigo ele terá felicidade e amor. Adoro segui-lo aonde ele me leva.
>
> Sei que ele me quer, e eu o quero. Sou honesta, sincera, carinhosa e bondosa. Tenho talentos maravilhosos para lhe oferecer, os dons da boa vontade, de um coração alegre e de um corpo sadio. Ele me oferece as mesmas coisas. É um trato mútuo. Dou e recebo.
>
> A inteligência divina sabe onde está esse homem e a sabedoria profunda de minha mente subconsciente

está, agora, à sua própria maneira, nos aproximando um do outro, e vamos nos reconhecer imediatamente. Transfiro esse pedido ao meu subconsciente, que sabe como transformá-lo em realidade. E dou graças pela solução perfeita.

Todos os dias ela orava dessa maneira, e essa era a primeira coisa que fazia pela manhã e a última antes de deitar-se. Afirmava essas verdades, sabendo e confiando em que, com o uso frequente da mente, obteria o equivalente daquilo que mentalizava e buscava.

A RESPOSTA À PRECE DE SHEILA

Vários meses se passaram. Sheila saiu, muitas vezes, com pretendentes a namorados e teve outros encontros sociais, mas nenhum dos homens que conheceu era o que procurava. E começou a perguntar-se se sua busca não era vã, a questionar, hesitar, duvidar, vacilar. Nessa altura, lembrou a si mesma que a inteligência infinita estava atendendo seu pedido à sua própria maneira. Não havia nada com que se preocupar. A sentença final no processo de seu divórcio lhe deu uma grande sensação de alívio e liberdade mental.

Logo depois, assumiu um novo cargo como executiva-chefe de uma cooperativa de médicos. No primeiro dia de trabalho, um dos médicos mais graduados foi à sua sala e se apresentou. Ele estivera fora da cidade, em um congresso médico, no dia em que ela fora entrevistada para o cargo.

No minuto em que ele entrou, ela teve certeza de que ele era o homem por quem estivera rezando. Aparentemente ele também soube disso. Em menos de um mês, pediu-a em casamento. O casamento que se seguiu foi para ambos o ideal de felicidade. Esse médico nada tinha de passivo ou submisso. Era forte, confiante e sabia o que queria. Muito respeitado na profissão, ex-atleta universitário, era também um homem profundamente espiritualizado.

Sheila teve atendida sua prece porque afirmou mentalmente o que queria, até chegar ao ponto de saturação. Em outras palavras, mental e emocionalmente tornou-se una com sua ideia, que se transformou em parte integrante de seu ser.

DEVO ME DIVORCIAR?

O divórcio é uma questão extremamente individual. Não pode haver uma resposta válida para todos. Para começar, em alguns casos, não deveria ter havido absolutamente casamento. Em outros, divórcio não é solução. Pode ser certo para um dos cônjuges, mas errado para o outro. Uma pessoa divorciada pode ser muito mais sincera e nobre do que muitos indivíduos casados que vivem uma mentira.

Certa vez, por exemplo, fui consultado por uma mulher cujo marido a espancava e a roubava para sustentar seu vício em drogas. Ela fora educada para acreditar que casamento é algo sagrado e para sempre, e que o divórcio, em consequência, é imoral. Expliquei-lhe que o casamento autêntico é o do coração. Se dois corações se combinam harmoniosamente, carinhosamente, sinceramente, esse casamento é ideal. A ação pura do coração é o amor.

Aceitando a explicação, ela soube o que devia fazer. No fundo do coração, sabia que não havia lei divina que a obrigasse a ser desconsiderada, intimidada e espancada simplesmente porque alguém um dia disse: "Eu os declaro marido e mulher."

Se está em dúvida sobre o que fazer, peça orientação. Saiba que há sempre uma resposta e que você vai recebê-la. Siga o palpite que lhe chega no silêncio da alma. Você o ouve em momentos de tranquilidade.

PARTINDO PARA O DIVÓRCIO

Conversei certa vez com dois jovens, casados havia apenas alguns meses, e que já estavam pensando em divórcio. Descobri que o rapaz sentia o medo constante de que a esposa o abandonasse. Contava com rejeição e acreditava que ela lhe seria infiel. Esses pensamentos se transformaram em obsessão.

A atitude mental dele era de separação e de desconfiança. A mulher demonstrava-lhe indiferença, mas isso era resultado dos próprios sentimentos do marido. A atmosfera de separação, operando por meio de sua mente subconsciente, gerou uma condição, ou ação, de acordo com o molde mental que a gerava. Há uma lei de ação e reação, de causa e efeito. O pensamento é a ação, e a resposta do subconsciente, a reação.

A esposa abandonou o lar e pediu divórcio – exatamente o que ele temia e que acreditava que ela faria.

O DIVÓRCIO COMEÇA NA MENTE

O divórcio acontece, em primeiro lugar, na mente; os procedimentos legais vêm depois. Esses dois jovens viviam cheios de ressentimento, medo, desconfiança e raiva. Tais atitudes enfraquecem, esgotam, debilitam todo o ser. Eles aprenderam, porém, que ódio divide e amor une. Começaram a compreender o que vinham fazendo com a mente. Nenhum dos dois conhecia a lei da ação mental. Estavam usando mal a mente e atraindo caos e sofrimento.

Por sugestão minha, o casal voltou a viver junto e tentou a terapia da oração. Começaram a irradiar amor, paz e boa vontade recíprocos. Individualmente, praticavam projetar harmonia, saúde, paz e amor para o outro, e todas as noites alternavam-se na leitura do livro dos Salmos. Como resultado desse esforço sincero da parte de ambos, e da impregnação do subconsciente com impulsos benéficos, o casamento está se tornando mais belo para eles a cada dia.

A ESPOSA QUE RECLAMA SEM PARAR

Muitas vezes, o motivo das reclamações da esposa é que não consegue atenção. A ânsia legítima de amor e afeição manifesta-se de uma maneira que afasta ainda mais o companheiro. Dê atenção e demonstre apreciação pela esposa. Faça-lhe elogios e exalte seus muitos pontos fortes.

Outro tipo de reclamação reflete o desejo de fazer com que o companheiro se encaixe em um determinado molde. Poucas maneiras são mais rápidas para afastar o companheiro. Esposas e maridos devem estar de guarda para não se transformarem em coveiros, procurando sempre pequenas falhas e erros no outro. Muito melhor será que deem atenção e elogiem as qualidades positivas e maravilhosas do outro.

O MARIDO MACAMBÚZIO

Se começa a ficar emburrado ou mórbido contra a esposa por causa de coisas que ela disse ou fez, o marido está, psicologicamente falando, cometendo adultério. Um dos sentidos do adultério é idolatria, que significa dar atenção ao que é negativo e destrutivo, ou unir-se mentalmente a isso. Quando em silêncio alimenta ressentimento contra a esposa e vive cheio de hostilidade contra ela, o marido comete adultério. Não está sendo fiel aos votos matrimoniais, que são os de amá-la, protegê-la e respeitá-la todos os dias de sua vida.

O homem caladão, amargurado e ressentido, porém, pode também engolir suas observações violentas, controlar a raiva e fazer um grande esforço para ser atencioso, bondoso, delicado. Habilmente, pode ignorar as diferenças. Com elogios e esforço mental, pode livrar-se do hábito do antagonismo. Embebendo o subconsciente com pensamentos de paz, harmonia e amor, vai descobrir que viverá melhor não só com a esposa, mas também com todas as outras pessoas em sua vida. Adote uma postura de tolerância e, no fim, você encontrará paz e harmonia.

O GRANDE ERRO

É um grande erro discutir seus problemas ou dificuldades matrimoniais com vizinhos e parentes. Vamos supor, por exemplo, que a esposa diz a um vizinho: "John trata minha mãe de maneira abominável, bebe demais e frequentemente me insulta e maltrata."

A esposa está degradando e amesquinhando o marido diante dos olhos de todos com quem conversa. Além disso, enquanto fala e insiste em falar dos defeitos dele, cria efetivamente esses estados em si mesma. Quem está pensando e sentindo isso? Ela! E como pensamos e sentimos, assim somos.

Parentes, via de regra, dão-nos conselhos errados. O conselho é, em geral, tendencioso e preconceituoso, porque nunca é oferecido de forma impessoal. E qualquer conselho recebido que viola a regra áurea, que é também uma lei cósmica, não é bom nem válido.

Vale ainda lembrar que até hoje não houve situação de dois seres humanos vivendo sob o mesmo teto sem choques de temperamento, períodos de mágoa ou tensões. Jamais revele para amigos o lado triste de seu casamento. Mantenha as brigas para si mesma. Evite criticar e condenar seu parceiro.

NÃO TENTE MUDAR SUA COMPANHEIRA

O marido jamais deve tentar transformar sua mulher em uma segunda edição de si mesmo. A tentativa indelicada de mudá-la é uma afronta, uma declaração de que ela não vale nada como é. Essas tentativas são sempre contraproducentes e, não raro, acabam destruindo o casamento. Tentar mudar alguém destrói-lhe o orgulho e a autoestima e desperta antagonismo e ressentimento, que talvez sejam fatais para o laço matrimonial.

Ajustes são necessários, claro. Nenhum de nós é perfeito, e isso se aplica também ao casamento. Se der uma boa olhada em sua própria mente e analisar seu caráter e comportamento, você vai encontrar defeitos suficientes para mantê-lo ocupado pelo resto da vida. Se pensa "Vou transformá-la naquilo que quero", está procurando briga e divórcio. Está pedindo sofrimento. E terá que aprender, a duras penas, que não há ninguém a reformar, a não ser você mesmo.

REZEM JUNTOS E PERMANEÇAM UNIDOS EM ORAÇÃO

Primeiro passo: jamais leve de um dia para o outro irritações acumuladas, causadas por pequenos desapontamentos. Antes de dormir, tenham o cuidado de se perdoarem mutuamente por quaisquer palavras grosseiras que disseram um ao outro durante o dia. Quando acordar pela manhã, afirme que a inteligência infinita orienta-o em todo o seu comportamento. Envie pensamentos carinhosos de paz, harmonia e amor ao companheiro, a todos os membros da família e a todo o mundo.

Segundo passo: dê graças no café da manhã. Dê graças pela comida gostosa, pela sua prosperidade, por todas as bênçãos que recebeu. Resolva que nenhum problema, preocupação ou discussão vão fazer parte da conversa à mesa. A mesma coisa aplica-se à hora das demais refeições. Diga à sua esposa, ou esposo: "Reconheço tudo que você faz e lhe envio amor e boa vontade durante todo o dia."

Terceiro passo: marido e mulher devem alternar-se em oração todas as noites. Não espere, como direito seu, certas coisas do cônjuge. Demonstre apreciação e amor. Pense em apreciação e boa vontade, e não em condenação, críticas e reclamações. A maneira de construir um lar perfeito e um casamento feliz consiste em usar os alicerces de amor, beleza, harmonia e respeito mútuo, fé em Deus e em todas as coisas boas. Antes de dormir, leia os Salmos 23, 27 e 91, o capítulo 11 da Epístola aos Hebreus e o 13 da Primeira Epístola aos Coríntios, e outros grandes textos da Bíblia. Praticando as verdades que eles contêm, seu casamento será cada vez mais abençoado ao longo dos anos.

PASSE EM REVISTA OS SEUS ATOS

1. A ignorância das leis mentais e espirituais é a causa de toda infelicidade no casamento. Rezando cientificamente juntos, vocês permanecem juntos.
2. A melhor ocasião de evitar o divórcio é antes do casamento. Se aprender a orar da maneira certa, atrairá o companheiro certo.
3. Casamento é a união de um homem e uma mulher, ligados pelo amor. Seus corações batem em uníssono e eles se movem para a frente, para cima e para Deus.
4. Casamento algum garante felicidade. Encontramos felicidade pensando nas verdades eternas de Deus e nos valores espirituais da vida. Nesse caso, homem e mulher podem contribuir para a felicidade e alegria recíprocas.
5. Você atrai o companheiro certo pensando nas qualidades e características que admira no homem ou na mulher. Em seguida, a mente subconsciente os aproximará dentro da ordem divina.
6. Você tem que instilar na mente o equivalente do que quer no companheiro. Se quer atrair um companheiro honesto, sincero, carinhoso, você tem que ser honesta, sincera e carinhosa.
7. No casamento, você não é obrigado a repetir erros passados. Quando realmente acreditar que conheceu o tipo de homem, ou mulher, que idealiza, sua crença se tornará realidade. Acreditar é aceitar alguma coisa como verdade. Agora, mentalmente, aceite seu companheiro ideal.

8. Não se pergunte como, por que ou onde vai conhecer o companheiro pelo qual reza. Confie, implicitamente, na sabedoria da mente subconsciente. Ela tem o poder de realizar aquilo para o qual foi criada. Você não precisa ajudá-la.
9. Você comete adultério quando se entrega a ressentimento, rancor, má vontade e hostilidade contra seu cônjuge. Está vivendo mentalmente com o erro. Respeite seus laços matrimoniais: "Prometo cuidar, amar e respeitar [fulano] durante todos os dias de minha vida."
10. Deixe de projetar padrões de medo a seu companheiro. Projete amor, paz, harmonia e boa vontade, e seu casamento se tornará mais belo e mais maravilhoso com a passagem dos anos.
11. Transmitam um ao outro amor, paz e boa vontade. Essas vibrações são captadas pela mente subconsciente, resultando em confiança, afeição e respeito mútuo.
12. O companheiro reclamador está, em geral, querendo atenção e apreciação. Está ansiando por amor e afeição. Elogie e exalte suas boas qualidades. Mostre-lhe que o ama e aprecia.
13. Pessoas que se amam nada fazem que, por pensamento, palavras e atos, revele indiferença ou falta de bondade recíproca. O amor é o que o amor faz.
14. No caso de problemas matrimoniais, procure sempre aconselhamento especializado. Você não procuraria um marceneiro para extrair um dente nem deve discutir seus problemas com parentes ou amigos. Se precisa de aconselhamento, procure um profissional.
15. Jamais tente mudar seu marido ou esposa. Essas tentativas são sempre tolas e tendem a destruir o orgulho e a autoestima do companheiro. Além do mais, provocam ressentimento, que pode ser destrutivo para os laços matrimoniais. Acabe com essa de querer transformar o companheiro em uma segunda edição de si mesma.

16. Rezem juntos e permanecerão juntos. A prece científica resolve todos os problemas. Imagine a esposa como ela deve ser: alegre, feliz, sadia e bela. Veja seu marido como ele deve ser: forte, poderoso, carinhoso, harmonioso e bondoso. Mantenha essa imagem mental e vivenciará um casamento feito no céu, que é sinônimo de harmonia e paz.

15
Mente subconsciente e felicidade

William James, o pai da psicologia americana, disse certa vez que a maior descoberta do século XIX não fora feita no reino da ciência física. A maior de todas foi o poder do subconsciente, ativado pela fé. Todos os seres humanos possuem esse tesouro ilimitado de poder, capaz de superar qualquer problema.

Felicidade autêntica e duradoura surgirá em sua vida no dia em que você compreender com clareza que pode vencer qualquer fraqueza – no dia em que se der conta de que o subconsciente pode solucionar seus problemas, curar seu corpo e dar-lhe uma prosperidade além do seu sonho mais ambicioso.

Você pode ter se sentido muito feliz quando noivou com a companheira de seus sonhos. Ou quando se formou na universidade, casou-se, nasceu seu filho, quando obteve uma grande vitória ou ganhou um prêmio. E poderia continuar a citar outras experiências que o fizeram feliz. Ainda assim, por mais maravilhosas que tenham sido, elas nao lhe dão felicidade duradoura. São transitórias.

O Livro dos Provérbios dá a solução para isso: *O que confia no Senhor, esse é feliz*. Quando confiamos no Senhor (o poder e a sabedoria de nossa mente subconsciente) para conduzir, guiar, governar e dirigir todas as nossas atividades, nos tornamo equilibrados, serenos, relaxados. Enquanto irradiamos amor, paz e boa vontade para todos, estamos, na realidade, construindo uma superestrutura de felicidade para todos os dias de nossa vida.

TEMOS QUE ESCOLHER FELICIDADE

A felicidade é um estado de mente. Há na Bíblia a seguinte afirmação: *Escolhei hoje a quem sirvais.* Você tem a liberdade de escolher felicidade. Esse conselho pode parecer extraordinariamente simples, e é. E talvez seja por isso que pessoas tropeçam no caminho para a felicidade: não reconhecem a simplicidade do caminho para alcançá-la. As grandes coisas da vida são simples, dinâmicas e criativas. E produzem bem-estar e felicidade.

Nas palavras a seguir, São Paulo nos revela como, pelo pensamento, podemos achar o caminho para uma vida de poder dinâmico e felicidade:

> Finalmente, irmãos, tudo o que é verdadeiro, tudo o que é respeitável, tudo o que é justo, tudo o que é puro, tudo o que é amável, tudo o que é de boa fama, se alguma virtude há e se algum louvor existe, seja isso o que ocupe vosso pensamento. (Epístola aos Filipenses 4:8)

COMO ESCOLHER FELICIDADE

Comece, agora, a escolher felicidade. E faça-o assim: ao abrir os olhos pela manhã, diga a si mesmo:

> A ordem divina dirige minha vida hoje e todos os dias. Todas as coisas trabalharão hoje em conjunto para o meu bem. Esse é, para mim, um novo e maravilhoso dia. Nunca haverá outro igual a esse. Serei divinamente orientado o dia inteiro e, o que quer que eu faça, prosperarei. O amor divino cerca-me, abraça-me, envolve-me. e andarei em paz.
>
> Em todas as ocasiões em que minha atenção se desviar do que é bom e construtivo, irei trazê-la imediata-

mente de volta para a contemplação do que é belo e de boa fama. Eu sou um ímã espiritual e mental, atraindo todas as coisas que me abençoam e me fazem prosperar. Vou ser hoje um sucesso maravilhoso em tudo que fizer. Vou, definitivamente, ser feliz durante todo o dia.

Começando dessa maneira todos os seus dias, estará escolhendo felicidade e será uma pessoa alegre e radiante.

ELE FORMOU O HÁBITO DE SER FELIZ

Há alguns anos hospedei-me durante uma semana na casa de um agricultor em Connemarra, na costa oeste da Irlanda. O dono da casa passava o dia inteiro cantando, assoviando, bem-humorado. Perguntei-lhe qual o segredo de tanta felicidade.

– De fato, é um hábito no meu caso – respondeu ele. – Todas as manhãs, quando acordo, e todas as noites, quando vou dormir, abençoo minha família, as plantações, o gado, e agradeço a Deus pela colheita maravilhosa.

O agricultor vinha fazendo isso habitualmente nos últimos 40 anos. Como sabemos, pensamentos repetidos regular e sistematicamente mergulham na mente subconsciente e tornam-se habituais. Ele descobriu que felicidade é hábito.

VOCÊ TEM QUE DESEJAR SER FELIZ

Todo aquele que quer ser feliz precisa lembrar-se de um ponto importante: você tem que desejar realmente ser feliz. Há pessoas que vivem deprimidas, numa pior, e infelizes por tanto tempo que, se fossem tornadas inesperadamente felizes por alguma notícia boa, alegre, maravilhosa, reagiriam como uma mulher me disse certa vez: "É errado ser tão feliz assim!" Essas pessoas se acostumaram tanto a velhos moldes mentais que não se sentem bem quando estão felizes. Anseiam por voltar ao estado conhecido de depressão e infelicidade.

Conheci na Inglaterra uma senhora idosa que durante anos sofrera de artrite. Ela dava palmadinhas no joelho, dizendo: "Minha artrite está hoje um horror. Não posso sair de casa, de jeito nenhum. Minha artrite me faz sofrer tanto." Em virtude de seu estado, essa mulher recebia um bocado de atenção do filho, da filha, dos vizinhos. Ela, realmente, queria a artrite. Adorava seu "sofrimento", como o chamava. No nível do subconsciente, não queria realmente ser feliz.

Sugeri-lhe um procedimento curador. Copiei alguns versículos bíblicos e lhe disse que, se aceitasse essas verdades, sua atitude mental certamente mudaria. A fé e a confiança lhe restaurariam a saúde. Ela não se interessou. Tal como muitas pessoas, sofria de um defeito mental peculiar, mórbido. Adorava sentir-se sofredora e triste, ou pelo menos adorava as atenções que o sofrimento lhe trazia.

POR QUE ESCOLHER INFELICIDADE?

Numerosas pessoas escolhem infelicidade sem saber o que fazem. E fazem isso ao alimentar a ideias como:

- Hoje é um dia ruim. Tudo vai dar errado.
- Não vou conseguir.
- Todo mundo está contra mim.
- Os negócios estão ruins e vão piorar.
- Estou sempre atrasada.
- Eu nunca tenho uma oportunidade.
- Ele pode. Eu, não.

Se você adota essa atitude mental como primeira coisa pela manhã, atrai todas essas situações, e será muito infeliz.

Comece por compreender que o mundo em que vive é em grande parte determinado pelo que acontece em sua mente. Marco Aurélio, o grande sábio e filósofo romano, disse certa vez: "A vida é aquilo que dela fazem os pensamentos do homem." Ralph Waldo Emerson, ilustre filósofo americano do século XIX, observou, por sua vez: "O homem é aquilo que ele pensa o dia inteiro." Os pensamentos que habitualmente o ocupam têm a tendência de se materializar em estados físicos.

Resolva não se entregar a pensamentos negativos, derrotistas, maldosos e deprimentes. Lembre-se, frequentemente, de que não pode experimentar coisa alguma que esteja fora de sua mente.

SE EU TIVESSE 1 MILHÃO DE DÓLARES, SERIA FELIZ

A riqueza, em si e por si mesma, não torna ninguém feliz. Por outro lado, não prejudica a felicidade. Hoje em dia muitas pessoas tentam comprar felicidade adquirindo coisas – um aparelho de TV de alta definição, o carro mais moderno, roupas caríssimas de grife, uma casa no campo. A felicidade, porém, não pode ser comprada ou obtida dessa maneira.

O reino da felicidade está em nossos pensamentos e sentimentos. Um número grande demais de pessoas alimenta a ideia de que é preciso alguma coisa externa para ser feliz. E dizem: "Se eu fosse eleito prefeito, nomeado executivo-chefe da empresa, mencionado nas colunas sociais, seria feliz."

Na verdade, porém, felicidade é um estado mental e espiritual. Promoção e honrarias de modo nenhum criam felicidade. Sua força, alegria e felicidade consistem em descobrir a lei da ordem divina e da ação certa, vigentes em sua mente subconsciente, e em aplicar esses princípios a todos os aspectos da vida.

ELE DESCOBRIU QUE FELICIDADE É A COLHEITA DE UMA MENTE TRANQUILA

Quando eu ministrava cursos em São Francisco, há alguns anos, fui procurado por um homem que se sentia muito infeliz e deprimido devido à sua vida profissional. Ele era gerente de uma grande empresa. Sentia o coração cheio de ressentimento contra o vice-presidente e o presidente da companhia. Achava que a oposição deles às suas ideias estava levando a empresa ao desastre. Os lucros vinham caindo, assim como a participação da firma no mercado. Descia também o preço das ações da empresa, o que muito o preocupava, porque grande parte de sua remuneração era de opção para compra de ações.

Ele resolveu seu problema da seguinte forma: como primeira coisa a cada manhã, afirmava tranquilamente o seguinte:

> Todos os que trabalham em nossa empresa são honestos, sinceros, cooperativos, leais e cheios de boa vontade para com todos os seus colegas. São elos mentais e espirituais na cadeia de crescimento, sucesso e prosperidade dessa empresa. Em pensamentos, palavras e atos, eu envio amor, paz e boa vontade para meus dois colegas e para todos os que trabalham na companhia.
>
> O presidente e o vice-presidente são divinamente orientados em tudo que fazem. A inteligência infinita de minha mente subconsciente toma todas as suas decisões através de mim. Só há uma ação correta em todas as nossas operações empresariais e em nossos relacionamentos recíprocos.
>
> À minha frente, envio ao escritório mensageiros de paz, amor e boa vontade. Paz e harmonia reinam supremas na mente e no coração de todos na companhia, nos meus, inclusive. Vou iniciar agora um novo dia, e estou cheio de fé, confiança e certeza.

Esse executivo repetia três vezes pela manhã a afirmação acima, sentindo a verdade do que afirmava. Quando pensamentos de medo ou raiva surgiam em sua mente, ele dizia a si mesmo: "Paz, harmonia e equilíbrio governam minha mente em todas as ocasiões."

Continuando a disciplinar a mente dessa maneira, os pensamentos nocivos deixaram de surgir e a paz instalou-se em sua mente. E ele fez a colheita.

Tempos depois, ele me escreveu dizendo que ao cabo de duas semanas de reordenamento da mente o presidente e o vice-presidente chamaram-no, elogiaram-lhe as operações e as novas ideias construtivas e disseram que se sentiam felizes em tê-lo como gerente. Ele ficou muito feliz ao descobrir que o homem encontra felicidade dentro de si mesmo.

A PEDRA OU O TOCO NÃO ESTÃO REALMENTE ALI

Há anos um amigo me contou a história de um cavalo que ficara assustado com uma cobra enrodilhada perto de um toco de árvore na estrada. Daí em diante, sempre que se aproximava do toco, o cavalo refugava. O fazendeiro arrancou o tronco, queimou-o e nivelou a estrada. Mesmo assim, durante anos depois disso, sempre que passava pelo local do antigo toco, o cavalo refugava. O cavalo refugava *lembrando-se* do toco.

Não há nenhuma pedra no caminho de sua felicidade, salvo em seus próprios pensamentos e imagens mentais. Medo ou preocupação o estão segurando? O medo é um pensamento na mente. Você pode desenterrá-lo agora mesmo, substituindo-o por fé no sucesso, na realização pessoal e na vitória sobre todos os problemas.

Conheci um homem cuja empresa foi à falência. Disse-me ele: "Cometi erros, mas aprendi muito com eles. Vou voltar aos negócios, e serei um imenso sucesso." Ele olhou de frente para o toco que tinha na mente. Não se lamentou nem se queixou. Em vez disso, arrancou do chão o toco do fracasso. Acreditando que seus poderes interiores o ajudariam, baniu todos os pensamentos de medo e a velha depressão. Acredite em si mesmo e terá sucesso e felicidade.

A PESSOA MAIS FELIZ

A pessoa mais feliz é aquela que constantemente traz à luz, e pratica, tudo que há de melhor em si mesma. Felicidade e virtude se complementam. Não só os melhores são os mais felizes, porém os mais felizes são, geralmente, os melhores na arte de viver com sucesso. Deus é o que há de mais nobre e melhor em você. Manifeste cada vez mais o amor, a luz, a verdade e a beleza de Deus e você se tornará uma das pessoas mais felizes deste mundo.

Epicteto, o filósofo estoico grego, disse o seguinte:

> Só há um caminho para a paz de espírito e a felicidade. Que estas palavras estejam sempre à tua disposição, quando acordares cedo pela manhã, durante todo o dia e quando fores dormir, isto é, as de não aceitares como tuas as coisas externas, mas as ofereceres a Deus.

PASSOS PARA A FELICIDADE

1. Disse William James que a maior descoberta do século XIX foi o poder da mente subconsciente, ativado pela fé.
2. Dentro de você há um poder imenso. A felicidade chegará a você quando desenvolver uma confiança sublime nesse poder. Nessa ocasião, transformará em realidade todos os seus sonhos.
3. Você pode se reerguer vitorioso de qualquer derrota e tornar realidade os sonhos mais acalentados de seu coração, graças ao poder maravilhoso da mente subconsciente. Esse é o sentido de *O que confia no Senhor* [as leis espirituais da mente subconsciente] *é feliz*.
4. Você tem que escolher felicidade. Felicidade é hábito. E é um bom hábito, no qual deve pensar com frequência.

> Finalmente, irmãos, tudo o que é verdadeiro, tudo o que é respeitável, tudo o que é justo, tudo o que é puro, tudo o que é amável, tudo o que é de boa fama, se alguma virtude há e se algum louvor existe, seja isso o que ocupe vosso pensamento. (Epístola aos Filipenses 4:8.)

5. Ao abrir os olhos pela manhã, diga para si mesmo: "Hoje escolhi felicidade. Hoje escolhi sucesso. Escolho hoje a ação correta. Escolho hoje amor e boa vontade para com todas as pessoas. Hoje, escolho paz." Sature de vida, amor e confiança essa afirmação e terá a felicidade escolhida.
6. Várias vezes por dia dê graças pelas bênçãos recebidas. Além disso, ore por paz, felicidade e prosperidade para os membros de sua família, colegas de trabalho e todas as pessoas, em toda parte.
7. Você tem que desejar sinceramente ser feliz. Nada é conseguido sem desejo. Desejo é anelo com as asas da imaginação e da fé. Imagine a concretização do desejo, sinta-lhe a realidade e ele se concretizará. A felicidade chega na prece atendida.
8. Remoendo constantemente pensamentos de medo, preocupação, raiva, ódio e fracasso, você se torna deprimido e infeliz. Lembre-se, sua vida é o que dela fazem seus pensamentos.
9. Você não pode comprar felicidade, nem que tenha todo o dinheiro do mundo. Alguns milionários são felizes; outros, infelizes. Muitas pessoas com pouca riqueza material são felizes; outras, infelizes. Algumas pessoas casadas são felizes; outras, infelizes. Alguns solteiros são felizes; outros, infelizes. O reino da felicidade está em nossos pensamentos e sentimentos.
10. A felicidade é a colheita da mente tranquila. Lastreie os pensamentos com paz, equilíbrio, segurança e orientação divina e sua mente gerará felicidade.

11. Não há nenhuma pedra no caminho de sua felicidade. Fatores externos não são causas de infelicidade, são efeitos. Pegue a deixa com o princípio criativo único existente em você. Seu pensamento é a causa e novas causas produzem novos efeitos. Escolha felicidade.
12. A pessoa mais feliz é aquela que traz para fora o que há de mais nobre e melhor em si mesma. Deus é o mais nobre e melhor que existe em você, e o reino de Deus está dentro de nós.

16
Mente subconsciente e relações humanas harmoniosas

Um conceito de importância vital que você aprendeu com o estudo deste livro foi que a mente subconsciente assemelha-se a um gravador e que reproduz fielmente tudo que você nele carrega. Esse é um dos motivos por que a Regra Áurea tem tanta importância para a criação e manutenção de um equilíbrio harmonioso em seus relacionamentos:

> Não julgueis para que não sejais julgados. (Mateus 7:1-2)

Essa lição encerra sentidos tanto externos quanto internos. O interno diz respeito à conexão entre as mentes consciente e subconsciente. Ou, parafraseando as Escrituras:

- Como gostaria que os outros pensassem sobre você, pense neles da mesma maneira.
- Como gostaria que se sentissem a seu respeito, sinta a respeito deles também.
- Como gostaria que os outros se comportassem em relação a você, comporte-se em relação a eles.

Você, por exemplo, pode ser polido e cortês com um colega no escritório, mas quando ele volta as costas, critica-o e sente rancor. Pensamentos negativos como esses são altamente destrutivos para você. É como se você tomasse veneno. A energia negativa que eles geram rouba sua vitalidade, entusiasmo, vigor, orientação superior e boa vontade. Mergulhando no subconsciente, esses pensamentos e emoções negativos causam todos os tipos de problemas e doenças em sua vida.

A CHAVE MESTRA PARA OS RELACIONAMENTOS FELIZES

> Não julgueis para que não sejais julgados. Pois com o critério que julgardes, sereis julgados; e com a medida com que tiverdes medido, vos medirão também. (Mateus 7:1-2)

A chave para as relações harmoniosas encontra-se no estudo atento desses versículos e na aplicação das verdades internas que eles representam. Julgar é pensar, chegar a um veredicto mental ou a uma conclusão. O modo como você pensa sobre outra pessoa é *seu*, porque *você* é o ser pensante. Pensamentos são criativos. Por conseguinte, você cria efetivamente em sua experiência o que pensa e sente sobre outra pessoa. A sugestão que dá a outrem dá também a si mesmo, porque sua mente é o instrumento criador.

Esse é o motivo de o evangelista afirmar: *Pois com o critério que julgardes, sereis julgados.* Isso significa que, aplicando padrões e critérios aos demais, você os cria no subconsciente, que, em seguida, os aplica em você. Uma vez que conheça essa lei e compreenda a maneira como o subconsciente funciona, você terá sempre cuidado ao pensar, sentir e agir da maneira correta em relação aos outros porque, assim fazendo, estará criando uma situação de ação, sentimento e pensamento corretos para você mesmo.

E com a medida com que tiverdes medido, vos medirão também. O bem que você faz aos demais volta em idêntica medida, como também o mal, obedecendo à lei que regula sua própria mente. Se alguém rouba ou engana outra pessoa, ele está, na realidade, roubando e enganando a si mesmo. A sensação de culpa e o estado de perda, inevitavelmente, atrairão para ele, no futuro, a perda que provocou. A mente subconsciente grava o ato mental que praticamos e reage de acordo com a intenção ou motivação desse ato.

O subconsciente é impessoal e imutável e não leva em consideração pessoas nem respeita afiliações religiosas ou instituições de qualquer tipo. Não é compassivo nem vingativo. A maneira como você pensa, sente e age em relação aos outros volta, no fim, para você mesmo.

AS MANCHETES DEIXAVAM-NO DOENTE

Comece agora a se observar. Observe suas reações a pessoas, condições e circunstâncias. Anote-as em uma caderneta para estudo posterior. Como reagiu aos fatos e notícias do dia? Não faz a mínima diferença se todas as outras pessoas estão erradas e só você está certo. Se as notícias o incomodam, quem praticou o mal contra você foi você mesmo, uma vez que as emoções negativas roubaram sua paz e harmonia.

Recebi carta de uma mulher pedindo ajuda para o marido. Explicava que ele tinha acessos de raiva toda vez que lia certa coluna do jornal. E acrescentava que essa reação constante de raiva e de fúria reprimida era péssima para a pressão arterial muito alta do marido. O médico lhe dissera que tinha que descobrir uma maneira de reduzir o estresse por meio de recondicionamento emocional.

Convidei o marido para me visitar. Expliquei-lhe a maneira como a mente funciona. Ele compreendia que era um sinal de imaturidade emocional ficar zangado com um artigo de jornal, mas não tinha ideia dos danos que a raiva provocava em sua mente e em seu corpo.

Começou por reconhecer que devia dar ao colunista liberdade de expressar-se como quisesse, mesmo que dele discordasse politicamente, religiosamente e de outras maneiras. De forma idêntica, o colunista devia, por questões morais, dar-lhe a liberdade de escrever uma carta ao jornal, discordando das suas opiniões. Ele aprendeu que podia discordar sem ser desagradável. Acordou para a verdade simples de que não é nunca o que outra pessoa diz que nos afeta, mas, sim, nossa própria reação ao que é dito ou feito.

Essa explicação ajudou-o a curar-se. Reconheceu que com um pouco de prática poderia dominar essas crises matutinas de mau humor. A esposa me contou mais tarde que ele acabou por aprender a rir do que dizia aquele colunista, com quem tanto antipatizava. E aprendeu também a rir de si mesmo por reagir com tal veemência. A coluna do jornal não tem mais o poder de perturbá-lo, incomodá-lo, irritá-lo. A hipertensão arterial está sob controle, como resultado do aumento de seu equilíbrio emocional e serenidade.

ODEIO MULHERES, MAS GOSTO DE HOMENS

Cynthia R. era secretária-executiva de uma grande empresa. Veio me procurar porque sentia grande raiva de algumas colegas de escritório. Achava que elas andavam fazendo fofocas e espalhando mentiras a seu respeito. Ao ser questionada, reconheceu que tinha muitos problemas em seus relacionamentos com outras mulheres. E disse: "Odeio mulheres, mas gosto de homens."

Continuando nossa conversa, descobri que Cynthia falava de forma arrogante, insolente e áspera às funcionárias que chefiava. Havia certa vaidade na maneira como falava, e eu lhe disse que o tom de voz que usava poderia afetar desagradavelmente outras pessoas. Ela não se dava conta disso. Para ela, o ponto importante era que as colegas adoravam criar-lhe casos.

Se todos em seu escritório ou fábrica o incomodam, não será possível que esse aborrecimento e clima hostil possam ser causados por algum padrão subconsciente ou projeção mental de sua parte? Todos nós sabemos que cães reagem ferozmente se os odiamos ou tememos. Animais captam nossas vibrações subconscientes e reagem a isso. Será tão absurdo assim dizer que seres humanos são tão sensíveis nesse particular como cães, gatos e outros animais?

A essa mulher que odiava mulheres sugeri um tipo de oração. Expliquei-lhe que quando ela começasse a identificar-se com valores espirituais e a afirmar as verdades da vida, o ódio às mulheres desapareceria inteiramente, bem como aquele jeito de falar e maneirismo que revelava aos outros que os odiava. Ela ficou espantada em saber que as emoções aparecem na fala, nos atos, textos e em todos os aspectos de nossa vida.

Como resultado de nossa conversa, Cynthia parou de comportar-se de sua maneira típica, ressentida e irritada. Criou uma oração que recitava de modo regular, sistemático e consciente no escritório.

A prece que usou com tanto sucesso foi a seguinte:

Penso, falo e ajo carinhosa, tranquila e pacificamente. Agora, envio amor, paz, tolerância e bondade a todos que me criticaram e fizeram fofoca a meu respeito. Baseio meus pensamentos em paz, harmonia e boa vontade para com todas as pessoas.

Quando sinto que estou prestes a reagir negativamente, digo com firmeza a mim mesma: "Eu penso, falo e ajo do ponto de vista do princípio da harmonia, saúde e paz existente em mim." A inteligência criativa me guia, governa e dirige em todos os meus atos.

A prática da prece transformou-lhe a vida. Descobriu que a atmosfera de crítica e aborrecimento no escritório desapareceu gradualmente. As colegas tornaram-se amigas e companheiras na jornada da vida. Descobriu a verdade de que não temos ninguém a criticar nem ninguém a mudar, só nós mesmos.

O DIÁLOGO INTERIOR IMPEDIA-LHE A PROMOÇÃO

Certo dia, um vendedor, Jim S., veio me procurar. Estava muito preocupado com os problemas que enfrentava, trabalhando com o gerente de vendas de sua empresa. Estava na companhia havia dez anos e jamais recebera qualquer promoção ou reconhecimento pelos seus esforços. Mostrou-me suas estatísticas de venda. Notei logo que elas eram proporcionalmente mais altas do que as de outros colegas seus que cobriam o mesmo território. A explicação que ele dava era que o gerente de vendas não o suportava. E dizia que era tratado injustamente. Em reuniões, o gerente ridicularizava-lhe as sugestões e em certas ocasiões chegara a tratá-lo com grosseria.

Depois de analisarmos juntos a situação, opinei que a causa de todos os seus problemas lhe cabia, em grande parte. A ideia que fazia de seu superior e a maneira como o julgava justificavam-lhe a reação. Os critérios com que julgamos serão os mesmos com que nos julgarão. O critério e conceito que Jim fazia do gerente eram os aplicáveis a um homem mesquinho, preconceituoso e briguento. Jim sentia-se amargo e hostil contra o chefe. A caminho do trabalho, mantinha uma vigorosa conversa consigo mesmo, cheia de críticas, argumentos, recriminações e denúncias contra o gerente.

O que mentalmente dava, Jim era inevitavelmente obrigado a receber de volta. Ao fim de nossa conversa, ele reconheceu que seu diálogo interior era altamente destrutivo. A intensidade e a força dos seus pensamentos e emoções, a condenação mental e aviltamento do gerente penetravam em sua mente subconsciente. Isso gerava a reação negativa do chefe, bem como lhe criava outros distúrbios pessoais, físicos e emocionais.

Por insistência minha, Jim começou a orar com frequência, da seguinte maneira:

> Em meu universo mental, eu sou o único pensador. Sou responsável pelo que penso sobre meu chefe. Meu gerente não é responsável pelo que penso sobre ele. Recuso-me a conceder poder a qualquer pessoa, lugar ou coisa que me aborreçam ou me perturbem. Desejo saúde, sucesso, paz de espírito e felicidade a meu chefe. Sinceramente, desejo-lhe o bem, e sei que ele é divinamente orientado em tudo que faz.

Lenta, tranquila e sinceramente, repetia a oração, sabendo que a mente é como um jardim e que tudo que nele plantamos brota como sementes, que se transformam no que são por natureza.

Ensinei-o também a praticar visualização e criação de imagens mentais antes de dormir. Ele criou um cenário no qual o gerente cumprimentava-o pelo seu excelente trabalho, elogiava-lhe a seriedade e o entusiasmo e mencionava a reação maravilhosa que ele despertava nos clientes. Jim vivenciou a realidade de tudo isso. Sentiu o calor do aperto de mãos do chefe, notou-lhe o tom de voz e observou-lhe o sorriso. Rodou um verdadeiro filme mental, dramatizando-o da melhor maneira que pôde. Noite após noite, reapresentava o filme, sabendo que a mente subconsciente era o meio receptivo no qual seriam gravadas essas imagens intencionalmente concebidas.

Gradualmente, por um processo que podemos considerar como osmose mental e espiritual, ele produziu uma impressão no subconsciente. A manifestação dessa impressão no mundo objetivo ocorreu automaticamente. Tempos depois, o gerente chamou-o a São Francisco, deu-lhe parabéns e promoveu-o a gerente da divisão de vendas, com aumento de responsabilidades e substancial elevação de salário. Logo que mudou o conceito e a estimativa que fazia do chefe, a mente subconsciente de Jim providenciou para que ele reagisse na mesma proporção.

TORNANDO-SE EMOCIONALMENTE MADURO

O que alguém diz não pode, na realidade, nos incomodar ou nos irritar, a menos que *permitamos* que isso aconteça. A única maneira como alguém pode nos perturbar é por meio de nosso próprio pensamento. Se ficamos zangados, temos que passar por quatro estágios mentais. Começamos por pensar no que foi dito. Resolvemos ficar zangados e geramos a emoção da raiva. Em seguida, decidimos agir. Talvez com palavras ou indo às vias de fato. Como você vê, o pensamento, a emoção, a reação e a ação, todos ocorrem em nossa mente.

Mas o que significa ser emocionalmente maduro? Significa que ultrapassamos a tendência natural, mas também infantil, de responder com negatividade às críticas e ressentimentos dos outros. Ninguém gosta de ser criticado ou menosprezado. Temos, contudo, a capacidade de escolher como reagir quando isso acontece. A escolha madura consiste em evitar responder de forma analogamente negativa. Pagar na mesma moeda significa se colocar no nível da crítica humilhante e tornar-se uno com a atmosfera negativa do outro. Identifique-se com seu objetivo na vida. Não permita que qualquer pessoa, lugar ou coisa o desvie de seu senso interior de paz, tranquilidade e saúde radiante.

O SENTIDO DO AMOR EM RELAÇÕES HUMANAS HARMONIOSAS

Sigmund Freud, o fundador da psicanálise e uma das mais importantes figuras da história da psicologia, declarou que, a menos que haja amor na personalidade do indivíduo, ele adoece e morre. Amor inclui compreensão, boa vontade e respeito pela divindade do próximo. Quanto mais amor e boa vontade projetamos e transpiramos, mais recebemos deles de volta.

Se agredimos e ferimos o ego de alguém, afetando-lhe a autoestima, não podemos conquistar sua boa vontade. Reconheça que todos querem ser amados e apreciados. Neste mundo, todas as pessoas precisam sentir-se importantes. Compreenda que a outra pessoa conhece seu verdadeiro valor. Tal como você, ela sente a dignidade de ser uma manifestação do princípio de vida único, que anima todas as pessoas. Ao fazer isso, deliberada e conscientemente, você reforça o ego da outra pessoa, e ela retribui com amor e boa vontade.

ELA ODIAVA A PLATEIA

Marie C. sempre sonhou em ser atriz. Estudou teatro na faculdade, teve a boa sorte de ser contratada por uma importante companhia de teatro de uma região do país que ela não conhecia. Na primeira vez em que se apresentou com a companhia, foi vaiada. Desanimada e zangada, resolveu que o povo daquela região era estúpido, ignorante, atrasado. Odiou-o. Após um período muito ruim, foi dispensada pela companhia. Voltou para a região onde crescera, deixou o teatro e foi trabalhar como garçonete.

Certo dia, uma amiga convidou-a para assistir a uma palestra minha no prédio da prefeitura de Nova York, sobre o tópico "Como se dar bem consigo mesmo". A palestra mudou-lhe a vida. Começou a perceber que reagira de forma errada à experiência com a companhia regional. Reconheceu, de início, que a peça em que trabalhara não era lá grande coisa e que, como novata na companhia, provavelmente não dera o melhor de si mesma. O problema não fora a plateia, mas a maneira como aceitara a reação e se voltara contra ela, desenvolvendo uma energia negativa.

Marie resolveu voltar ao palco e retomar o velho sonho de ser atriz. Começou a orar sinceramente pelas plateias e por si mesma. Todas as noites, antes de entrar no palco, enviava amor e boa vontade à audiência. Transformou em hábito dizer que a paz de Deus estava no coração de todos os presentes e que eles se sentiam enaltecidos e inspirados. Em todas as representações, enviava vibrações de amor à plateia. Hoje, ocupa um lugar importante no teatro. Transmite boa vontade e carinho aos que vão vê-la, e eles retribuem na mesma moeda.

LIDANDO COM PESSOAS DIFÍCEIS

Não deve ser surpresa para ninguém que algumas pessoas neste mundo sejam figurinhas difíceis, mentalmente desequilibradas, tortas. Mal condicionadas. Muitas delas são delinquentes mentais, criadoras de casos, hostis, briguentas, cínicas e amarguradas. Psicologicamente, estão doentes. A mente dessas pessoas ficou deformada, torta, talvez devido a experiências passadas.

O que fazer quando temos que lidar com tais pessoas? A tentação é devolver-lhes, sob a forma de antipatia, a energia negativa que nos enviam. Mas para fazer isso temos, inicialmente, de lhes absorver mentalmente a energia negativa, com todos os maus efeitos que isso acarreta ao nosso bem-estar. Esforce-se, em vez disso, para "retribuir o mal com o bem". Essa atitude cria uma couraça que nos protege contra os problemas e atitudes desagradáveis delas. Por outro lado, o envio de compaixão e compreensão põe em movimento o processo de mudá-las.

A personalidade raivosa, frustrada, deformada e torta está em desarmonia com o infinito. A pessoa em causa tem raiva dos que se sentem tranquilos, felizes e alegres. Em geral, critica, condena e calunia até pessoas que a trataram com bondade e atenção. E adota a seguinte atitude: por que elas têm que ser tão felizes, quando eu me sinto tão infeliz? E quer arrastá-las para seu próprio nível. O velho ditado continua a ser verdade: sofrimento adora companhia. Logo que compreende isso, você permanece inalterado, calmo, neutro.

Um cavalheiro chamado Bruce T., que assistiu a palestras minhas em Londres, falou-me da experiência que teve com esse processo. Ele se tornara membro ativo de uma organização de voluntários, interessada no embelezamento da comunidade onde residiam. A maioria dos voluntários estava realmente empenhada em trabalhar no plantio de jardins, melhoramento de áreas devolutas e reformas em prédios arruinados. Um dos membros, contudo, combatia todas as medidas sugeridas. Mais do que isso, constantemente atacava os motivos que inspiravam os demais. E tornou a atmosfera do grupo tão desagradável que a frequência dos voluntários começou a declinar.

Outros membros procuraram-no e sugeriram uma ação conjunta para expulsar o grosseirão. Bruce ia concordar com o plano quando se deu conta de que, agindo assim, apenas perpetuaria as atitudes deformadas do tal homem. Em vez disso, começou a visualizá-lo como transformando-se em um membro agradável, prestimoso, do grupo. Antes de cada reunião, retirava-se para um canto tranquilo e repetia para si mesmo:

> Eu penso, falo e atuo em total acordo com o princípio de harmonia e paz que existe em mim. Todos os que aceitam os objetivos de nosso grupo fazem-no por bondade e finalidade, dentro da ordem divina. Não há

entre nós discórdia ou desentendimentos. A inteligência criadora lidera-nos, governa-nos e guia-nos em tudo que fazemos.

Algumas semanas depois o criador de tantos casos propôs uma nova iniciativa. E apresentou-a de forma tão agradável e com tal espírito de cooperação que obteve o apoio de todos os membros do grupo, incluindo aqueles que haviam sugerido expulsá-lo.

A PRÁTICA DA EMPATIA NAS RELAÇÕES HUMANAS

Há pouco tempo recebi a visita de uma moça chamada Alice O. Ela me disse que há muito tempo odiava outra moça, uma colega de trabalho. A razão desse ódio, descobri, era o fato de a outra ser mais bonita, mais feliz e ter mais dinheiro do que ela. O golpe de misericórdia ocorreu quando a outra noivou com o executivo-chefe da companhia, pessoa por quem Alice sentia grande e antiga admiração.

Um dia, após o casamento, a mulher que tanto odiava foi ao trabalho em companhia da filha, de um casamento anterior. Alice não sabia que a colega tinha uma filha ou mesmo que já fora casada. Devido a um problema congênito, a menina usava um aparelho de metal na perna. Alice ouviu-a dizer à mãe: "Mamãe, é aqui que trabalha agora o meu novo pai? Eu adoro esse lugar, porque está cheio de gente boazinha."

"Meu coração subitamente abriu-se para aquela menininha", contou Alice. "Eu sabia como ela devia sentir-se feliz. Tive uma visão de como a mãe dela devia sentir-se feliz, a despeito de desvantagens que eu jamais soubera existir. De repente, caí de amores por ela. Fui à sala onde trabalhava e lhe desejei todas as felicidades do mundo. E fui sincera no que disse."

Nesse momento, Alice sentiu o que psicólogos denominam de *empatia*. Não é a mesma coisa que simpatia, com a qual compreendemos os sentimentos dos outros. É mais do que isso. Significa projetar-se mentalmente e vivenciar as atitudes e os estados mentais da outra pessoa. Quando Alice projetou seu estado mental ou o que sentia no fundo do coração na mente daquela mulher, foi como se começasse a pensar por meio da experiência da outra. Pensava e sentia como ela, e também como a criança, porque se projetara nela também.

Em qualquer ocasião em que sentir tentação de ferir ou pensar mal de alguém, projete-se mentalmente na mente de Moisés e pense a partir do ponto de vista dos Dez Mandamentos. Se tem tendência para ser invejosa, ciumenta, irritada, projete-se na mente de Jesus, pense a partir dessa perspectiva e sentirá no âmago do seu ser a verdade das seguintes palavras: *Amai-vos uns aos outros.*

APAZIGUAR JAMAIS DÁ RESULTADO

Não permita que ninguém se aproveite de você e consiga o que quer com crises de mau humor, de choro e outras formas de chantagem emocional. Essas pessoas são ditadoras que tentam escravizá-lo e obrigá-lo a fazer o que querem. Seja bondoso, mas firme, e recuse-se a ceder. Apaziguar jamais dá resultado. Recuse-se a contribuir para a má conduta, o egoísmo e a possessividade dessas pessoas. Lembre-se de que essa é a maneira certa de agir. Você está aqui para realizar seu ideal e permanecer fiel às verdades e aos valores espirituais eternos da vida.

Não dê a ninguém no mundo o poder de desviá-lo de sua meta, de seu objetivo na vida, que é o de manifestar no mundo seus talentos, servir à humanidade e revelar mais e mais a sabedoria, verdade e beleza de Deus a todas as pessoas. Permaneça fiel a seu ideal. Aceite definitiva e absolutamente que tudo que contribuir para sua paz, felicidade e realização pessoal terá que ser necessariamente uma bênção para todos que caminham sobre a Terra. A harmonia da parte é a harmonia do todo, porque o todo está na parte e a parte está no todo. Tudo que você deve ao outro, como diz São Paulo, é amor, e amor é a aplicação da lei da saúde, da felicidade e da paz de espírito.

DICAS ÚTEIS EM RELAÇÕES HUMANAS

1. Sua mente subconsciente é um gravador que reproduz seus pensamentos habituais. Pense o bem dos outros e estará realmente pensando bem de si mesmo.
2. Pensamentos de ódio e ressentimento são venenos mentais. Não pense mal dos outros porque, ao assim fazer, você pensa mal de si mesmo. Você é o único pensador no seu universo particular, e seus pensamentos são criadores.
3. Sua mente é um instrumento criador. Por conseguinte, o que pensa e sente sobre o outro você está trazendo para sua própria experiência. Esse é o sentido psicológico da Regra Áurea. O que gostaria que os outros pensassem de você, pense a respeito deles.
4. Enganar, roubar, privar com dolo outra pessoa trazem-lhe carência, perda e limitações. A mente subconsciente grava suas motivações, pensamentos e sentimentos. Se eles são negativos, perda, limitações e problemas surgem, de maneiras incontáveis, em sua vida. O que você faz aos outros, faz a si mesmo.
5. O bem que faz, a bondade que demonstra, o amor e os bons votos que envia voltarão a você multiplicados muitas vezes.
6. Você é responsável pelo modo como pensa sobre o outro. Lembre-se, o outro não é responsável pela maneira como você pensa nele. Seus pensamentos são reproduzidos. O que é que você, neste momento, está pensando sobre ele?
7. Amadureça emocionalmente e permita que os outros discordem de você. Eles têm o direito de assim proceder, e você, também, o mesmo direito de discordar deles. Mas você pode discordar sem ser desagradável.

8. Da mesma maneira que animais captam vibrações de medo, numerosas pessoas são igualmente sensíveis nesse particular. Os pensamentos que você acredita que estão ocultos são, na realidade, irradiados por sua voz, expressões faciais e linguagem corporal. Isso é verdade tanto no que interessa a pensamentos positivos quanto negativos.
9. Sua conversa interior, representando seus pensamentos e sentimentos, volta sob a forma das reações dos outros a você.
10. Deseje aos outros o que deseja a si mesmo. Esse é o princípio fundamental de relações humanas harmoniosas.
11. Mude o conceito e a estimativa que faz de seu empregador. Sinta e tenha certeza de que ele está praticando a Regra Áurea e a lei do amor e ele reagirá de acordo.
12. Ninguém pode aborrecê-lo ou irritá-lo, a menos que você permita. Seu pensamento é criador. Você pode abençoar o outro. Se alguém insultá-lo com um palavrão, você tem a liberdade de responder: "Que a paz de Deus esteja em sua alma."
13. O amor é a solução para se relacionar bem com pessoas. Amor é compreensão, boa vontade e respeito pela divindade do outro.
14. Tenha compaixão e compreensão por aqueles cujo condicionamento negativo tornou-os pessoas difíceis e desagradáveis. A centelha divina está nelas, como está em todos nós. Compreender tudo é perdoar tudo.
15. Alegre-se com o sucesso, a promoção, a boa sorte dos outros. Ao assim agir, você atrai boa sorte.
16. Jamais ceda às cenas emocionais e crises de mau humor dos outros. O apaziguamento jamais dá resultado. Não seja um capacho. Faça o que é certo. Seja fiel a seu ideal, sabendo que a postura mental que lhe dá paz, felicidade e alegria é certa, boa e verdadeira. O que o abençoa, a todos abençoa também.

17. A única coisa que devemos a alguém no mundo é amor, e amor significa desejar para todos aquilo que desejamos para nós mesmos – saúde, felicidade e todas as bênçãos da vida.

17
Como usar a mente subconsciente para perdoar

A vida não tem favoritos. Deus é vida, e o princípio da vida flui através de você neste momento, enquanto lê e pensa nessas palavras. Deus gosta de manifestar-Se em você como harmonia, paz, beleza, alegria e prosperidade. Isso é chamado de a vontade de Deus ou a tendência da vida.

Se você cria na mente resistência à passagem do fluxo de vida, esse bloqueio emocional semeia confusão no subconsciente e causa todos os tipos de condições negativas. Deus nada tem a ver com as situações de infelicidade e caos no mundo. Elas são causadas pelo pensamento negativo e destrutivo da espécie humana. Constitui um grave erro, portanto, culpá-Lo pelos problemas ou doenças que nos afligem.

Numerosas pessoas criam, habitualmente, resistência ao fluxo da vida, acusando-O e censurando-O pelo pecado, pela doença e pelo sofrimento da humanidade. Outras Lhe atribuem culpa por dores, mal-estar, perda de pessoas amadas, tragédias pessoais e acidentes. Enfurecem-se com Ele e julgam-No responsável por seu sofrimento.

Enquanto alimentarem esses conceitos negativos sobre Deus, tais pessoas enfrentarão reações negativas automáticas da mente subconsciente. O que não conseguem compreender é que castigam a si mesmas. Elas precisam compreender a verdade, obter a liberação e renunciar a toda e qualquer condenação, ressentimento e raiva contra qualquer pessoa ou poder fora de si mesmas. Se assim não agirem, não adianta esperar vida sadia, feliz ou criativa. No momento em que acolherem o amor na mente e no coração, no momento em que acreditarem que Ele é um Pai carinhoso que as protege, ama, orienta, sustenta e lhes dá força, esse conceito e crença sobre Deus, ou princípio da vida, será aceito pela mente subconsciente, e elas se beneficiarão de incontáveis maneiras.

A VIDA NOS PERDOA, SEMPRE

O princípio da vida contém e abre-nos um tesouro infinito de perdão. Perdoa-nos quando cortamos o dedo. A inteligência subconsciente existente em nós age imediatamente para curar o ferimento. Novas células constroem pontes de um lado a outro do corte. Se contraímos uma infecção provocada por determinado organismo nocivo, a vida nos perdoa e cerca e aniquila o invasor. Se queimamos a mão, o princípio de vida reduz o edema e a congestão e dá-nos nova pele, tecidos e células.

A vida não alimenta rancor contra ninguém. Está sempre nos perdoando. Traz de volta a saúde, a vitalidade, a harmonia e a paz, se cooperarmos com ela, isto é, se pensarmos em harmonia com a natureza. Lembranças negativas, rancorosas, amargura e má vontade atravancam e impedem a circulação do princípio de vida em nós existente.

COMO ELA BANIU O SENTIMENTO DE CULPA

Harriet G. trabalhava até tarde no escritório, todos os dias. Frequentemente, só voltava para casa depois de meia-noite. E alimentava a esperança de que os chefes e colegas a admirassem por ser tão esforçada. Mas nada disso acontecia. Uma vez que ela era, em geral, a única a fazer serão, os demais nem mesmo sabiam de sua rara dedicação ao trabalho. Enquanto isso, sua família enfrentava sérias dificuldades. O marido e os dois filhos mal sabiam como ela era. Quando a equipe júnior de beisebol onde o filho, Lawrence, jogava chegou às semifinais, Harriet não só não foi assistir ao jogo, mas nem mesmo perguntou quem vencera. Para complicar ainda mais as coisas, o médico disse-lhe que sua pressão arterial estava ficando perigosamente alta.

Harriet veio me procurar quando o marido lhe disse que queria a separação. Perguntei-lhe por que o excluíra de sua vida e demonstrava tão pouco interesse pelos filhos. No princípio ela explicou que era obrigada a trabalhar tanto assim simplesmente para conservar o emprego. Perguntei-lhe se os colegas trabalhavam tantas horas extras como ela. Não, reconheceu, os outros cumpriam o horário normal e em nada eram mais competentes do que ela.

Sugeri-lhe o motivo por que achava que ela trabalhava tanto.

– Há alguma coisa a corroendo por dentro – disse eu. – Se não houvesse, você não trabalharia dessa maneira. Você está se punindo por alguma coisa.

Por algum tempo, ela resistiu à sugestão. Insistiu em que seus hábitos de trabalho eram normais, e que os outros, sim, é que eram preguiçosos. Finalmente, contudo, reconheceu um profundo sentimento de culpa. Quinze anos antes, com a morte do pai, fora testamenteira do espólio. E deliberadamente deixara de entregar uma grande soma ao irmão mais moço.

– Por que você fez isso? – perguntei. – Foi questão de cobiça?

– Claro que não! – respondeu ela. – Meu irmão... bem, ele tinha um gravíssimo problema com drogas. Eu sabia o que aconteceria ao dinheiro se eu o entregasse a ele. Disse a mim mesma que o estava economizando para quando ele conseguisse largar o vício.

– E...? – perguntei.

Harriet respirou profundamente.

– Isso nunca aconteceu. Ele se suicidou. Talvez não tenha premeditado, mas o resultado foi o mesmo. Ele tinha apenas 26 anos. Eu pensei muito nisso... O que teria acontecido se eu não tivesse ficado com o dinheiro? Talvez ele o tivesse usado para pagar um programa de reabilitação. E poderia estar ainda conosco. É culpa minha ele ter morrido.

Perguntei:

– Se pudesse fazer tudo novamente, o que faria?

– Não sei – respondeu ela, sacudindo a cabeça. – Mas sei que me esforçaria mais para ajudá-lo, em vez de censurá-lo porque ele tinha um problema.

– Mas, na ocasião, você achou que tinha razões para agir assim? – perguntei. – Achou que fazia a coisa certa?

– Claro – retrucou ela. – Mas, agora, acho que agi mal. O dinheiro não era meu.

– De modo que, agora, você não faria a mesma coisa?

– Não, não faria – disse ela, o rosto sério. – Mas isso não importa. Eu jamais poderei ser perdoada pelo que fiz. Roubei meu próprio irmão, e ele morreu. É apenas justo que Deus me castigue. Eu mereço isso.

Expliquei-lhe que Deus não a estava castigando. Ela mesma estava se punindo. Se usar mal as leis da vida, você vai sofrer, como consequência. As forças da natureza nada têm de más. O uso que lhes damos é que determina se produzirão bons ou maus efeitos. A eletricidade não é má. Depende de se você a usa para iluminar sua casa ou aplicar um choque fatal em alguém. O único pecado é a ignorância da lei, e o único castigo, a reação automática dela quando é mal usada.

Se você usa mal os princípios da química, explode o local de trabalho. Se dá um murro numa tábua, é possível que a mão comece a sangrar. A tábua não tem nenhuma culpa. A culpa está no mau uso que você lhe deu.

No fim, consegui ajudar Harriet a compreender que Deus não condena nem castiga ninguém. Seu sofrimento era devido à reação da mente subconsciente à sua maneira negativa e destrutiva de pensar. O que ela precisava era de perdão, mas também saber que o verdadeiro sentido do perdão é o perdão de si mesmo. O perdão alinha nosso pensamento com a divina lei da harmonia. A autocondenação é o *inferno* (prisão e restrição), e o perdão, o *céu* (harmonia e paz).

Tirando da mente o peso da culpa e da autocondenação, ela obteve cura completa. No exame médico seguinte, a pressão voltara ao normal. A explicação a curou.

O ASSASSINO APRENDEU A SE PERDOAR

Arthur O., há muitos anos, cometeu homicídio na Europa. Quando me procurou, sentia grande angústia e tortura mental. Acreditava que Deus tinha que castigá-lo pelo terrível ato que cometera. Pedi-lhe que me contasse o caso. Segundo ele, descobrira que a vítima estava tendo um caso com sua esposa. Chegara mais cedo de uma caçada e os surpreendera em flagrante, e num acesso de fúria atirara no homem, matando-o. O sistema judiciário foi leniente. Cumpriu pena de apenas alguns meses de prisão.

Ao ser solto, divorciou-se da esposa e emigrou para os Estados Unidos. Após vários anos, casou-se com uma americana. Ele e a esposa foram abençoados com três lindos filhos. Fez carreira bem-sucedida em um campo de atividade em que tinha oportunidade de ajudar muitas pessoas. Era apreciado e respeitado pelos colegas. Mas, aparentemente, nada disso o ajudava. Após todos esses anos, continuava a culpar-se pelo que acontecera.

Após ouvir-lhe a história, expliquei que, segundo a ciência, todas as células de nosso corpo são renovadas a cada 11 meses. Tanto física quanto psicologicamente, ele não era mais o mesmo homem que cometera aquele homicídio, que acontecera muitos anos antes. Além disso, ele, evidentemente, se transformara, tanto mental quanto espiritualmente. Nesse momento, transbordava de amor e boa vontade para com a humanidade. A pessoa que cometera aquele crime, anos atrás, estava morta, mental e espiritualmente. Recusando-se a se perdoar, ele condenava um inocente.

A explicação produziu um efeito profundo. Disse-me ele que se sentiu como se um grande peso tivesse sido retirado de sua mente. E compreendeu pela primeira vez o sentido interno da verdade seguinte da Bíblia:

> Vinde, pois, e arrazoemos, diz o Senhor: ainda que vossos pecados sejam como escarlate, eles se tornarão brancos como a neve; ainda que sejam vermelhos como o carmesim, se tornarão como a lã. (Isaías 1:18)

CRÍTICAS NÃO PODEM FERI-LO SEM SEU CONSENTIMENTO

Uma professora primária chamada Ramona K. procurou-me após uma palestra. Disse-me que recentemente fora obrigada a fazer um discurso. Em seguida, uma colega lhe enviou um bilhete cheio de críticas. Dizia que Ramona falara rápido demais, engolira palavras e nem ao menos pudera ser ouvida com clareza.

Ramona ficou magoada e furiosa. Sentiu grande raiva da colega e, na escola, procurou evitar qualquer contato com ela.

Quando a interroguei, Ramona reconheceu que merecia muitas das críticas. Não tinha experiência em falar para adultos. Antes, sentira-se nervosa, e, depois, feliz por ter acabado a provação. Esse era o motivo por que ficara tão magoada com as críticas da colega. Era como se alguém espinafrasse um bebê que estava aprendendo a andar, por não correr, quando simplesmente andar já era uma façanha extraordinária.

Enquanto conversávamos, Ramona começou a compreender que sua primeira reação fora infantil. Acabou por reconhecer que o bilhete constituíra, na verdade, uma bênção e um corretivo muito necessário. Resolveu melhorar nesse particular e matriculou-se em um curso de oratória, oferecido por uma faculdade próxima. Paralelamente, ligou para a autora do bilhete para lhe agradecer pelo interesse e pelas boas informações.

COMO SER COMPASSIVO

Mas e se o bilhete recebido por Ramona fosse absolutamente infundado? E se ela tivesse boa razão para pensar que a crítica ao discurso simplesmente não tinha fundamento? Nesse caso, Ramona teria que compreender que alguma coisa no discurso, fosse na apresentação ou no conteúdo, perturbara os preconceitos, superstições ou crenças sectárias mesquinhas da autora do bilhete. O problema, nesse caso, não seria seu, mas da colega que o escrevera.

Compreender isso implicaria dar um primeiro passo essencial para a compaixão. O passo lógico seguinte seria orar pela paz, harmonia e compreensão da colega. Nós não podemos ser magoados quando sabemos que somos senhores de nossos pensamentos, reações e emoções. As emoções seguem os pensamentos, e temos o poder de rejeitar todos os que nos perturbam ou incomodam.

ABANDONADA NO ALTAR

Há alguns anos fui chamado para realizar um casamento em uma igreja próxima. O noivo não apareceu. Ao fim de duas horas, a quase esposa derramou algumas lágrimas. E disse em seguida:

– Orei pedindo orientação divina. Essa pode ser a resposta à minha oração, porque Ele nunca falha.

A reação dela reafirmava a fé em Deus e em todas as coisas boas. E não sentiu amargura no coração porque, como disse:

– Por mais que eu ansiasse por isso, acho que esse casamento, forçosamente, não teria sido a ação correta, porque orei por ação correta, não apenas por mim, mas por nós dois.

Essa jovem passou serenamente por uma experiência que poderia ter lançado outra pessoa à depressão.

Sintonize a inteligência infinita existente em seu subconsciente. Confie na resposta com tanta certeza quanto confiava em seu pai e sua mãe quando o carregavam nos braços. Essa é a estrada real para o equilíbrio e a saúde mental e emocional.

É ERRADO CASAR; SEXO É IMORAL E EU SOU IMORAL

Uma jovem procurou-me após uma de minhas palestras. Disse que se chamava Carol. Fiquei impressionado com a aparência dela. Usava um vestido preto simples e meias compridas também pretas. Rosto pálido e sem expressão, sem pelo menos vestígios de batom ou qualquer outra maquiagem; maneiras controladas, mas também vigilantes, como se pensasse que as pessoas em volta poderiam, de repente, começar a agir de forma imoral.

Logo depois Carol começou a relatar a educação que havia recebido. Fora criada pela mãe, que lhe ensinara que dançar, jogar cartas, nadar ou namorar eram pecados. De acordo com a mãe, todos os homens eram maus. Sexo nada mais era do que devassidão, inspirada pelo demônio. Se desobedecesse a esses mandamentos, se deixasse de segui-los ao pé da letra e espírito, arderia eternamente no inferno.

Quando saía com rapazes do escritório onde trabalhava, Carol sentia um profundo sentimento de culpa. Estava convencida de que Deus a castigaria. Um rapaz de quem gostava muito propôs-lhe casamento, mas ela recusou. Ou, como me disse:

– É errado casar; sexo é imoral e eu sou imoral.

Era o velho condicionamento falando.

Claro que essa jovem transbordava de culpa. Como poderia ser de outra maneira? Era-lhe impossível viver de acordo com as crenças da mãe. Era-lhe impossível também evitar o pensamento de que havia alguma *coisa* errada nessas crenças. O princípio da vida que flui através de todos nós lutava por reconhecimento e expressão.

Sugeri a Carol que tentasse aprender a se perdoar. Perdoar implica renunciar a algo. Ela precisava renunciar a todas as falsas crenças e trocá-las pelas verdades da vida e por autoestima.

Carol vinha conversar comigo uma vez por semana. Isso durou dez semanas. Ensinei-lhe o que aprendera sobre o funcionamento das mentes consciente e subconsciente, como venho explicando neste livro. Compreendendo, aos poucos, ter sido vítima de lavagem cerebral, que fora hipnotizada e condicionada por uma mãe ignorante, supersticiosa, fanática e frustrada, iniciou finalmente uma vida maravilhosa.

Por sugestão minha, passou a usar roupas mais atraentes. Foi à seção de cosméticos de uma loja no centro e recebeu uma "ajeitada" geral gratuita. Fez aulas de dança e aprendeu a dirigir. Aprendeu também a nadar, jogar cartas e a bater papo com rapazes. Rompeu inteiramente com a família e começou a amar e dar valor à vida.

Descobrindo sua natureza interior, Carol começou a orar por um companheiro, afirmando que o espírito infinito atrairia para ela um homem com quem pudesse harmonizar-se por completo. Certa noite, ao deixar meu consultório, encontrou um rapaz que estava à minha espera. Apresentei-os casualmente. Seis meses depois, eles se casaram. Continuam casados e felizes.

O PERDÃO É NECESSÁRIO PARA A CURA

E quando estiverdes orando, se tendes alguma coisa contra alguém (...) (Marcos 11:25)

Perdoar ao próximo é essencial, se queremos paz mental e saúde radiante. Precisamos perdoar a todos os que um dia nos feriram, se queremos saúde e felicidade perfeitas. Perdoe a si mesmo, harmonizando seus pensamentos com a lei e a ordem divinas. Você não pode perdoar-se absolutamente até que tenha antes perdoado aos outros. Recusar o perdão a si mesmo é nada mais, nada menos do que orgulho espiritual ou ignorância.

Na medicina psicossomática moderna está sendo constantemente enfatizado que o ressentimento, a condenação de outrem, o remorso e a hostilidade estão por trás de um número imenso de doenças, variando de artrite a problemas cardíacos. O estresse causado por essas emoções negativas pode afetar diretamente o sistema imunológico, deixando-o vulnerável a infecções e doenças.

Especialistas em doenças relacionadas com o estresse dizem que pessoas que foram magoadas, maltratadas, enganadas ou feridas reagem, muitas vezes, enchendo-se de ressentimento e ódio contra os que as prejudicaram. Essa reação provoca feridas inflamadas e purulentas na mente subconsciente. E só há um remédio: elas têm que extirpar e eliminar essas mágoas, e a única maneira segura de fazer isso é pelo perdão.

PERDOAR É AMOR EM AÇÃO

O elemento essencial na arte do perdão é a disposição de perdoar. Se você deseja sinceramente perdoar alguém, já ultrapassou metade da barreira. Claro, você compreende que perdoar não significa, necessariamente, gostar ou fazer amizade com quem o magoou. Não podemos nos obrigar a gostar de alguém. Isso seria a mesma coisa que o governo baixar legislação tornando compulsórios a boa vontade, o amor, a paz ou a tolerância. Não vamos gostar de ninguém simplesmente porque alguém nos dá essa ordem. Mas – e aqui está o ponto crucial – você pode amar sem gostar de pessoas.

A Bíblia diz: *Amai-vos uns aos outros*. Impossível como isso possa parecer à primeira vista, quem quiser realmente fazer isso, pode. Amor significa que você deseja saúde, felicidade, paz, alegria e todas as bênçãos da vida a outra pessoa. Só há um requisito para isso, a sinceridade. Você não está sendo magnânimo quando perdoa; está, na realidade, sendo egoísta, porque o que deseja aos outros está realmente desejando para si mesmo. A razão é que você pensa isso e sente isso. Assim como você pensa e sente, assim você é. Poderia alguma coisa ser mais simples do que isso?

TÉCNICAS DE PERDÃO

Vejamos um método simples, mas eficaz, para despertar em si mesmo o espírito de perdão. A técnica, se a praticar, vai produzir maravilhas em sua vida. Tranquilize a mente, relaxe, solte-se. Pense em Deus e no amor Dele por você, e afirme o seguinte:

> Total e livremente perdoo [pense no nome de quem o ofendeu]. Absolvo-o mental e espiritualmente. Perdoo tudo ligado ao assunto em questão. Estou livre, e ele está livre. E esse sentimento é maravilhoso.
>
> Esse é o dia em que concedo anistia geral. Absolvo todos os que já me feriram e desejo a todos saúde, felicidade, paz e todas as bênçãos da vida. Faço isso livre, alegre e amorosamente. Sempre que pensar na pessoa

ou pessoas que me magoaram, direi: "Eu o perdoei e lhe desejo todas as bênçãos da vida." Estou livre, e eles estão livres. É maravilhoso.

O grande segredo do verdadeiro perdão é que logo que se perdoa alguém não há necessidade de repetir a oração. Em qualquer ocasião em que a pessoa em causa ou a afronta surgirem em sua mente, deseje o bem ao culpado e diga: "Que a paz seja contigo." Faça isso tantas vezes quanto o pensamento lhe acudir. Você vai descobrir que após alguns dias o pensamento na pessoa ou na experiência voltará cada vez menos, até desaparecer.

O TESTE DECISIVO DO PERDÃO

Garimpeiros e joalheiros usam o chamado teste do ácido para saber se um metal é ouro mesmo ou imitação. Há também um "teste do ácido" decisivo para verificar se o perdão é sincero. Imagine que eu lhe diga alguma coisa maravilhosa sobre alguém que o enganou, roubou, prejudicou de alguma maneira. Se você começar a chiar de raiva ao ouvir as boas notícias sobre tal pessoa, as raízes do ódio continuam em seu subconsciente, fazendo o diabo com você.

Suponhamos que você fez um tratamento dentário muito doloroso no ano passado e que, neste momento, me conta como foi. Se eu lhe perguntar se está sentindo alguma dor agora, você me olhará surpreso e dirá: "Claro que não! Lembro-me da dor, mas não a sinto mais."

Aí está: se realmente perdoou a alguém, pode lembrar-se do incidente, porém não sentirá mais o ferrão ou a dor que ele lhe provocou. Esse é o "teste do ácido" do perdão. Você tem que passar nele psicológica e espiritualmente. De outra maneira, está simplesmente enganando a si mesmo. Não está, de modo algum, praticando a verdadeira arte do perdão.

QUEM TUDO COMPREENDE, TUDO PERDOA

Uma vez que compreenda a lei criadora da sua própria mente, você deixa de culpar pessoas e situações por tornar-lhe a vida difícil ou insatisfatória. Reconhece que seus próprios pensamentos e sentimentos é que lhe criam o destino. Além disso, sabe que fatores externos não causam nem condicionam sua vida e suas experiências. Pensar que outros podem prejudicar sua felicidade, que você é a bola de futebol, que todos chutam, de um destino cruel, que tem que se opor e lutar contra alguém para conseguir sobreviver – todas essas ideias revelarão a natureza destrutiva que lhes é inerente, logo que você compreender que pensamentos são coisas. Esse princípio, aliás, é claramente exposto na Bíblia:

> Porque, como imagina em sua alma, assim ele é. (Provérbios 23:7)

AJUDAS AO PERDÃO

1. Nem Deus nem a Vida escolhem pessoas. A Vida não tem favoritos. A Vida, ou Deus, apenas parece favorecê-lo quando você começa a se alinhar com os princípios de harmonia, saúde, alegria e paz.
2. Deus, ou a Vida, jamais nos envia distúrbios, doenças, acidentes ou sofrimentos. Nós os provocamos com pensamentos negativos e destrutivos, segundo dispõe a lei "Quem semeia ventos colhe tempestades".
3. O conceito que você faz de Deus é a coisa mais importante de sua vida. Se realmente acredita em um Deus de Amor, seu subconsciente responderá trazendo-lhe incontáveis bênçãos. Acredite em um Deus de Amor.
4. Nem a Vida, nem Deus, tem má vontade com você. A Vida jamais o condena. Ela cura o corte na sua mão. Perdoa-lhe

se queima o dedo. Reduz o edema e restitui a inteireza e a perfeição à parte lesionada.

5. Seu complexo de culpa é um conceito falso de Deus e da Vida. Nenhum dos dois o julga ou castiga. Você faz isso consigo mesmo através de efeitos produzidos pelo subconsciente e que têm origem em crenças falsas, pensamentos negativos e autocondenação.
6. Deus, ou a Vida, não o condena nem castiga. As forças da natureza nada têm de más. Os efeitos de seu uso dependem de como usa o poder que em você existe. Você pode usar eletricidade para matar alguém ou iluminar a casa, usar água para afogar uma criança ou saciar-lhe a sede. O bem e o mal têm origem no pensamento e na intenção na mente da pessoa.
7. Deus, ou a Vida, jamais pune. As pessoas se punem com falsos conceitos sobre Deus, Vida e Universo. Como o pensamento é criador, elas criam seu próprio sofrimento.
8. Se outra pessoa o critica, e esses defeitos existem em você, rejubile-se, dê graças e aprecie os comentários. Você terá, assim, oportunidade de corrigir os defeitos.
9. Nenhuma crítica pode feri-lo quando você sabe que é senhor de seus pensamentos, reações e emoções. Esse fato lhe dá oportunidade de rezar pelo próximo e abençoá-lo, e com isso abençoar-se também.
10. Quando ora por orientação e ação correta, aceite o que lhe for dado. Reconheça que é bom, muito bom, o que recebeu. Dessa maneira, não terá razão para autopiedade, críticas ou ódio.
11. Nada é em si bom ou mau. O pensamento é que lhe dá essa característica. Não há o mal no desejo de alimento, sexo, riqueza ou verdadeira autoexpressão. Tudo depende da maneira como você usa essas ânsias, desejos e aspirações. Seu desejo de alimento pode ser atendido sem matar alguém por um pedaço de pão.

12. Ressentimento, ódio, má vontade e hostilidade estão por trás de um número enorme de doenças. Perdoe a si mesmo e a todos, doando amor, vida e boa vontade a todos os que o magoaram. Continue a agir assim até que possa reencontrá-los em sua mente e saber que está em paz com eles.
13. Perdoar é doar alguma coisa. Dê amor, paz, alegria, sabedoria e todas as bênçãos da vida, até que não exista mais nenhum ferrão em sua mente. Esse é o teste do "ácido do perdão".
14. Se alguém o magoou, mentiu sobre você, o caluniou e disse a seu respeito todo tipo de coisas más, seus pensamentos sobre essa pessoa são negativos? Se são, você não a perdoou. As raízes do ódio continuam em sua mente subconsciente, criando-lhe todos os tipos de problemas. A única maneira de fazer murchar essas raízes é regando-as com amor. Deseje a essa pessoa todas as bênçãos da vida. Esse é o significado de *Perdoar até setenta vezes sete.*

18

Como o subconsciente elimina bloqueios mentais

O que podemos fazer quando enfrentamos uma situação difícil e não vemos uma solução clara para ela? A solução está no problema. Toda pergunta implica sua própria resposta. A inteligência infinita existente na mente subconsciente tudo sabe e tudo vê. Ela sabe a resposta e a está revelando a você neste momento... mas você tem que *escutá-la*. Tem que seguir com total confiança as intuições que ela lhe dá. Uma vez que adote essa nova atitude mental, de que a inteligência criadora existente em você está lhe trazendo uma boa solução, você encontra a resposta que espera. Pode confiar em que essa atitude trará ordem, paz e sentido a todas as suas iniciativas.

COMO ELIMINAR OU FORMAR UM HÁBITO

Todos nós somos criaturas de hábitos. O hábito é uma função da mente subconsciente. Aprendemos a nadar, pedalar, dançar, dirigir um carro fazendo consciente e repetidamente tais coisas, até que elas abrem sulcos no subconsciente. Em seguida, a ação automática do hábito, a cargo do subconsciente, assume o comando, surgindo o estado às vezes denominado de "segunda natureza", isto é, a reação da mente subconsciente ao pensamento e à ação que constituem nossa "primeira" natureza.

Se criamos os hábitos, segue-se que temos liberdade de *escolher* os bons e os maus. Se repetimos um pensamento ou hábito negativos durante um longo período de tempo, colocamo-nos sob a compulsão de um hábito. A lei do subconsciente é a compulsão.

COMO ELE ELIMINOU UM MAU HÁBITO

Ao me procurar, Bob J. estava quase em desespero.

– Perdi o emprego, a esposa e a filha para a bebida – disse. – Minha mulher não quer falar comigo nem ao telefone. Não deixa que eu veja minha filha. Não sei o que fazer.

– Você tentou parar de beber? – perguntei.

– Claro que tentei – respondeu ele. – Um bocado de vezes. E parei, também, durante algum tempo. Mas depois voltava aquela ânsia incontrolável e, quando menos esperava, caía novamente no vício. É horrível!

Vezes sem conta esse infeliz havia passado por essas experiências. Deu-se conta de que seu vício havia se transformado em hábito e reconheceu que tinha que mudá-lo e substituí-lo por outro. O esforço contínuo para controlar a ânsia de beber, porém, tornava as coisas ainda piores. Os fracassos repetidos convenceram-no de que ele era um caso perdido e impotente para controlar a ânsia, ou obsessão. A ideia de impotência funcionava como uma sugestão fortíssima no subconsciente e lhe agravava a fraqueza, transformando-lhe a vida em uma sucessão de fracassos.

Ensinei-lhe a harmonizar as funções das mentes consciente e subconsciente. Quando as duas cooperam, torna-se realidade a ideia ou o desejo implantado no subconsciente. A mente racional de Bob aceitou que, se o velho caminho, ou sulco, do hábito havia lhe criado problemas, ele poderia, conscientemente, abrir um novo caminho para se livrar do vício e adquirir sobriedade e paz de espírito.

Convenceu-se também de que, embora o hábito destrutivo tivesse se tornado automático, ele o adquirira por uma ação consciente. Compreendeu que, se fora condicionado negativamente, poderia também sê-lo positivamente. Como resultado, não pensou mais que era impotente para vencer o vício. Compreendeu claramente que não havia outro obstáculo à sua cura que seu próprio pensamento. Por conseguinte, essa não era a hora de fazer um grande esforço ou aplicar coerção mental a si mesmo.

O PODER DA IMAGEM MENTAL

Bob iniciou a prática de relaxar o corpo e entrar em um estado sonolento, meditativo. Em seguida, pintou na mente o quadro do resultado desejado, sabendo que a mente subconsciente poderia concretizá-lo da maneira mais fácil possível. Imaginou a filha dando-lhe um abraço de boas-vindas e dizendo: "Oi, papai, que bom ver você novamente em casa!"

Todos os dias, sistematicamente, sentava-se e meditava dessa maneira. Quando a atenção divagava, formou o hábito de rever o quadro mental da filha, o sorriso e a cena do lar tornado alegre pela voz da garota. Tudo isso lhe provocou um recondicionamento mental. Era um processo gradual. Ele persistiu, perseverou, sabendo que mais cedo ou mais tarde criaria um novo padrão de hábito no subconsciente.

Eu lhe disse que poderia comparar a mente consciente a uma câmera fotográfica, servindo o subconsciente como filme sensível, no qual ele registrava e gravava a imagem. A explicação causou-lhe profunda impressão. Seu único objetivo passou a ser o de gravar firmemente a imagem na mente e ali mesmo revelá-la. Filmes são revelados no escuro; de igual maneira, fotos mentais são reveladas na câmara escura da mente subconsciente.

Bob compreendeu que a mente consciente funcionava como uma câmera e, portanto, não recorria a qualquer esforço. Não travava qualquer luta mental. Tranquilamente, ajustava os pensamentos e focalizava a atenção na cena diante de seus olhos mentais, até identificar-se gradualmente com ela. Deixou-se absorver por essa atmosfera, projetando com frequência o filme na mente.

Não havia a menor dúvida de que ocorreria a cura. Quando sentia tentação de beber, mudava o foco da imaginação, de farras de bebida, para a sensação de estar em casa com a família. Teve sucesso porque esperou confiantemente viver o filme que revelava na mente. Hoje ele é abstêmio, está reintegrado na família e tem uma carreira bem-sucedida e felicidade radiante.

ELA DISSE QUE UM PÉ-FRIO A ESTAVA SEGUINDO

– Nos últimos três meses venho esbarrando com um obstáculo após outro. Acho, mesmo, que um pé-frio anda me seguindo!

Ruth B. era fundadora de uma firma encarregada de contas de serviços prestados e da contabilidade de profissionais liberais. No início, a empresa teve grande sucesso, mas em seguida aconteceu alguma coisa.

– Eu não entendo isso – disse-me ela. – De repente, foi como se todas as portas abertas se fechassem para mim. Uma vez após outra, eu levava clientes em potencial a ponto de assinar o contrato, mas na última hora eles recuavam. O que é que está acontecendo?

– Há quanto tempo tem esse problema? – perguntei.

– Como eu disse, há uns três meses – respondeu ela. – Desde meados de abril.

Curioso, perguntei:

– O que é que a faz ter tanta certeza da data? Aconteceu alguma coisa diferente nessa ocasião?

Ela fechou a cara.

– Pode acreditar que sim! Eu estava preparando uma proposta para um certo ortodontista. Não vou dizer o nome dele, mas, se seu filho usa aparelho de correção de arcada dentária, o senhor provavelmente o conhece. Expliquei toda a proposta. Mostrei quanto tempo, trabalho e dinheiro ele economizaria se minha firma se encarregasse de todo o seu serviço burocrático. Ele reconheceu a lógica disso e assumiu comigo um compromisso verbal. Mas quando lhe enviei o contrato pelo correio, ele começou a remanchar e, depois, desistiu. Fiquei uma fera!

– E depois disso...? – voltei a sondar.

– A coisa começou a se repetir. – Durante um momento, ela cobriu os olhos com as mãos. – Estou com um pé-frio atrás de mim! Não há outra explicação.

– Há, sim – retruquei.

Expliquei-lhe que a irritação e o ressentimento com o ortodontista haviam formado em seu subconsciente a crença de que outros clientes potenciais fariam a mesma coisa. A crença gerou um molde de frustração, hostilidade e obstáculos. Aos poucos, ela começou a esperar mentalmente desistências de última hora. Uma vez gravado isso, o subconsciente começou a criar as condições que ela temia. Cada fracasso sucessivo reforçava-lhe a convicção de que estava condenada a fracassar. Ela criara um círculo vicioso.

Enquanto continuávamos a conversar, Ruth começou a compreender que o problema estava em sua própria mente. E reconheceu que a cura viria com a mudança da atitude mental. Começou a meditar da seguinte maneira:

> Compreendo que sou una com a inteligência infinita de minha mente subconsciente, que não sabe o que é obstáculo, dificuldade ou demora. Eu vivo na alegre expectativa do melhor para mim. Minha mente mais profunda responde a meus pensamentos. Sei, com cer-

teza, que o trabalho do poder infinito de minha mente subconsciente não pode ser obstruído. A inteligência infinita sempre conclui com sucesso tudo que inicia.

A sabedoria criadora opera através de mim, levando todos os meus planos e objetivos à concretização. Tudo que inicio, levo a uma conclusão bem-sucedida. Meu objetivo na vida é proporcionar um serviço maravilhoso, e todos aqueles com quem eu entrar em contato serão beneficiados pelo que tenho a oferecer. Todo o meu trabalho, no contexto da ordem divina, chega à plena fruição.

Ruth repetia a prece todas as manhãs, antes de visitar os clientes. Orava também todas as noites, antes de dormir. Logo em seguida, criou um novo molde de hábito no subconsciente. Não muito tempo depois, conseguiu convencer vários clientes em potencial a assinar contratos com sua firma. O pensamento de ser vítima de um pé-frio foi inteiramente esquecido.

QUANTO VOCÊ QUER REALMENTE O QUE QUER?

Conta-se que um jovem perguntou a Sócrates como poderia obter sabedoria.

– Venha comigo – respondeu Sócrates.

O filósofo levou-o até um rio e empurrou a cabeça dele na água. Manteve-a nessa posição, até que o rapaz começou a lutar para respirar. Nesse momento, ele o soltou.

Quando o rapaz voltou à calma, Sócrates lhe perguntou:

– O que foi que desejou acima de tudo, quando estava com a cabeça dentro d'água?

– Eu queria ar – respondeu o rapaz.

Sócrates inclinou lentamente a cabeça, num gesto de concordância.

– Quando você quiser sabedoria tanto quanto quis ar quando a cabeça estava sob a água – disse –, você a terá.

Da mesma forma, quando você

- sente um desejo forte, sincero, de eliminar certo bloqueio na vida;
- chega à conclusão clara de que há uma maneira de fazer isso;
- confiantemente, decide que esse é o curso que deseja seguir,

nesse momento a vitória e o triunfo estão garantidos.

Se você quer realmente paz de espírito e calma interior, você os terá. Não importa quão injustamente o trataram, como o chefe foi injusto ou que descobriu que alguém é realmente um patife. Nada disso fará diferença para você quando despertar para seus poderes mentais e espirituais. Você sabe o que quer e se recusa terminantemente a permitir que os ladrões (os pensamentos) de ódio, raiva, hostilidade e má vontade roubem sua paz, harmonia, saúde e felicidade.

Logo que formar o hábito de identificar imediatamente seus pensamentos com o objetivo que tem na vida, você deixará de ser perturbado por pessoas, condições, notícias e eventos. Seu objetivo será paz, saúde, inspiração, harmonia e prosperidade. Sinta, nesse instante, um rio de paz fluindo por você. Seu pensamento é o poder imaterial e invisível e você resolveu aceitar que ele o abençoe, inspire e lhe conceda paz.

POR QUE ELE NÃO PODIA SER CURADO

Allan S. era representante regional de uma grande distribuidora de livros didáticos. Casado, com quatro filhos, quando viajava a negócios mantinha um caso com outra mulher. Quando veio me consultar, estava nervoso e irritado. Não conseguia dormir sem a ajuda de comprimidos. Tinha pressão alta e umas dores pelo corpo que seu médico não podia diagnosticar nem aliviar.

Como logo descobrimos, a causa de tudo era um profundo senso inconsciente de culpa. O credo religioso em que fora educado, e que estava profundamente gravado em seu subconsciente, dava grande ênfase à santidade dos laços do matrimônio. Ainda assim, violava-os aberta e flagrantemente. Bebia demais, numa tentativa vã de curar a ferida da culpa. Da mesma maneira que um inválido poderia tomar morfina ou codeína para aliviar fortes dores, ele tomava álcool para a dor, ou ferida, da mente. Era a velha história de querer apagar fogo com gasolina.

A EXPLICAÇÃO E A CURA

Ele escutou atentamente minha explicação sobre o funcionamento da mente. Enfrentou o problema, analisou-o com cuidado e tomou a decisão de pôr fim ao relacionamento ilícito. Compreendeu também que beber era uma tentativa inconsciente de escapar daquela situação. A causa oculta, alojada na mente subconsciente, precisava ser erradicada. Só nessa ocasião a cura ocorreria.

Três vezes por dia passou a gravar no subconsciente a seguinte prece:

> Minha mente está saturada de paz, tranquilidade, harmonia e equilíbrio. O infinito se estende em repouso sorridente dentro de mim. Nada no passado, no presente ou no futuro me atemoriza. A inteligência infinita de minha mente subconsciente me conduz, guia e dirige de todas as maneiras.
>
> Hoje enfrento todas as situações com fé, equilíbrio, calma e confiança. Estou, agora, inteiramente livre do hábito. Minha mente está saturada de paz interior, liberdade e alegria. Eu me perdoo e estou perdoado. Paz, sobriedade e confiança reinam supremas em minha mente.

Enquanto repetia a prece, sentia-se plenamente consciente daquilo que estava fazendo e por que estava fazendo. Saber o que estava fazendo dava-lhe a necessária fé e confiança. Expliquei-lhe que enquanto pronunciava essas palavras em voz alta, lenta e amorosamente, compreendendo-lhes o sentido, elas mergulhavam gradualmente em sua mente subconsciente. Tal como sementes, elas brotariam segundo sua natureza. Enquanto ouvia o som, as vibrações curadoras das palavras chegavam à mente subconsciente e obliteravam todos os padrões mentais negativos que lhe haviam causado os problemas. Luz dissipa trevas. Pensamentos construtivos destroem os negativos. Um mês depois ele era um novo homem.

A RECUSA EM ADMITIR O FATO

Se você é alcoólatra ou viciado em drogas, reconheça isso. Não evite o problema. Muitos continuam doentes porque se recusam a admitir sua condição.

Sua doença é um caso de instabilidade, de medo interior. Você se recusa a enfrentar a vida e tenta escapar da responsabilidade usando a garrafa. Como alcoólatra, você não tem livre-arbítrio. Talvez pense que tem. Quem sabe, pode até vangloriar-se de sua força de vontade.

Se é um alcoólatra e diz categoricamente "Não vou mais tocar em bebida", saiba que você não tem poder necessário para transformar essas palavras em realidade. A razão é que você não sabe onde se *localiza* o poder.

Você vive numa prisão psicológica construída com suas próprias mãos. É controlado por suas crenças, opiniões, educação e influências externas. Tal como a maioria das pessoas, você é uma criatura de hábitos, condicionada a reagir, como faz.

DESENVOLVA A IDEIA DE QUE É LIVRE

Você pode cultivar na mente consciente a ideia de que é livre e tem paz de espírito e deixar que ela siga para as profundezas de seu subconsciente. Este, todo-poderoso como é, eliminará todo o desejo de beber. Nessa ocasião, você chegará a uma nova compreensão da maneira como sua mente funciona. Descobrirá dentro de si os recursos infinitos necessários para dar fundamento às suas palavras e provar a verdade a si mesmo.

CINQUENTA E UM POR CENTO CURADO

Se você sente forte desejo de livrar-se de qualquer hábito destrutivo, já está 51 por cento curado. Quando o desejo de eliminar o mau hábito for maior do que a necessidade de continuar com ele, você descobrirá, surpreso, que a emancipação completa está a apenas um passo.

Qualquer que seja o pensamento em que prende a mente, a mente o ampliará. Impregne a mente com os conceitos de que é um homem livre (isto é, livre do hábito destrutivo) e que tem paz de espírito. Mantenha a atenção concentrada nessa nova direção. Ao fazer isso, você gera sentimentos que aos poucos saturam o conceito de liberdade e paz. Todas as ideias que você impregna de emoção são aceitas e transformadas em realidade pelo subconsciente.

A LEI DA SUBSTITUIÇÃO

Convença-se de que alguma coisa boa pode surgir de seu sofrimento. Você não sofreu em vão. É uma idiotice, porém, continuar a sofrer.

Se continuar a beber, o álcool provocará sua deterioração e decadência mental e física. Convença-se de que o poder existente em seu subconsciente lhe dará todo o apoio. Mesmo que caia na melancolia, você pode começar a imaginar a alegria de estar livre do vício, que lhe está reservada.

A lei da substituição é a seguinte: a imaginação levou-o à garrafa. Deixe que o leve agora para a vitória sobre o vício e à paz de espírito. Você vai sofrer um pouco, mas por uma finalidade construtiva. Aguente o sofrimento como uma mãe aguenta as dores do parto e dará à luz um filho da mente. Seu subconsciente dará à luz a sobriedade.

A CAUSA DO ALCOOLISMO

A verdadeira causa do alcoolismo é o pensamento negativo, destrutivo. *Assim como o homem pensa, assim ele é.* O alcoólatra sofre de um profundo senso de inferioridade, inadequação, frustração e derrota. Não raro, esses sentimentos se fazem acompanhar de uma profunda hostilidade interior contra alguém ou alguma coisa. Ele dispõe de uma infinidade de álibis para explicar o vício, embora, na realidade, a única razão seja sua *vida mental.*

TRÊS PASSOS MÁGICOS

Primeiro passo: fique imóvel, pare as rodas da mente. Entre em um estado sonolento, de torpor. Nesse estado relaxado, tranquilo, receptivo, você se prepara para o segundo passo.

Segundo passo: formule uma frase curta que possa gravar facilmente na memória e repita-a como se fosse uma canção de ninar. Use a frase "Tenho agora sobriedade e paz de espírito e dou graças por isso". Para impedir a mente de distrair-se, repita as palavras em voz alta e imite a pronúncia com os lábios e a língua enquanto a repete mentalmente. Essa técnica facilita a penetração da frase no subconsciente. Faça isso durante cinco minutos, ou mais. Você obterá uma profunda resposta emocional.

Terceiro passo: pouco antes de dormir, pratique o que Johann von Goethe, o grande poeta alemão, costumava fazer. Imagine um amigo ou pessoa amada fazendo-lhe companhia. Você está de olhos fechados, relaxado e em paz. A pessoa amada ou o amigo estão subjetivamente presentes e lhe dizem: "Parabéns!"

Você vê o sorriso, ouve a voz. Mentalmente, toca-lhe a mão, tudo isso real e intenso. A palavra *parabéns* lhe traz a sensação de que está inteiramente livre daquilo que o fazia sofrer. Ouça-a, repetidas vezes, até obter a reação subconsciente que o deixa feliz.

INSISTA EM INSISTIR

Quando o medo bater à porta de sua mente ou quando a preocupação, a ansiedade e a dúvida surgirem, contemple sua visão, seu objetivo. Pense no poder infinito existente em sua mente subconsciente, que gera o que você pensa e imagina. Isso lhe dará confiança, poder e coragem. Continue, insista, *até que nasça o dia e fujam as trevas.*

PASSE EM REVISTA O SEU PODER MENTAL

1. A solução está no problema. A resposta, na própria pergunta. A inteligência infinita responde quando você pergunta com fé e confiança.
2. Hábito é função da mente subconsciente. Não há maior prova do poder maravilhoso do subconsciente do que a força e o poder que o hábito exerce em sua vida. Você é uma criatura de hábitos.
3. Você forma o molde do hábito no subconsciente ao repetir muitas vezes um pensamento ou ato, até que eles abrem sulcos em seu subconsciente e se tornam automáticos.

4. Você tem liberdade de escolher. Pode escolher um bom ou um mau hábito. Orar é um bom hábito.
5. Qualquer que seja o quadro mental, sustentado pela fé, que contempla na mente consciente, a mente subconsciente vai transformá-lo em realidade.
6. Os únicos obstáculos a seu sucesso e realização pessoal são seus pensamentos ou imagens mentais.
7. Quando a atenção se distrai, traga-a de volta à contemplação de seu bem ou meta na vida. Transforme isso em hábito. Isso é chamado disciplinar a mente.
8. A mente consciente é a câmera fotográfica, e o subconsciente, o filme sensível no qual você registra, ou grava, a imagem.
9. O único pé-frio que segue alguém é um pensamento de medo, repetido incessantemente na mente. Você anula o pé-frio quando tem certeza de que levará a uma conclusão consentânea com a ordem divina tudo aquilo que inicia. Imagine um final feliz e mantenha, confiante, esse pensamento.
10. Para formar um novo hábito, você tem que se convencer de que ele é desejável. Quando o desejo de romper com um mau hábito é maior do que o desejo de continuar com ele, você já está 51 por cento curado.
11. As palavras dos outros não podem feri-lo, exceto através de seus próprios pensamentos e aceitação mental. Identifique-se com seu objetivo, que é o de paz, harmonia e alegria. No seu universo, você é o único pensador.
12. A bebida em excesso é um desejo inconsciente de fuga. A causa do alcoolismo está em pensamentos negativos e destrutivos. A cura consiste em pensar em superar o vício, em sobriedade e perfeição, e em vivenciar a emoção da vitória.
13. Muitos continuam a ser alcoólatras porque se recusam a admitir que o são.

14. A mesma lei da mente subconsciente que o manteve em cativeiro e lhe inibiu a liberdade de decidir lhe dará a liberdade e a felicidade que almeja. Tudo depende da maneira como a usa.
15. A imaginação levou-o para a garrafa; deixe que o leve para a liberdade, imaginando-se livre.
16. A verdadeira causa do alcoolismo são os pensamentos negativos e destrutivos. *Assim como pensa em seu coração* [mente subconsciente], *assim o homem é.*
17. Quando o medo bater à porta de sua mente, que ela seja aberta pela fé em Deus e em todas as coisas boas.

19
Como usar a mente subconsciente para eliminar o medo

Um de meus alunos foi convidado para discursar no banquete anual de sua associação de classe. Ele me confessou que estava apavorado com o pensamento de falar para milhares de pessoas, muitas das quais importantes em seu campo de atuação. Ainda assim, venceu o medo da seguinte maneira: durante várias noites, sentou-se durante cinco minutos numa poltrona, dizendo a si mesmo em tom lento, tranquilo, positivo:

> Vou vencer esse medo. Estou vencendo-o neste instante. Falo com tranquilidade e confiança. Estou relaxado e à vontade.

Dessa maneira, ele pôs em ação uma clara lei da mente. Ao chegar a hora, venceu o medo e fez um discurso muito aplaudido.

A mente subconsciente é sensível à sugestão. É *controlada* por sugestão. Quando silenciamos a mente e relaxamos, os pensamentos que povoam o consciente mergulham para o subconsciente. O processo assemelha-se à osmose, na qual ocorre uma mistura de fluidos separados por uma membrana porosa. À medida que essas sementes positivas, ou pensamentos, seguem para a área do subconsciente, elas crescem segundo sua natureza e nos tornamos equilibrados, serenos e calmos.

O MAIOR INIMIGO DO HOMEM

Alguém já disse que o medo é o maior inimigo do homem. Está por trás do fracasso, da doença, de relações humanas insatisfatórias. Milhões de pessoas têm medo do passado, do futuro, da velhice, da loucura e da morte. O medo, porém, é apenas um pensamento na mente. Isso significa que temos medo de nossos próprios pensamentos.

Uma criança pequena pode ficar paralisada de medo quando um coleguinha lhe diz que há um monstro embaixo da cama, que irá pegá-la durante a noite. Quando os pais acendem a luz e lhe mostram que não há monstro algum, ela perde o medo. O medo na mente da criança era tão real como se houvesse realmente um monstro embaixo da cama. Ela foi curada de um pensamento sem fundamento algum na realidade. Não existia aquilo que ela temia. Da mesma maneira, a maioria dos nossos medos tampouco tem fundamento na realidade. Eles nada mais são do que um conjunto de sombras sinistras, e sombras nenhuma realidade têm.

FAÇA AS COISAS QUE TEME

Ralph Waldo Emerson, o grande filósofo e poeta do século XIX, disse o seguinte: "Faça a coisa que teme e a morte do medo é certa."

Houve época em que eu era tomado de um medo incrível só em pensar em falar em público. Se tivesse me curvado a esse medo terrível, tenho certeza de que você não estaria agora lendo este livro. Eu jamais teria conseguido passar aos outros o que aprendi sobre o funcionamento da mente subconsciente.

Venci-o seguindo o conselho de Emerson. Tremendo por dentro, dirigi-me a plateias e falei. Aos poucos, tornei-me menos medroso, até que finalmente me senti à vontade o suficiente para gostar do que fazia. Comecei mesmo a esperar com prazer a oportunidade de fazer palestras. Fiz o que tinha medo de fazer, e a morte do medo foi inevitável.

Quando dizemos positivamente que vamos vencer os medos e chegamos a uma decisão final na mente consciente, liberamos o poder do subconsciente, que começa a fluir de acordo com a natureza de nossos pensamentos.

SUPERANDO O MEDO DE PLATEIA

Em um capítulo anterior descrevi o caso de Janet R., uma jovem cantora de ópera cuja carreira fora interrompida por um caso terrível de medo da plateia. Ao ser convidada para um teste de voz, com possibilidade de escolha para um papel importante numa ópera, compreendeu que essa bem que poderia ser sua última oportunidade de sucesso. Ainda assim, o nervosismo de enfrentar o público continuava tão forte como nunca. A menos que conseguisse vencê-lo, sabia que fracassaria mais uma vez.

Como maneira de superá-lo, isolou-se em uma sala e fez o melhor que pôde para relaxar corpo e mente. Com o objetivo de repelir a sugestão de medo que lhe dominava o subconsciente, repetiu devagar, tranquila e convictamente as seguintes palavras: "Eu canto maravilhosamente bem. Sou equilibrada, serena, confiante e calma."

Repetiu essas palavras de cinco a dez vezes de cada vez. Ao fim de uma semana, sentia-se equilibrada e confiante. Ao chegar a hora, fez um teste brilhante.

Se você adaptar o mesmo procedimento a qualquer situação em que se encontre e levá-lo até o fim com seriedade e confiança, a morte do medo será inevitável.

MEDO DO FRACASSO

Frequentemente recebo visitas de estudantes de uma universidade próxima. Uma queixa comum a muitos deles é o que podemos chamar de amnésia por sugestão durante os exames. Eles me contam sempre a mesma história: "Antes do exame, sei a matéria de cor e salteado, e lembro-me de todas as respostas depois. Mas quando estou na sala, olhando para a prova, dá um branco em mim!"

Muitos de nós tivemos experiências semelhantes. A explicação desse fato está em uma das grandes leis da mente subconsciente. A ideia que se transforma em realidade é aquela à qual damos atenção mais concentrada. Conversando com os estudantes, descobri que a ideia a que davam mais atenção era a do fracasso. Como resultado, era fracasso o que o subconsciente transformava em realidade. O próprio medo de fracasso cria a experiência de fracasso, por amnésia temporária.

Uma estudante de medicina chamada Sheila B. era uma das mais brilhantes da classe. Mesmo assim, quando fazia uma prova oral ou escrita, dava um branco nela ao ouvir ou ler as perguntas mais simples. Expliquei-lhe a razão desse fato. Durante vários dias antes do exame ela estivera pensando e preocupando-se com as possibilidades de fracasso. Esses pensamentos negativos tornaram-se carregados de medo.

Pensamentos saturados da poderosa emoção do medo são transformados em realidade no subconsciente. Em outras palavras, a jovem estudante estava pedindo ao subconsciente que desse um jeito para ela ser reprovada, e foi isso exatamente o que ele fez. No dia do exame, quando deu por si, foi atacada de amnésia por sugestão.

COMO ELA VENCEU O MEDO

Estudando o funcionamento da mente subconsciente, Sheila aprendeu que nela havia o tesouro da memória. O subconsciente continha o registro perfeito de tudo que ela ouvira e lera durante as aulas. Além disso, aprendeu que o subconsciente é impressionável e que responde em reciprocidade. A maneira de manter com ele uma forte comunicabilidade é relaxar, e adotar um estado de espírito tranquilo e confiante.

Todas as noites e pela manhã, Sheila começou a imaginar os pais dando-lhe parabéns por suas maravilhosas notas. Segurava nas mãos a carta imaginária que deles recebera. Ao começar a pensar no resultado almejado, gerou uma resposta correspondente, ou recíproca, em si mesma.

Submetido a esse estímulo constante, o poder todo-sábio e todo-poderoso do subconsciente assumiu o comando. De acordo com isso, deu ordens à mente consciente e dirigiu-a. Sheila imaginou o resultado que queria, criando, dessa maneira, meios para concretizá-lo. Seguindo esse procedimento, não teve mais problemas para passar nos exames subsequentes. A sabedoria residente no subconsciente assumiu o comando e obrigou-a a dar o melhor de si mesma.

MEDO DE ÁGUA

Quando tinha por volta de 10 anos, caí acidentalmente em uma piscina. Não sabia nadar. Bati os braços em desespero, mas em vão. Senti que estava afundando. Ainda me lembro do terror que senti quando a água escura se fechou à minha volta. Tentei respirar e enchi a boca de água. No último momento, outro menino notou a enrascada em que eu estava, saltou para a água e me puxou para fora. A experiência mergulhou no meu subconsciente. O resultado foi que durante anos tive medo de água.

Certo dia, contei esse medo irracional a um sábio e idoso psicólogo.

– Vá para uma piscina – disse ele. – Olhe para a água. Ela é simplesmente um composto químico, constituído de dois átomos de hidrogênio e um de oxigênio. Ela não tem vontade, nem consciência. Você, porém, tem *ambas*.

Inclinei a cabeça, perguntando-me ao mesmo tempo aonde ele queria chegar.

– Uma vez que compreenda que a água é essencialmente passiva – continuou ele –, diga em voz alta e forte: "Vou dominar você. Com os poderes da mente, vou dominá-la." Em seguida, jogue-se na água. Tome lições de natação. Use seus poderes internos para dominá-la.

Fiz o que ele mandava. Logo que assumi uma nova atitude mental, o poder onipotente do subconsciente respondeu, dando-me força, fé e confiança. Permitiu-me superar o medo e, dessa forma, venci a água. Hoje em dia, por prazer e por questões de saúde, nado todas as manhãs. Não permita que a água o domine. Lembre-se, você é o senhor da água.

DOMINE A TÉCNICA DE SUPERAÇÃO DE TODOS OS TIPOS DE MEDO

Vejamos uma técnica para superar o medo que ensinei em palestras a milhares de pessoas. Ela funciona como um passe de mágica. Experimente-a!

Suponhamos que você tem medo de água. Comece agora: sente-se imóvel três ou quatro vezes por dia. Entre em um estado de profundo relaxamento. Em seguida, imagine-se nadando. Subjetivamente, você *está* nadando. Mentalmente, você se lançou na água. Sente a temperatura fria dela e o movimento dos braços e das pernas. Tudo isso é atividade da mente, real, vívida e profundamente agradável.

Note que isso não é devaneio ocioso. Entenda que o que está experimentando na imaginação será revelado na câmara escura do subconsciente. Em seguida, você será compelido a manifestar no mundo real a imagem e a semelhança do quadro que gravou na mente mais profunda. Na próxima tentativa para nadar, será a alegria que subirá à superfície. Essa é uma das leis do subconsciente.

Você pode aplicar a mesma técnica a outros medos. Se tem medo de altura, imagine-se dando um passeio nas montanhas. Sinta a realidade de tudo. Desfrute o ar puro, as flores das montanhas, a paisagem emocionante. Fique certo de que, à medida que continuar a fazer isso mentalmente, fará também fisicamente, com facilidade e conforto.

ELE ABENÇOOU O ELEVADOR

Jonathan M. é executivo em uma grande empresa. Durante muitos anos teve pavor de andar de elevador. Para não enfrentar isso, subia todas as manhãs sete andares até a sala onde trabalhava. Quando precisava conversar com funcionários de outras empresas, cujas salas ficavam em andares mais altos, sempre arranjava uma desculpa para recebê-los em sua sala ou em um restaurante. Viagens de negócios eram uma tortura para ele. Tinha que telefonar antes para certificar-se de que seu quarto ficaria em um andar baixo e que poderia usar a escada.

O medo era produto da mente subconsciente, talvez reflexo de alguma experiência que esquecera por completo. Aprendendo como a coisa funcionava, resolveu mudá-la. Começou a abençoar o elevador todas as noites e várias vezes durante o dia. Em um estado de espírito calmo, confiante, repetia para si mesmo:

> O elevador de nosso prédio é uma ideia maravilhosa. Ela veio da mente universal. É um benefício e uma bênção para todos os nossos empregados. Proporciona um serviço maravilhoso. Funciona dentro da ordem divina. Uso-o em estado de paz e com alegria. Permaneço em silêncio agora, enquanto as correntes de vida, amor e compreensão fluem por meio de meus moldes de pensamento!

Em minha imaginação, estou agora no elevador, deixo-o e entro em minha sala. O elevador está cheio de empregados nossos. Converso com eles, e todos são cordiais, alegres e despreocupados. Isso é uma experiência maravilhosa de liberdade, fé e confiança. Eu sou grato.

MEDO NORMAL E ANORMAL

O recém-nascido só tem dois medos básicos: o de cair e o de sons altos e repentinos. Esses medos são perfeitamente normais. Servem como um tipo de sistema de alarme que nos é dado pela natureza como meio de autoconservação.

O medo normal é bom. Ouvimos um carro vindo pela estrada em nossa direção, damos um passo para trás e sobrevivemos. O medo momentâneo de ser atropelado é superado pelo de recuar.

Todos os demais tipos de medo são anormais, causados por certas experiências ou a nós transferidos pelos pais, parentes, mestres e outros que nos influenciaram quando éramos crianças.

MEDO ANORMAL

O medo anormal instala-se quando deixamos que nossa imaginação se descontrole. Conheci uma mulher que foi convidada a voar à volta do mundo. E começou logo a recortar em jornais todas as notícias de desastres de aviação. Chegou até a adquirir uma fita de vídeo do *The World's Worst Airplane Crashes* [Os piores desastres aéreos do mundo]. Chegava a imaginar o avião caindo no oceano e ela se afogando. Isso é medo anormal. Caso tivesse persistido, é muito grande a probabilidade de que tivesse atraído para si o que mais temia.

Outro exemplo de medo anormal é o de um empresário de Nova York, muito bem-sucedido e próspero. Criou um filme mental no qual a empresa era obrigada a pedir falência e ele perdia tudo. Quanto mais passava o filme na tela da mente, mais mergulhava em depressão profunda. Mas recusou-se a acabar com as imagens mórbidas. Continuava a dizer à esposa: "Essa situação não pode durar", "Essa boa fase vai acabar logo", "Não adianta, vamos quebrar".

A esposa me contou depois que ele, de fato, faliu. Todas as coisas que imaginou e temeu aconteceram. Embora as coisas que temia não existissem, ele as transformou em realidade com medo constante, acreditando no desastre financeiro e esperando-o. Ou, como disse Jó: *Aquilo que eu temia desabou sobre mim*.

O mundo está cheio de gente que teme que algo terrível aconteça aos filhos ou que sejam vítimas de alguma catástrofe pavorosa. Se leem uma notícia sobre uma epidemia de doença rara, apavoram-se, pensando que vão contraí-la. Alguns até imaginam que já a pegaram. Tudo isso é medo anormal.

A MANEIRA DE SUPERAR O MEDO ANORMAL

Se você vive obcecado por medo anormal, tem que se esforçar para se mover mentalmente na direção oposta. Se permanece na extremidade do medo, vai sofrer de paralisação, além de deterioração mental e física. Ao surgir o medo, uma das leis básicas da mente subconsciente gera imediatamente o desejo de algo oposto à coisa temida.

Ponha toda atenção na coisa imediatamente desejada. Deixe-se absorver e impregnar pelo desejo. Acredite que o subjetivo sempre vence o objetivo. Essa atitude lhe dará confiança e melhorará seu estado de ânimo. O poder infinito da mente subconsciente está agindo em seu benefício. Ele não falha. Em consequência, você terá a paz e a segurança que deseja.

ANALISE SEUS MEDOS

O chefe de vendas de uma grande empresa multinacional me confidenciou que quando começou a trabalhar como vendedor tinha que dar cinco ou seis voltas em torno do quarteirão antes de reunir coragem para visitar um cliente.

Sua chefe nessa época era uma pessoa muito experiente e sensível. Certo dia, ela lhe disse: "Não tenha medo do monstro escondido atrás da porta. Não há monstro nenhum. Você é vítima de uma falsa crença."

A chefe disse ainda que, em todas as ocasiões em que sentia indícios de medo, enfrentava-o. Olhava-o na cara, bem dentro dos olhos. Quando fazia isso, descobria sempre que o medo diminuía e, finalmente, desaparecia.

ELE ATERRISSOU NA SELVA

Um ex-capelão do Exército dos Estados Unidos, chamado John N., contou-me que durante a Segunda Guerra Mundial o avião em que voava foi atingido e danificado por um ataque antiaéreo. Teve que saltar de paraquedas sobre as montanhas cobertas de matas da Nova Guiné. Claro que ficou com medo, mas sabia que o medo se apresenta de duas formas: a normal e a anormal. O tipo anormal, que estava tentando controlá-lo, é parente próximo do pânico.

Resolveu fazer imediatamente alguma coisa sobre o medo. Começou a conversar consigo mesmo, dizendo: "John, você não pode se render ao medo. Seu medo é um desejo de proteção e segurança e de uma forma de escapar desta situação."

No centro de uma pequena clareira, esforçou-se para acalmar a respiração. Afastou resolutamente os primeiros sintomas de medo. Logo que se sentiu mais relaxado, começou a dizer: "A inteligência infinita, que guia os planetas em suas órbitas, está agora me conduzindo e guiando para fora dessa selva e para a segurança." Continuou a dizer isso durante dez minutos ou mais.

"De repente", disse John, "senti alguma coisa começar a se mover dentro de mim. Era um estado de espírito de confiança e fé. Fui atraído para um dos lados da clareira. Lá encontrei leves marcas de uma trilha e comecei a andar. Dois dias depois, milagrosamente, cheguei a uma pequena aldeia de nativos, cordiais. Eles me alimentaram e em seguida me levaram para a borda da selva, onde um avião de resgate me apanhou."

John foi salvo pela mudança da atitude mental. A confiança e fé na sabedoria e poder subjetivo nele existentes deram-lhe a solução do problema.

E ele acrescentou: "Se eu tivesse começado a me lamentar de minha sorte e a sucumbir ao medo, o monstro do medo teria me dominado. Então com certeza, teria morrido de medo e fome."

ELE MESMO SE DEMITIU

Rafael S. era executivo em uma grande fundação. Confessou-me que durante três anos viveu apavorado com a possibilidade de perder o cargo. Estava sempre imaginando o fracasso. Vivia temendo que subordinados fossem promovidos antes dele. As coisas que ele temia não existiam, salvo como pensamentos mórbidos de ansiedade. A imaginação vívida dramatizava a perda do emprego e com isso ele se tornou cada vez mais nervoso e ineficiente. Finalmente, foi forçado a pedir demissão.

Na realidade Rafael demitiu a si mesmo. As imagens negativas constantes, a enorme quantidade de sugestões de medo que despejava no subconsciente fizeram com que este respondesse e reagisse de acordo. Levou-o a cometer erros e a tomar decisões tolas. Essas, por sua vez, geraram o fracasso. Ele talvez nunca tivesse sido demitido se houvesse passado para o lado oposto da mente.

CONSPIRARAM CONTRA ELE

Durante um circuito de palestras pelo mundo tive uma conversa de duas horas com um servidor público importante em um dos países que visitei. Descobri que esse homem tinha um profundo senso de paz interior e serenidade. Disse-me que, embora fosse constantemente bombardeado com insultos pelos jornais da oposição, jamais permitia que isso o perturbasse. Seu método consistia em sentar-se imóvel durante 15 minutos pela manhã e aceitar que, em seu interior, havia um oceano de paz, profundo e imóvel. Meditando dessa maneira, ele gerava um tremendo poder que vencia todos os tipos de dificuldades e medos.

Meses antes, recebera à meia-noite um telefonema de um colega em pânico. De acordo com o colega, um grupo conspirava contra ele. Pretendiam derrubá-lo do governo, com a ajuda de elementos dissidentes das Forças Armadas.

Em resposta, o funcionário respondeu: "Vou dormir agora em perfeita paz. Amanhã, às 10 horas, poderemos discutir esse assunto."

E ele me explicou: "Sei que nenhum pensamento negativo pode se materializar, a menos que eu o impregne de emoção e o aceite mentalmente. Recuso-me a lhe aceitar a sugestão de medo. Por conseguinte, nenhum mal pode me acontecer, a menos que eu permita."

Notem como ele estava calmo, frio, sereno! Não ficou transtornado nem começou a arrancar os cabelos ou torcer as mãos. Em sua mente, encontrou a água parada, a paz interior e uma grande calma.

LIVRE-SE DE TODOS OS SEUS MEDOS

Na Bíblia encontramos a fórmula perfeita para nos livrarmos do medo:

Busquei o Senhor e ele me acolheu; livrou-me de todos os meus temores. (Salmos 34:4)

Senhor é uma palavra antiga que significa *lei* – ou seja, o poder de sua mente subconsciente.

Descubra as maravilhas do subconsciente. Procure compreender como ele trabalha e funciona. Domine as técnicas que foram ensinadas neste capítulo. Coloque-as em prática, agora, hoje! O subconsciente responderá e você se livrará de todos os medos. *Busquei o Senhor e ele me acolheu; livrou-me de todos os meus temores.*

TOME ESTE CAMINHO PARA LIVRAR-SE DO MEDO

1. Faça o que tem medo de fazer e é certa a morte do medo. Se, com perfeita confiança e fé, disser a si mesmo "Vou dominar esse medo", isso acontecerá.
2. O medo é um pensamento negativo em sua mente. Suplante-o com um pensamento construtivo. O medo matou milhões. A confiança é mais poderosa do que o medo. Nada é mais poderoso do que a fé em Deus e no bem.
3. O medo é o maior inimigo do homem. É causa de fracassos, doenças e más relações humanas. O amor o expulsa. Amor é apego emocional às boas coisas da vida. Apaixone-se pela honestidade, integridade pessoal, boa vontade e sucesso. Viva na expectativa alegre do melhor e, inevitavelmente, o melhor é o que colherá.
4. Combata sugestões de medo com seu oposto, tais como "Canto maravilhosamente bem, sou equilibrada, serena, calma". E receberá dividendos fabulosos.
5. O medo é a causa da amnésia por sugestão que ataca estudantes durante provas. Você pode vencê-la, afirmando com frequência: "Tenho memória perfeita para tudo que

preciso saber." Imagine um amigo dando-lhe parabéns pelos seus excelentes resultados no exame. Persevere e vencerá.

6. Se tem medo de cruzar um curso d'água, nade. Imagine-se nadando à vontade, alegremente. Mentalmente, lance-se à água. Sinta o friozinho gostoso e a emoção de cruzar a piscina. Torne a imagem real. Fazendo isso subjetivamente, será compelido a saltar na água e vencê-la. Essa é a lei de sua mente.
7. Se tem medo de lugares fechados, como elevadores, suba e desça mentalmente neles, enquanto sinceramente lhes abençoa todas as peças e funções. E ficará espantado com a rapidez com que o medo desaparece.
8. Você nasceu com apenas dois medos: o medo de cair e o medo de ruídos. Todos os demais foram adquiridos. Livre-se deles.
9. O medo normal é bom. O anormal é muito ruim e destrutivo. Abrigar constantemente pensamentos de medo resulta em medos anormais, obsessões, complexos. Temer constantemente uma coisa causa sensação de pânico e terror.
10. Você pode vencer o medo anormal quando acredita que o poder de sua mente subconsciente pode mudar condições e tornar realidade os desejos mais acalentados de seu coração. Dê atenção imediata ao seu desejo, que é o oposto do medo. Esse é o amor que expulsa o medo.
11. Se tem medo do fracasso, preste atenção ao sucesso. Se tem medo de doença, pense em saúde perfeita. Se tem medo de acidente, medite na orientação e proteção de Deus. Se tem medo da morte, lembre-se de que há vida eterna. Deus é vida, e essa é a sua vida, agora.
12. A resposta ao medo está na grande lei da substituição. O que quer que você tema, tem solução, na forma de seu

desejo. Se está doente, você deseja saúde. Se está na prisão do medo, deseja liberdade. Espere o bem. Concentre-se no bem e saiba que a mente subconsciente sempre lhe dá resposta. Ela jamais falha.

13. As coisas que você teme não existem realmente, salvo como pensamentos em sua mente consciente. Pensamentos, lembre-se, são criadores. Esse é o motivo por que Jó disse: *Aquilo que eu temia desabou sobre mim.* Pense no bem e o bem se seguirá.
14. Examine seus medos, exponha-os à luz da razão. Aprenda a rir deles. Esse é o melhor remédio. Nada pode perturbá-lo, exceto seus próprios pensamentos. As sugestões, palavras ou ameaças de outra pessoa nenhum poder possuem. O poder está em você e, quando focaliza o pensamento naquilo que é bom, o poder de Deus está em seus pensamentos sobre o bem.
15. Só há um poder criador, e ele age sob a forma de harmonia. Nele não há divisões provocadas por conflitos. Sua origem é o amor. Esse é o motivo por que o poder de Deus está em seus pensamentos sobre o bem.

20
Como permanecer jovem em espírito para sempre

A mente subconsciente jamais envelhece. Ela é imemorial, imutável, infinita. Parte da mente universal de Deus, jamais nasceu e tampouco morrerá.

Nem cansaço nem idade produzem impacto sobre qualquer qualidade ou poder espiritual. Paciência, bondade, apego à verdade, humildade, boa vontade, paz, harmonia e amor fraternal são atributos e qualidades que nunca envelhecem. Se continuar a cultivar tais qualidades neste plano de vida, você permanecerá para sempre jovem em espírito.

A idade, por si só, não causa doenças degenerativas. Não é o tempo em si, mas o *medo* que dele temos que produz um efeito envelhecedor nocivo sobre a mente e o corpo. Na verdade, o medo neurótico dos efeitos do tempo pode muito bem ser a causa do envelhecimento prematuro.

Durante os muitos anos de minha vida pública tive oportunidade de estudar as biografias de homens e mulheres famosos, que continuaram produtivos muito além do período normal de vida. Alguns deles alcançaram mesmo a grandeza apenas na velhice. Tive também o privilégio de conhecer incontáveis indivíduos sem nenhuma importância especial que em suas esferas de atividade mais humildes faziam parte daquele número de mortais difíceis de abater, que provaram que a idade em si não destrói os poderes criativos da mente e do corpo.

ELE ENVELHECEU MENTALMENTE

Há alguns anos visitei um velho amigo em Londres, Inglaterra. Ele havia completado recentemente 80 anos. Para muitos, esse fato era motivo de regozijo, mas, infelizmente, não para ele. Fiquei profundamente chocado quando o vi. Ele parecia e se sentia fraco, doente mesmo, ainda que reconhecesse que seu médico não encontrara nele nenhum problema de saúde.

– Esses médicos são uns idiotas – disse ele. – Eu sei muito bem qual é a minha doença. É a própria vida!

Perguntei o que queria dizer com isso.

– Ninguém me quer ou precisa de mim! – exclamou ele. – E por que deveriam? Não tenho utilidade para ninguém. Nascemos, crescemos, envelhecemos e morremos, e esse é o fim da história.

Reconheci que, de certa maneira, ele interpretara corretamente sua doença. Estava doente, sim, mas não por causa da vida, e sim por causa da maneira como *via* a vida. A atitude mental, de julgar-se inútil, imprestável, lhe provocara a doença. Ele só via à frente a senilidade e, depois, nada mais. Na verdade, envelhecera em sua vida mental, e a mente consciente tornara realidade tudo aquilo que ele esperava e temia.

A SABEDORIA COMEÇA COM A VELHICE

Lamentavelmente, muitas pessoas adotam a mesma atitude do meu infeliz amigo. Temem o que chamam de "velhice", o fim, a extinção. Na verdade isso significa que temem a vida. Ora, a vida é infinita. A velhice não é a soma de anos, mas o começo da sabedoria.

Sabedoria é constatação dos poderes espirituais imensos existentes na mente subconsciente e conhecimento de como aplicá-los para levar uma vida plena e feliz. Tire imediatamente da cabeça e para sempre que 65, 75 ou 85 anos são sinônimos do fim para você ou para qualquer outra pessoa. Na verdade podem ser o começo de um estilo de vida glorioso, frutífero, ativo e mais produtivo, o melhor do que jamais experimentou. Acredite nessas possibilidades, espere-as, e o subconsciente fará com que isso aconteça.

ABRACE A MUDANÇA

Velhice não é tragédia. O que denominamos de processo de envelhecimento constitui, na verdade, uma mudança. Deve ser recebida com alegria e prazer. Todas as etapas na vida humana são passos em um caminho sem fim. Temos poderes imensos que transcendem as limitações de nosso corpo. Temos sentidos maravilhosos que superam os limites de nossos cinco sentidos físicos.

A vida é espiritual e eterna. Não precisamos jamais envelhecer porque a vida, ou Deus, não pode envelhecer. A Bíblia diz que Deus é vida. A vida é autorregeneradora, eterna, indestrutível e a realidade de todos os homens.

A VIDA É

Uma mulher perguntou certa vez a Thomas Edison, o mago da eletricidade:

– Sr. Edison, o que é eletricidade?

Ele respondeu:

– Madame, eletricidade é. Use-a.

Eletricidade é o nome que damos a um poder invisível que não compreendemos inteiramente. Ainda assim, aprendemos tudo que podemos sobre o princípio da eletricidade e seus usos. E a usamos de incontáveis maneiras.

Embora não possam ver com os olhos um elétron, cientistas aceitam-no como fato científico, porque é a única conclusão válida que coincide com outras provas experimentais. Não podemos ver a vida. Ainda assim, sabemos que vivemos. A vida é, e estamos aqui para manifestá-la em toda a sua beleza e glória.

NEM MENTE NEM ESPÍRITO ENVELHECEM

Diz a Bíblia:

> E a vida eterna é esta; que te conheçam a ti, o único Deus verdadeiro. (João 17:3)

Aquele que pensa que o ciclo terreno de nascimento, adolescência, juventude, maturidade e velhice é tudo que existe na vida merece realmente piedade. Tal pessoa não possui uma base sólida, nem esperança, nem visão. Para ela, a vida carece de sentido.

Esse tipo de crença gera frustração, estagnação, cinismo e um senso de impotência que leva à neurose e às aberrações mentais de todos os tipos. E daí se você não pode mais jogar uma partida de tênis ou nadar tão rápido como seus filhos? E daí se seu corpo entrou em ritmo mais lento ou você caminha com passos vagarosos? Lembre-se, a vida está sempre mudando de vestimenta. O que alguns chamam de morte é apenas a viagem para uma nova cidade, em outra dimensão da vida.

Às minhas plateias digo que devem aceitar graciosamente o que chamamos de velhice. A idade tem sua própria glória, beleza, e a sabedoria, que é seu apanágio. Paz, amor, alegria, beleza, felicidade, sabedoria, boa vontade e compreensão são qualidades que jamais envelhecem ou morrem.

Ralph Waldo Emerson, poeta e filósofo, disse certa vez: "Não contamos os anos de um homem até que ele nada mais tenha a contar."

Seu caráter, a qualidade de sua mente, de sua fé e de suas convicções não estão sujeitos à decadência.

VOCÊ É TÃO JOVEM QUANTO PENSA QUE É

Habitualmente, faço palestras no Caxton Hall, em Londres, Inglaterra. Em seguida a uma delas, fui procurado por um cirurgião.

- Tenho 84 anos - disse ele. - Opero todas as manhãs, visito pacientes à tarde e à noite escrevo artigos para revistas médicas e científicas.

Sua atitude implicava ser a pessoa tão útil quanto se julgava ser e tão jovem quanto seus pensamentos. E ele acrescentou:

- É pura verdade o que o senhor acaba de dizer. O homem é tão forte e tão valioso quanto pensa que é.

Esse cirurgião não se rendeu ao avanço dos anos. Ele sabe que é imortal. E num comentário final, disse:

- Se eu morrer amanhã, estarei ajudando e curando na próxima dimensão, não com bisturi, mas com cirurgia mental e espiritual.

CABELOS BRANCOS SÃO UM ATIVO

Jamais deixe passar uma oportunidade, pensando: "Sou velho demais para isso." Essa é a postura da estagnação e da morte mental. Se você se convence de que está acabado, o subconsciente aceitará essa convicção e a tornará realidade. Há pessoas velhas aos 30 anos, enquanto outras continuam jovens aos 80. A mente é a tecelã mestra, o arquiteto, o projetista, o escultor. O teatrólogo George Bernard Shaw continuava ativo aos 90 anos e a qualidade artistica de sua mente jamais se aposentou do serviço ativo.

Conheço homens e mulheres que me dizem que certos empregadores praticamente lhes batem a porta na cara quando eles dizem que passaram dos 40. Tal atitude de parte de patrões é fria, insensível e inteiramente destituída de compaixão e compreensão.

Quem foi que decretou que você deve ter menos de 35 anos para ser respeitado? O raciocínio por trás dessa atitude é curto e capcioso. Se o empregador parasse por um momento para pensar, compreenderia que a tal pessoa não estava lhe vendendo idade ou cabelos brancos, mas querendo compartilhar talentos, experiência e sabedoria acumulados através de vivências no mercado da vida.

IDADE É PATRIMÔNIO

Sua idade deve ser um ativo para qualquer organização, dado o fato de você ter praticado e aplicado durante anos os princípios da Regra Áurea e a lei do amor e da boa vontade. Seus cabelos brancos, se você os tem, devem ser sinônimos de maior sabedoria, perícia e compreensão. Sua maturidade emocional e espiritual deveria constituir um ativo imenso para qualquer empresa.

Ninguém deve ser rifado porque tem 65 anos ou qualquer outra idade cronológica. Essas são as épocas da vida em que podem ser mais úteis no trato de problemas de pessoal, elaboração de planos para o futuro, tomada de decisões e orientação aos demais no reino das ideias criativas, baseados como estão em experiência e insight sobre a natureza dos negócios da empresa.

VIVA SUA IDADE

– Cansei desse tipo de atividade – disse-me um roteirista de Hollywood. – Venho fazendo há anos trabalho de primeira qualidade. Conheço meu ofício como poucos. E ganhei prêmios em festivais em todo o mundo.

Confuso, perguntei:

– Nesse caso, qual é o problema?

Ele levantou as mãos para o alto.

– Na última reunião sobre roteiros a que compareci, um executivo do estúdio, de 39 anos, me disse que eu não conseguia me relacionar com as plateias de hoje. Quando tentei argumentar, ele disse que não queria roteiros que não fossem adaptados à mente e aos gostos de rapazes de 12 aos 18 anos! Peguei meu boné e fui embora.

Temos aqui uma situação trágica. De que modo podemos esperar que um grande número de pessoas se torne emocional e espiritualmente maduro se lhe for servida tal dieta? Estão sendo impedidas de ver o potencial nelas existente de crescimento pessoal. São informadas de que devem cultuar a juventude, mesmo que, na realidade, juventude simbolize inexperiência, falta de discernimento e julgamentos precipitados.

POSSO FICAR À ALTURA DO MELHOR ENTRE ELES

Conheço dezenas de pessoas na faixa dos 60 anos, e mais ainda, que lutam a vida toda para permanecerem jovens. Tomam os medicamentos da moda, seguem as dietas da moda, desperdiçam dinheiro em complicados aparelhos de ginástica, cujas virtudes são exaltadas nos comerciais de TV. As que dispõem de mais recursos procuram tratamentos em spas, fazem lipoaspiração ou se submetem a cirurgia plástica. E soltam o grito constante e inútil: "Olhe só, estou tão enxuta como a melhor delas."

Essas pessoas precisam se lembrar de uma grande verdade:

> Porque, como imagina em sua alma, assim ele é. (Provérbios 23:7)

Nem dietas, nem multivitaminas ou tapa-buracos de todos os tipos manterão jovens essas pessoas. Elas têm que compreender que ficam velhas ou permanecem jovens de acordo com a maneira como pensam. A mente subconsciente é condicionada por pensamentos. Se os pensamentos voltam-se constantemente para o belo, o nobre e o bem, elas permanecerão espiritualmente jovens, a despeito dos anos cronológicos.

MEDO DA VELHICE

Disse Jó: *Aquilo que eu mais temia desabou sobre mim*. Muitos temem a velhice. Sentem-se inseguros sobre o futuro porque preveem deterioração mental e física com o avanço dos anos. O que pensam e sentem acaba acontecendo.

Envelhecemos quando perdemos interesse pela vida, quando deixamos de sonhar, de ansiar por novas verdades e de procurar novos mundos para conquistar. Quando abrimos a mente para novas ideias e novos interesses, e quando levantamos a cortina e deixamos entrar a luz do sol e a inspiração de novas verdades da vida e do universo, somos jovens e cheios de vida.

TEMOS MUITO PARA DAR

Tenhamos 65 ou 95 anos, precisamos compreender que temos muito a dar. Podemos ajudar a centrar, aconselhar e dirigir a geração mais jovem. Podemos doar o benefício de nossos conhecimentos, experiência e sabedoria. Podemos sempre olhar para a frente porque, em todos os momentos, estamos fitando a vida infinita. Veremos que jamais poderemos deixar de descobrir novas glórias e maravilhas na vida. Tente aprender alguma coisa nova em todos os momentos do dia e você descobrirá que sua mente será sempre jovem.

CENTO E DEZ ANOS DE IDADE

Há alguns anos, enquanto fazia palestras em Bombaim, Índia, fui apresentado a um homem cujos amigos me disseram que ele tinha 110 anos. Ele possuía o rosto mais belo que eu jamais vi. E parecia transfigurado pelo esplendor de uma luz interior. Havia uma rara beleza em seus olhos. Eu podia ver que ele envelhecera em anos, satisfeito, e sem nenhuma indicação de que a mente tivesse diminuído de brilho.

APOSENTADORIA – UMA NOVA AVENTURA

Não deixe que sua mente se aposente. Ela deve ser semelhante a um paraquedas, que para nada serve a não ser quando aberto. Seja aberto e receptivo a novas ideias. Conheci pessoas que se aposentaram aos 65 ou 70 anos. Parecia que estavam apodrecendo, e poucos meses depois faleceram. Elas, obviamente, achavam que sua vida chegara ao fim, e porque assim pensavam, assim aconteceu.

A aposentadoria pode ser uma nova aventura, um novo desafio, um novo caminho, o começo da realização de um longo sonho. É extraordinariamente penoso ouvir uma pessoa dizer: "O que é que eu vou fazer agora que me aposentei?" Ela está, na verdade, dizendo: "Eu estou mental e fisicamente morta. Minha mente faliu em matéria de ideias."

Tudo isso é uma falsa imagem. A verdade irretorquível é que você pode realizar mais aos 90 do que aos 60, porque todos os dias você cresce em sabedoria e compreensão da vida e do universo, através de seus novos estudos e interesses.

ELE FOI PROMOVIDO A UM EMPREGO MELHOR

Frank W., executivo de empresa, mora perto de mim. Há alguns meses foi obrigado a deixar o emprego. A companhia explicou que estava iniciando um plano de reestruturação. Ele, porém, acreditava que o motivo era a idade, 65 anos.

– Você se sente injustiçado por ter sido vítima de discriminação? – perguntei. – Vai processar a empresa?

Ele riu, penalizado.

– Eu poderia fazer isso, acho. E acho também que bem que poderia ganhar a causa. Mas por que devo gastar meu tempo e energia dessa maneira? Eu não perdi o emprego, a companhia é que perdeu meus serviços.

Parou por um instante e, em seguida, continuou:

– Da maneira como encaro a situação, eu simplesmente fui promovido do jardim de infância para o ensino médio.

– O que é que você quer dizer com isso?

– Bem, por exemplo – explicou ele –, quando me formei no ensino médio, subi o degrau seguinte da escada, indo estudar numa faculdade. Dei um passo adiante em minha educação e compreensão da vida em geral. Minha carreira foi outro passo, ou, talvez, alguns passos. Agora fui liberado para fazer as coisas que sempre quis. Em outras palavras, ter sido dispensado foi outro passo para cima na escada da vida.

Frank chegou à sábia conclusão de que não tinha mais que se concentrar em trabalhar para se sustentar. Nesse momento, ia dedicar tóda a atenção a viver a vida. Durante anos fora um apaixonado fotógrafo amador. Resolveu estudar técnicas fotográficas em um instituto de arte próximo. Mais tarde, fez uma viagem à volta do mundo. Em cada lugar que visitava, usava dezenas de rolos de filme. Atualmente, faz palestras para grupos, lojas maçônicas e clubes e mal consegue atender sua agenda.

Há incontáveis maneiras de desenvolver interesse por alguma coisa digna de ser cultivada fora de nós mesmos. Entusiasme-se com novas ideias criativas, procure fazer progresso espiritual e continue a aprender e a crescer. Dessa maneira você permanecerá jovem no coração, porque está buscando ativamente novas verdades. E em todas as ocasiões o corpo refletirá seu pensamento.

VOCÊ DEVE SER UM CRIADOR, NÃO UM PRISIONEIRO DA SOCIEDADE

Leis que proíbem empresas de praticar discriminação contra homens e mulheres por motivo de idade constituem um passo na direção certa, mas elas, apenas, não conseguirão modificar a maneira como o homem pensa. Um indivíduo de 65 anos talvez seja mental, física e fisiologicamente mais moço do que muitas pessoas de 30. Estamos aqui para desfrutar os frutos de nosso trabalho, para sermos criadores e não os prisioneiros de uma sociedade que nos condena à indolência por motivo de idade.

O corpo cai gradualmente de ritmo com a passagem dos anos, ao passo que a mente consciente pode ser tornada muito mais ativa, alerta, viva e dinâmica por inspiração da mente subconsciente. A mente, na verdade, jamais envelhece. Ou, como disse Jó:

> Ah! Quem me dera ser como nos meses passados, como nos dias em que Deus me guardava! Quando fazia resplandecer sua lâmpada sobre a minha cabeça, quando eu, guiado por sua luz, caminhava pelas trevas; como fui nos dias de meu vigor, quando a amizade de Deus estava sobre a minha tenda. (Jó 29:2-4)

O SEGREDO DA JUVENTUDE

Para recapturar os dias da juventude, faça por sentir o poder milagroso, curador, autorrenovador da mente subconsciente fluindo por todo o seu ser. Saiba e sinta que está sendo inspirado, elevado, rejuvenescido, revitalizado e recarregado espiritualmente. Você pode borbulhar de entusiasmo e alegria como nos dias da mocidade, pela razão muito simples de que pode sempre, mental e emocionalmente, recapturar esse estado jubiloso.

A luz que brilha sobre sua cabeça é a inteligência divina. Ela lhe revela tudo que você precisa saber, permite-lhe afirmar a presença do bem que existe em você, quaisquer que sejam as aparências. Você caminha pela mão de seu subconsciente, e saiba que o dia raiará e afugentará as sombras.

FORME UMA VISÃO DE SI MESMO

Em vez de dizer "Sou velho", diga: "Sou sábio no caminho da vida divina." Não deixe que a empresa, os jornais, as estatísticas lhe mostrem um quadro de velhice, anos de declínio, decrepitude, senilidade e inutilidade. Rejeite-o, porque ele é uma mentira. Recuse-se a ser hipnotizado por tal propaganda. Afirme vida – não morte. Forme uma visão de si mesmo como feliz, radiante, bem-sucedido, sereno e poderoso.

A MENTE NÃO ENVELHECE

Em 1932, o Dr. Michael DeBakey, pioneiro da cirurgia cardíaca, criou a primeira máquina cardiopulmonar, a bomba oxigenadora, ou coração artificial. Essa bomba é ainda usada em cirurgias de implantação de ponte safena. Aos 90 anos, o Dr. DeBakey conseguiu permissão para iniciar experimentos clínicos com uma nova invenção, uma bomba minúscula que pode ser implantada no peito de pacientes com doença cardíaca grave. Não contente com a pesquisa, o Dr. DeBakey ainda deu prosseguimento a uma ativa carreira como cirurgião. Um colega seu disse, a propósito: "Outras pessoas precisariam de cinco a seis vidas para fazer o que ele fez."

Aos 90 anos, o Dr. DeBakey resumiu sua filosofia nas seguintes palavras: "Enquanto temos desafios pela frente e somos física e mentalmente capazes, a vida é estimulante e revigorante."

MENTE ATIVA AOS 99 ANOS

Meu pai aprendeu a falar francês aos 65 anos e se tornou uma autoridade nessa língua aos 70. Iniciou o estudo de gaélico aos 60 anos e se transformou em mestre reconhecido e mundialmente famoso do assunto. Ajudou minha irmã em um instituto de educação superior, até falecer, com a idade de 99 anos. Tinha uma mente tão clara aos 99 quanto aos 20 anos. Na verdade, sua capacidade de raciocínio tornou-se mais aguda com a idade. Realmente, somos tão velhos quanto pensamos e sentimos que somos.

PRECISAMOS DE NOSSOS IDOSOS

Marcus Porcius Cato, o patriota romano, aprendeu grego aos 80 anos. Madame Ernestine Schumann-Heink, a grande contralto germano-americana, atingiu o auge de seu sucesso musical após tornar-se avó.

Sócrates, o filósofo grego, aprendeu a tocar instrumentos musicais aos 80 anos. Michelângelo pintou seus maiores quadros aos 80. Aos 80, Cios Simonides ganhou um prêmio de poesia, Johann von Goethe concluiu o *Fausto*, e Leopold von Ranke iniciou seu *History of the World* [A história do mundo], que terminou de escrever aos 92.

Alfred, lorde Tennyson, escreveu um poema magnífico, "Crossing the Bar", aos 83. Isaac Newton trabalhou ativamente até os 85. Aos 88, John Wesley dirigia, pregava e liderava o metodismo.

Jeanne Louise Calment, de Arles, França, não foi tão famosa como essas pessoas. Na mocidade, conheceu um homem famoso, o pintor Vincent van Gogh, mas esse fato não a tornou particularmente conhecida. Só depois dos 100 anos é que as pessoas começaram a notá-la. Nessa ocasião, ela dava um passeio de bicicleta todos os dias!

Ao completar 110 anos, Calment recebeu cumprimentos e votos de felicidade de todo o mundo. Seu 118º aniversário tornou-a o ser humano mais velho com idade documentada, em toda a história. Perguntada como fizera isso, ela respondeu: "Eu procurava prazer sempre que podia. Agia clara e moralmente, sem nenhum remorso. Eu tenho muita sorte." Aos 122, embora nesse momento confinada a uma cadeira de rodas, seu sorriso era tão radiante e contagiante como nunca.

Devemos pôr nossos idosos em lugares de honra e lhes dar todas as oportunidades de cultivarem as flores do paraíso.

Se você está aposentado, interesse-se pelas leis da vida e as maravilhas de sua mente subconsciente. Faça alguma coisa que sempre quis fazer. Estude novos assuntos e investigue novas ideias.

E ore da seguinte maneira:

> Como suspira a corça pelas correntes das águas, assim, por ti, ó Deus, suspira minha alma. (Salmos 42:1)

OS FRUTOS DA VELHICE

> Sua carne se robustecerá com o vigor da sua infância, e ele tornará aos dias de sua juventude. (Jó 32:25)

Velhice significa, realmente, a contemplação das verdades de Deus de uma perspectiva mais alta. Compreenda que você está numa jornada infinita, em uma série de passos importantes no eterno, incansável, imutável oceano da vida. Nessa ocasião, como o salmista, diga:

> Na velhice darão ainda frutos, serão cheios de seiva e de verdor. (Salmos 92:14)

> Mas o fruto do Espírito é: amor, alegria, paz, longanimidade, benignidade, bondade, fidelidade, domínio próprio. Contra estas coisas não há lei. (Gálatas 5:22-23)

Você é filho da vida infinita, que não conhece fim, e herdeiro da eternidade.

DICAS VALIOSAS

1. Paciência, bondade, amor, boa vontade, alegria, felicidade, sabedoria e compreensão são qualidades que jamais envelhecem. Cultive-as, manifeste-as e permaneça jovem de mente e corpo.
2. O medo neurótico dos efeitos do tempo bem pode ser a causa do envelhecimento prematuro.
3. A velhice não é a fuga dos anos, é o alvorecer da sabedoria na mente do homem.
4. Os anos mais produtivos de sua vida podem ser os de 65 a 95.
5. Receba bem os anos que chegam. Eles significam que você sobe mais alto no caminho da vida, que não tem fim.
6. Deus é vida, e esta é sua vida, agora. A vida é autorrenovadora, eterna, indestrutível e a realidade de todos os seres humanos. Você vive para sempre, porque sua vida é a vida de Deus.
7. Você não pode ver sua mente, mas sabe que a possui. Não pode ver o espírito, mas sabe que o espírito do jogo, o espírito do artista, o espírito do músico e o espírito do orador

é real. De igual maneira, o espírito de bondade, verdade e beleza que se move em sua mente e coração é real. Você não pode ver a vida, mas sabe que está vivo.

8. Velhice pode ser denominada contemplação das verdades de Deus de uma perspectiva mais alta. As alegrias da velhice são maiores do que as da juventude. Sua mente pratica atletismo espiritual e mental. A natureza diminui o ritmo de seu corpo para que você possa ter oportunidade de meditar sobre coisas divinas.
9. Não contamos os anos de um homem até que ele nada mais tenha para contar. Sua fé e convicções não estão sujeitas à deterioração.
10. Você é tão jovem quanto pensa que é. Tão forte quanto se julga. Tão útil quanto tem certeza de que é. E tão jovem quanto seus pensamentos.
11. Cabelos brancos constituem um ativo. Você não os está vendendo. Está vendendo o talento, a capacidade e a sabedoria que acumulou através dos anos.
12. Dietas da moda e comprimidos caros não o manterão jovem. *Assim como o homem pensa, assim ele é.*
13. O medo da velhice pode provocar deterioração física e mental. *Aquilo que eu mais temia desabou sobre mim.*
14. Você envelhece quando deixa de sonhar e quando perde o interesse pela vida. Envelhece quando fica irritável, ranzinza, petulante e mal-humorado. Preencha a mente com as verdades de Deus e emita as ondas luminosas do sol de seu amor – isso é juventude.
15. Olhe para a frente porque, em todas as ocasiões, você está olhando para a vida infinita.
16. A aposentadoria é uma nova oportunidade. Inicie novos estudos e cultive novos interesses. Você pode fazer, agora, as coisas que sempre quis fazer quando vivia muito ocupado, ganhando o pão de cada dia. Dê sua atenção a viver a vida.

17. Torne-se um criador e não um prisioneiro da sociedade. Não esconda sua luz.
18. O segredo da juventude é amor, alegria, paz interior, riso. Em Deus há alegria plena. Em Deus não há absolutamente escuridão.
19. Você é necessário. Alguns dos maiores filósofos, pintores, cientistas, escritores e outros criadores realizaram seus maiores trabalhos após os 80 anos.
20. Os frutos da velhice são amor, alegria, paz, paciência, brandura, bondade, fé, humildade e temperança.
21. Você é filho da vida infinita que não conhece fim. Você é herdeiro da eternidade. Você é maravilhoso.

EDIÇÕES VIVA LIVROS

Alguns títulos publicados

1. *Ame-se e cure sua vida*, Louise L. Hay
2. *Seus pontos fracos*, Wayne W. Dyer
3. *Saúde perfeita*, Deepak Chopra
4. *Deus investe em você e Dê uma chance a Deus*, Hermógenes
5. *A chave mestra das riquezas*, Napoleon Hill
6. *Dicionário de sonhos para o século XXI*, Zolar
7. *Simpatias da Eufrázia*, Nenzinha Machado Salles
8. *Nascido para amar*, Leo Buscaglia
9. *Vivendo, amando e aprendendo*, Leo Buscaglia
10. *Faça sua vida valer a pena*, Emmet Fox
11. QS: *Inteligência espiritual*, Danah Zohar e Ian Marshall
12. *A mágica de pensar grande*, David J. Schwartz
13. *O poder do subconsciente*, Joseph Murphy
14. *A força do poder da fé*, Joseph Murphy
15. *O poder cósmico da mente*, Joseph Murphy
16. *Telepsiquismo*, Joseph Murphy
17. *Como atrair dinheiro*, Joseph Murphy
18. *Cuidando do corpo, curando a mente*, Joan Borysenko
19. *Terapia de vidas passadas*, Célia Resende
20. *Passos de gigante*, Anthony Robbins
21. *Codependência nunca mais*, Melody Beattie
22. *Para além da codependência*, Melody Beattie
23. *Não diga sim quando quer dizer não*, Herbert Fensterheim e Jean Baer
24. *101 coisas que não me contaram antes do casamento*, Linda e Charlie Bloom
25. *Encontros com médiuns notáveis*, Waldemar Falcão

ATENDIMENTO AO LEITOR E VENDAS DIRETAS

Você pode adquirir os títulos da Viva Livros através do Marketing Direto do Grupo Editorial Record.

- Telefone: (21) 2585-2002
  (de segunda a sexta-feira, das 8h30 às 18h)
- E-mail: mdireto@record.com.br
- Fax: (21) 2585-2010

Entre em contato conosco caso tenha alguma dúvida, precise de informações ou queira se cadastrar para receber nossos informativos de lançamentos e promoções.

Nossos sites:
www.vivalivros.com.br
www.record.com.br

Este livro foi composto na tipografia Minion Pro, em corpo 10,5/13, e impresso em papel off-set no Sistema Cameron da Divisão Gráfica da Distribuidora Record.